捕诉一体实务指引丛书 ③
BUSUYITI SHIWU ZHIYIN CONGSHU

涉众型经济犯罪案件
捕诉操作指引

主 编◎印仕柏　　副主编◎汪志勇

中国检察出版社

图书在版编目（CIP）数据

涉众型经济犯罪案件捕诉操作指引 / 印仕柏主编. —北京：中国检察出版社，2021.5

ISBN 978-7-5102-2517-8

Ⅰ.①涉⋯　Ⅱ.①印⋯　Ⅲ.①经济犯罪-刑事诉讼-研究-中国　Ⅳ.①D924.334

中国版本图书馆 CIP 数据核字（2020）第 238568 号

涉众型经济犯罪案件捕诉操作指引

印仕柏　主编　汪志勇　副主编

策　　划：	刘志远
责任编辑：	王　欢　常嘉文
技术编辑：	王英英
封面设计：	天之赋设计室

出版发行：中国检察出版社
社　　址：北京市石景山区香山南路 109 号（100144）
网　　址：中国检察出版社（www.zgjccbs.com）
编辑电话：(010) 86423703
发行电话：(010) 86423726　86423727　86423728
　　　　　(010) 86423730　86423732
经　　销：新华书店
印　　刷：北京宝昌彩色印刷有限公司
开　　本：710 mm × 960 mm　16 开
印　　张：20.75
字　　数：294 千字
版　　次：2021 年 5 月第一版　2021 年 5 月第一次印刷
书　　号：ISBN 978-7-5102-2517-8
定　　价：68.00 元

检察版图书，版权所有，侵权必究
如遇图书印装质量问题本社负责调换

捕诉一体实务指引丛书
编委会

总 主 编 印仕柏

编委会成员 祝雄鹰 张小华 王洪涛
陈代明 刘志红 汪志勇
冯丽君 刘 敏 杨 勇
梁驭骁 孙 靖 刘文莉

《涉众型经济犯罪案件捕诉操作指引》
编 委 会

主　编　印仕柏

副主编　汪志勇

撰稿人　（按姓氏笔画排序）
　　　　　车　璐　邓为方　唐　燕
　　　　　雷元进　潘永涓

总　序

"捕诉一体"是新时代检察机关适应以审判为中心的刑事诉讼制度改革、加快落实司法体制改革、优化司法资源配置的重大机制创新,对于提升检察机关司法办案质效、强化法律监督、推进队伍专业化建设具有十分重要的意义。从2018年推行至今,"捕诉一体"办案机制取得了显著成效,提升了办案质量和效率,成为新时代检察工作的一个亮点。2019年12月30日实施的《人民检察院刑事诉讼规则》从制度层面为"捕诉一体"办案机制运行提供了基本遵循。对于这一办案机制的全面推进,最高人民检察院张军检察长表示,现在认识已达成一致,接下来是怎么把它运行好、管理好、落实好的问题。

实践是检验真理的唯一标准。湖南省检察机关从2017年开始探索试行这一办案机制,按照刑事案件类别设置刑事检察机构,实行批捕、起诉、诉讼监督等一体化模式。长沙市雨花区人民检察院作为先行试点单位,按照案件类型设置刑事检察一、二、三局,将审查批捕权、审查起诉权交由同一个检察官行使,案件办理平均用时缩短近50%。2019年湖南省人民检察院内设机构调整完成,市县两级检察机关内设机构调整、"捕诉一体"渐次展开,提质增效强监督的改革初衷也在进一步成为现实。实践证明,"捕诉一体"办案机制具有三大最直观的优势:实现案件的专业化办理，减少重复劳动，提高诉讼效率；实现指控犯罪以及以审判为中心庭审证据标准要求，前移引导、监督侦查活动的关口，实现渗入式、全过程的对接、引导、监督；实现密切侦诉协作，增强侦诉办案合力，这在一些重大疑难复杂案件中有更明显、更集中的体现，如在扫黑除恶专项斗争中，岳阳等地检察机关实行"捕诉一体"办案模式，集中一个办案组去办批捕起诉的案件，案件质量、效率大幅提升。

改革争在朝夕，落实难在方寸。作为一项全新的改革，"捕诉一体"办案机制在理论和实践上还存在诸多亟待解决的问题。就理论层面来讲，最初关于"捕诉一体"正当性及合理性的质疑，司法实践已给予一定回应，"捕诉一体"改革成效，还需要进一步比较论证，让更多人理解、接受并支持党和国家的司法改革。就实践层面来说，对于运行中存在的上下级院捕诉关系、办案时间"碎片化"、内部监督机制、业务考核考评等问题，最高人民检察院陆续出台了相关的制度规范，对于可能判处无期徒刑以上刑罚的故意杀人、抢劫、危害公共安全犯罪案件"下捕上诉"运行模式，湖南省检察机关正在探索实行由市州人民检察院统一负责审查逮捕。目前实践中最为突出的问题，还是办案能力不适应。从捕、诉"接力赛"转变为捕、诉、监督全程"马拉松"，由"分段负责"到"一案到底"，刑事检察官不仅要有"捕"的能力，还要有"诉"的能力。认罪认罚从宽制度中的"协商"，进一步强化了检察官在审查程序中的主导地位，精准量刑建议的提出，需要检察官不仅要了解侦查工作，还要熟悉审判工作。"案-件比"则要求通过提高办案质效将上一个诉讼环节的工作做到极致。"捕诉一体"办案模式下，刑事检察官专业能力面临着巨大挑战，原公诉部门的办案人员对侦查监督缺乏了解,原侦查监督部门的办案人员对审查起诉、出庭公诉更是缺乏实践。新时代人民群众对检察工作的要求,是办更好的案件,办更高质量、更高效率的案件。在"捕诉一体"优质检察产品的生产线上,检察官、检察官助理、书记员,一个都不能少,"要以等不起的紧迫感、慢不得的危机感、坐不住的责任感,讲政治、顾大局、谋发展、重自强"。

湖南省人民检察院历时近两年,组织全省三级检察院编写的《捕诉一体实务指引丛书》,凝聚了80余名批捕、起诉一线刑事检察官的工作经验和心得,是检察机关落实"捕诉一体"办案机制,提升刑事检察办案能力的实战业务用书。

丛书按照"捕诉一体"的总体思路和工作要求,以"正确、务实、全面、精炼"为基本要求,立足于总结和挖掘近年来湖南省检察机关审查逮捕、审查起诉以及诉讼监督工作的实践经验、成熟机制和试点探索的有效做法,全面深入地介绍、总结审查逮捕、侦查活动监督、审查起诉、出庭公诉、审判活动监督的各个环节、各个方面的工作要求和实务技能,尝试形成可面向和指导全国检察机关适应"捕诉一体"条件下开展刑事检察实务工作需求的工具书。丛书包括《捕诉一体刑事检察实务基础指引(上下)》《侵犯财产犯罪案件捕诉操作指引》《涉众型经济犯罪案件捕诉操作指引》《毒品犯罪案件捕诉操作指引》《未成年人刑事案件捕诉操作指引》《侵犯公民人身权利、民主权利犯罪案件捕诉操作指引》《危害公共安全犯罪案件捕诉操作指引》,共七个分册。在内容上本丛书致力于解决实务问题,结合前沿理论、司法热点、难点与典型实例,阐述审查逮捕、审查起诉要点,提出了解决办法和处理意见,既体现地方特色,又具有普适性;既满足实践办案需求,又兼顾政策性、导向性要求。

当然,"捕诉一体"作为一种实操性较强的改革,还处于不断探索发展过程中,作为一套操作指引丛书,也不可能巨细靡遗、面面俱到,加上编写者自身法治理念、法律素养和业务技能上存在的不足,书中的错漏在所难免,还需要通过实践的检验不断完善,也欢迎检察同行和社会各界提出批评和建议。

希望本丛书的出版,能够给刑事检察工作人员实务操作带来一些帮助,能够给刑事实务工作者和理论研究人员提供鲜活素材与参考。也希望经过实践的检验,这套丛书能够成为受刑事实务工作者欢迎的案头工具书!

最后,如果说改革是知难而行的话,让我们"硬磕最难的路、直面崇高、坚守理想",借《流浪地球》的这句话,共勉。

是为序!

2021 年 4 月

目　　录

第一章　涉众型经济犯罪概述 …………………………………… 1

第一节　涉众型经济犯罪的概念及特征 ………………………… 1
　　一、概念 …………………………………………………………… 1
　　二、特征 …………………………………………………………… 3

第二节　涉众型经济犯罪的办理难点 …………………………… 6
　　一、犯罪认定难 …………………………………………………… 6
　　二、证据收集审查难 ……………………………………………… 8
　　三、打击面控制难 ………………………………………………… 10
　　四、办案协调难 …………………………………………………… 12

第三节　涉众型经济犯罪的处置政策和方法 …………………… 12
　　一、涉众型经济犯罪的处置政策 ………………………………… 13
　　二、涉众型经济犯罪的处置方法 ………………………………… 14

第四节　办理涉众型经济犯罪案件的几个重要问题 …………… 17
　　一、提前介入、引导侦查取证问题 ……………………………… 17
　　二、认罪认罚从宽制度的适用问题 ……………………………… 21
　　三、立案监督问题 ………………………………………………… 27
　　四、捕诉一体制度在涉众型经济犯罪案件中的运行 …………… 28
　　五、非法集资案件中的刑民交织疑难问题 ……………………… 32

第二章　非法吸收公众存款罪 …………………………………… 36

第一节　非法吸收公众存款罪概述 ……………………………… 36
　　一、概念 …………………………………………………………… 36

二、立法沿革 ……………………………………………… 39
三、案发趋势 ……………………………………………… 42
四、追诉标准 ……………………………………………… 43

第二节　非法吸收公众存款罪的犯罪构成要件 …………… 44
一、犯罪客体 ……………………………………………… 44
二、犯罪客观方面 ………………………………………… 45
三、犯罪主体 ……………………………………………… 49
四、犯罪主观方面 ………………………………………… 52

第三节　非法吸收公众存款罪的证据要求 ………………… 54
一、犯罪客体方面的证据 ………………………………… 54
二、犯罪客观方面的证据 ………………………………… 55
三、犯罪主体方面的证据 ………………………………… 59
四、犯罪主观方面的证据 ………………………………… 61

第四节　非法吸收公众存款案证据审查要点 ……………… 62
一、书证的审查判断 ……………………………………… 62
二、电子证据的审查判断 ………………………………… 63
三、司法会计鉴定意见的审查判断 ……………………… 64

第五节　非法吸收公众存款案审查逮捕要点 ……………… 65
一、提前介入注意要点 …………………………………… 65
二、审查逮捕注意要点 …………………………………… 70
三、健全捕后跟踪 ………………………………………… 74

第六节　非法吸收公众存款案审查起诉要点 ……………… 75
一、注重集资参与人合法权益的保障 …………………… 75
二、通过对破案经过的审查清晰掌握侦查思路 ………… 77
三、非法吸收公众存款证据审查方法 …………………… 78
四、起诉书制作中的常见问题 …………………………… 81
五、非法吸收公众存款案件中的不起诉 ………………… 84

第七节　非法吸收公众存款案出庭公诉要点 …… 87
一、庭前会议注意要点 …… 87
二、精心准备举证提纲 …… 89
三、法庭讯问提高驾驭庭审能力 …… 93
四、公诉意见书及法庭辩论要点 …… 96

第八节　相关法律规范及案例 …… 98
一、法律 …… 98
二、行政法规 …… 99
三、司法解释 …… 101
四、参考案例 …… 111

第三章　集资诈骗罪 …… 124

第一节　集资诈骗罪概述 …… 124
一、概念 …… 124
二、立法沿革 …… 128
三、案发趋势 …… 129
四、追诉标准 …… 130

第二节　集资诈骗罪的犯罪构成要件 …… 131
一、犯罪客体 …… 131
二、犯罪客观方面 …… 132
三、犯罪主体 …… 134
四、犯罪主观方面 …… 135

第三节　集资诈骗罪的证据要求 …… 138
一、犯罪客体方面的证据 …… 138
二、犯罪客观方面的证据 …… 139
三、犯罪主体方面的证据 …… 142
四、犯罪主观方面的证据 …… 145

第四节　集资诈骗案审查逮捕要点 …… 147
一、有证据证明发生了集资诈骗犯罪事实 …… 147

二、有证据证明集资诈骗行为是犯罪嫌疑人实施的 …………… 149
　　三、有证据证明犯罪嫌疑人具有集资诈骗的主观故意 ……… 150
　　四、对社会危险性条件的把握 ……………………………… 150
　　五、完善捕后跟踪 …………………………………………… 151

第五节　集资诈骗案审查起诉要点 ……………………………… 152
　　一、对于犯罪主体的审查认定 ……………………………… 152
　　二、对于集资中介人员的审查认定 ………………………… 155
　　三、对于"以非法占有为目的"的审查认定 ……………… 156
　　四、对于特殊类型证据的收集与审查认定 ………………… 162
　　五、对于犯罪数额的审查认定 ……………………………… 165
　　六、对于主从犯的审查认定 ………………………………… 166

第六节　集资诈骗案出庭公诉要点 ……………………………… 166
　　一、开好庭前会议 …………………………………………… 166
　　二、做好庭前预案 …………………………………………… 168
　　三、明确争点主动应对 ……………………………………… 169
　　四、充分释法说理 …………………………………………… 171
　　五、主导庭审讯问 …………………………………………… 176
　　六、开展庭后监督 …………………………………………… 178

第七节　相关法律规范及案例 …………………………………… 180
　　一、法律 ……………………………………………………… 180
　　二、行政法规 ………………………………………………… 180
　　三、司法解释 ………………………………………………… 181
　　四、参考案例 ………………………………………………… 185

第四章　组织、领导传销活动罪 ………………………………… 191

第一节　组织、领导传销活动罪概述 …………………………… 191
　　一、概念 ……………………………………………………… 191
　　二、立法沿革 ………………………………………………… 193
　　三、案发趋势 ………………………………………………… 197

四、追诉标准 …………………………………………………… 200

第二节 组织、领导传销活动罪的犯罪构成要件 …………… 200
一、犯罪客体 …………………………………………………… 200
二、犯罪客观方面 ……………………………………………… 202
三、犯罪主体 …………………………………………………… 208
四、犯罪主观方面 ……………………………………………… 211

第三节 组织、领导传销活动罪的证据要求 ………………… 212
一、犯罪客体方面的证据 ……………………………………… 212
二、犯罪客观方面的证据 ……………………………………… 212
三、犯罪主体方面的证据 ……………………………………… 220
四、犯罪主观方面的证据 ……………………………………… 221

第四节 组织、领导传销活动案证据审查要点 ……………… 222
一、"传销活动"的审查认定 ………………………………… 222
二、"组织者""领导者"的审查认定 ………………………… 232
三、犯罪主观方面的审查认定 ………………………………… 236
四、关于层级和人数的审查认定 ……………………………… 237

第五节 组织、领导传销活动案审查逮捕要点 ……………… 242
一、审查逮捕的证据基本要求 ………………………………… 242
二、对社会危险性条件的把握 ………………………………… 243
三、审查逮捕要注意的其他问题 ……………………………… 244

第六节 组织、领导传销活动案审查起诉要点 ……………… 247
一、犯罪罪数问题 ……………………………………………… 247
二、犯罪数额的认定问题 ……………………………………… 253
三、犯罪情节严重的认定问题 ………………………………… 255
四、主、从犯的认定 …………………………………………… 256
五、审查起诉过程中的其他问题 ……………………………… 259

第七节 组织、领导传销活动案出庭公诉要点 ……………… 261
一、庭前准备要点 ……………………………………………… 261

二、常见质证意见的答辩要点 …………………………………… 275
三、常见辩护意见的答辩要点 …………………………………… 277
第八节 相关法律规范及案例 ……………………………………… 281
一、法律 …………………………………………………………… 281
二、行政法规 ……………………………………………………… 281
三、司法解释 ……………………………………………………… 282
四、参考案例 ……………………………………………………… 286

第一章 涉众型经济犯罪概述

第一节 涉众型经济犯罪的概念及特征

一、概念

涉众型经济犯罪并非刑法和司法解释规定的概念。在建设社会主义市场经济的过程中，经济活动日益多样化，一些经济犯罪高发、频发，涉及被害人众多，并具有相同或者相似的特征，给国家、集体和人民群众造成了严重损害。2006年1—10月，公安机关共立案非法吸收公众存款和集资诈骗案件1210起，涉案金额175.1亿元人民币，占同期全部经济犯罪涉案金额的22.2%。[1] 为更有力地打击该类犯罪，提高广大群众的防范意识，2006年11月，公安部召开涉众型经济犯罪专题新闻发布会，[2] 首次将涉众型经济犯罪定义为"涉及众多受害人，特别是涉及众多不特定受害群体的经济犯罪"。涉众型经济犯罪主要包括非法吸收公众存款、集资诈骗、传销、非法销售未上市公司股票等经济犯罪活动，而且在生产、销售伪劣商品犯罪，证券犯罪，合同诈骗犯罪，假币

---

[1] 《公安部召开涉众型经济犯罪专题新闻发布会》，载中国网，http://www.china.com.cn/zhibo/2006-11/23/content_8785084.htm?show=t，2019年2月24日访问。

[2] 《公安部召开涉众型经济犯罪专题新闻发布会》，载中国网，http://www.china.com.cn/zhibo/2006-11/23/content_8785084.htm?show=t，2019年2月24日访问。

犯罪，农村经济犯罪活动中也有类似涉众因素存在。

虽然公安部对涉众型经济犯罪概念的界定比较宽泛，但慢慢被司法实践及司法工作人员接受，并成为打击经济犯罪的一个重要内容。如在2018年5月15日，即第九个全国公安机关打击和防范经济犯罪宣传日当天，公安部就对外发布了公安机关打击涉众型经济犯罪十大典型案件。① 概括起来，主要有三个原因：（1）涉众型经济犯罪案件数量呈逐年上升态势并有蔓延泛滥趋势，并成为经济犯罪的重要形式之一。如2015年，全国公安机关在非法集资、传销等涉众型经济犯罪案件领域立案就有3万余起。②（2）涉众型经济犯罪案件涉及人数众多，涉案金额巨大，给国家和公众造成的经济损失也特别大。这类犯罪在严重破坏社会主义市场经济秩序的同时，也侵害了广大公众的经济利益，极易引发群体性事件。（3）涉众型经济犯罪案件涉及的是不特定的公众，涉及各个不同层面的人群，因此在管理、预防此类案件上具有相当大的难度。

从概念分析来说，涉众型经济犯罪有两个因素，一是法律因素，即"基于同一法律事实"；二是稳定因素，即"可能影响社会秩序稳定"，更全面也更深刻地揭示了涉众型经济犯罪的本质特征。其上位概念有两个，一是涉众型犯罪，主要是涉及众多被害人的犯罪，特别是涉及众多不特定被害人的犯罪；二是经济犯罪，是指市场经济主体在经济运行过

---

① 《公安机关打击涉众型经济犯罪十大典型案例曝光》，载新华网，http://www.xinhuanet.com/2018-05/15/c_1122835868.htm，2020年4月4日访问。十大典型案例包括："钱宝"非法吸收公众存款案，"中晋公司"集资诈骗案，"龙炎公司"非法集资案，"京金联公司"非法吸收公众存款案，"臻纪文化传播公司"非法吸收公众存款案，"善心汇"组织、领导传销活动案，"五行币"组织、领导传销活动案，"一川币"组织、领导传销活动案，"中国人际网"组织、领导传销活动案，"705"系列组织、领导传销活动案。

② 《公安改革两年间系列报道——防范打击涉众型经济犯罪工作不断深入》，载人民网，http://legal.people.com.cn/n1/2017/0214/c42510-29080543.html，2019年2月24日访问。

程中实施的危害经济法律秩序的行为，具体是指我国刑法分则第三章"破坏社会主义市场经济罪"规定的罪名。因此，涉众型经济犯罪既是涉众型犯罪，也是经济犯罪，是两种的结合，主要是指涉及不特定多数被害人的经济犯罪。因此，界定涉众型经济犯罪，应当紧扣其本质特征。

我们认为，涉众型经济犯罪，是指基于同一法律事实、利益受损人数众多、可能影响社会秩序稳定的经济犯罪，包括但不限于非法吸收公众存款，集资诈骗，组织、领导传销活动，擅自设立金融机构，擅自发行股票、公司企业债券等犯罪。[①] 对涉众的一般侵财型犯罪，不认为是涉众型经济犯罪，对不涉众的一般经济犯罪，也不认为是涉众型经济犯罪。

二、特征

（一）涉案人数众多

涉众型经济犯罪是针对不特定多数人实施的经济犯罪，如非法集资犯罪的构成要件明确要求针对不特定对象吸收公众存款，即参与人员没有特定的对象范围、没有特别的限制，谁都可以参加，如果"未向社会公开宣传，在亲友或者单位内部针对特定对象吸收资金的，不属于非法吸收或者变相吸收公众存款"[②]。并且，随着互联网技术的兴起和运用，违法犯罪人员借用互联网的手段，形成了"互联网＋涉众型经济犯罪"的格局，涉案人数呈几何级增长。如2008年湖南省湘西土家族苗族自治州爆发全州范围内的非法集资案件时，10年时间内参与集资人数达5万余人，成为当时湖南省乃至全国都非常具有影响的案件。而2017年在公安部统一组织指挥下查办的深圳善心汇文化传播有限公司

[①] 最高人民检察院、公安部《关于公安机关办理经济犯罪案件的若干规定》（2017年11月24日）。

[②] 最高人民法院《关于审理非法集资刑事案件具体应用法律若干问题的解释》第1条第2款。

及法定代表人张某某组织、领导传销活动案中,善心汇公司通过互联网在14个月时间内就发展会员598万余人。

(二) 涉案金额巨大

与一般经济犯罪相比,涉众型经济犯罪由于针对的是不特定的多数人,这就决定了该类犯罪涉案数额往往特别巨大。如辽宁营口"东华经贸集团非法集资案"中,2002年7月至2004年12月间,辽宁营口东华经贸(集团)有限公司以其下属企业东华生态养殖有限公司养殖蚂蚁为名,承诺35%—60%不等的高额回报,通过在辽宁13个市(县、区)设立分公司和代办处,面向社会公众非法集资近30亿元人民币。2008年湖南湘西"10·2非法集资系列案"爆发时,湘西自治州内大部分企业都参与了非法集资,其中金额较大的16家企业共集资160余亿元,而金额最大的湖南三馆房地产开发集团有限公司集资金额34.52亿元,该公司总裁曾某某因犯集资诈骗罪于2013年被最高人民法院核准执行死刑。近几年来,利用互联网进行非法集资、传销的案件频发,涉案金额更是惊人,如2017年查办的深圳善心汇公司组织、领导传销活动案,涉案金额达1040余亿元;2018年,全国公安机关查办的"云联惠"组织、领导传销活动案,涉案金额更是高达3200余亿元。

(三) 犯罪手段具有欺骗性

一是披着合法经营的外衣。违法犯罪人员往往成立公司,办理完备的工商执照、税务登记等手续,在高档写字楼租房办公,以经营活动需要投资为由掩盖其非法行为。如善心汇案中,张某某先后成立或者投资了30余家公司,让外界误认为其实力强大,而真相是这些公司要么没有真实经营,要么没有任何产出。二是迷惑性更强。紧跟国家时代发展,打着慈善的幌子,裹着爱心的外衣,借用社会主义核心价值观、"两学一做"、精准扶贫的口号,以高大上的形象迷惑民众。许多犯罪嫌疑人还给自己的头上编织美丽耀眼的光环,比如"明星企业家",以扩大影响力。善心汇案中,张某某为了显示善心汇的实力,先后成立了海南同明实业公司、海南善之旅旅行公司、北京中农善心科技公司等十多家公司，并花费2亿余元在昆明购买了一栋商务写字楼作为善心汇大楼。三是更注重精神控制。以布施、做公德等名义，引入宗教因素，对会员进行洗脑。如张某某采取类似于中央电视台新闻联播方式，每周一至周六晚上8点在微信群里对善心汇会员进行"天师分享"微信音频直播，宣讲善心汇的共享经济模式及"善心事迹"，广大会员狂热尊称张某某为天师、万岁、救世主。四是犯罪手段多种多样，不断翻新。公安部曾公布了涉众型经济犯罪的16种表现形式，这些名目繁多、不断变换花样的犯罪方式，使人眼花缭乱，让普通人无法识别其犯罪的本质。如证券领域就包括以"炒股理财服务"为名的非法经营证券咨询业务犯罪、以提供"境外炒汇业务"为名的非法经营外汇业务犯罪和以"黄金期货交易"为名的非法经营期货犯罪等。五是虚假宣传。为了吸引更多的群众，犯罪嫌疑人往往采取欺骗的方式进行宣传，经常邀请当地主流新闻媒体报道企业，到人群密集的地方发放传单，邀请群众观看企业宣传光碟，组织"投资大户"考察所谓企业的生产线或在外地的投资，吹嘘企业实力。一般群众缺乏深入了解加害人经营状况和资信的渠道，处于信息不对称的地位，很难准确判断企业的真实经营状况，从而容易上当受骗。

（四）危害后果特别严重

一是损失巨大，难以挽回。很多集资资金被犯罪嫌疑人用于非理性投资或者挥霍，群众经济损失惨重。在湖南湘西非法集资案中，大量的集资资金被犯罪嫌疑人挥霍，许多企业的赔付比例低于50%，少数企业甚至只有20%或更低。二是严重影响社会稳定。涉众型经济犯罪案件涉及面广，特别是广大城市低收入居民和农民、下岗职工参与其中，一旦案发，这些群众势必要维护自己的权利，容易形成群体性事件，影响社会稳定，给司法办案带来很大压力。三是严重破坏经济秩序。这类犯罪除了造成直接损失外，还导致当地可用于投资和消费的资金大幅减少，影响经济发展，并且容易使民众滋生投机暴富心理，怠于正常的经营和工作，影响正常经济秩序的恢复。四是追赃挽损特别困难。有的案件中，涉案财物被犯罪嫌疑人挥霍、用于违法犯罪活动，导致留存的财物本来就不多。如湖南湘西非法集资系列案中，其中一名犯罪人员将吸收的资金用于赌博、个人高消费和支付集资利息和本金，查办时基本上没有剩下多少有价值的财物，导致案件的赔付比例极低。

第二节　涉众型经济犯罪的办理难点

　　涉众型经济犯罪的概念从提出到现在才 10 多年的时间，但该类犯罪发展非常迅速，特别是借助互联网迅猛发展的势头，不断拓展受众范围，不断翻新犯罪手段，不断变换犯罪名目，不仅严重危及经济安全、金融安全、社会稳定，还向政治领域拓展，危及政治安全。因此，如何办理此类案件，给司法工作人员提出了难题。

一、犯罪认定难

（一）罪与非罪的认定存在分歧

　　涉众型经济犯罪涉及刑法、民法、经济法、行政法之间的交叉，造成对犯罪的认定存在困难。司法实践中，不少涉众型经济犯罪以民间借贷之名行非法集资之实，两者在外在表象上有一定相似之处，一定程度上导致难以认定是合法借贷还是非法集资，导致出现错误地打击或者放纵犯罪两种倾向。特别是互联网金融犯罪案件中，金融创新与利用互联网金融平台进行非法集资的界限较难把握，如买卖"关键词"、经营配资业务、互助计划等，是金融创新还是借创新之名的经济犯罪争议较大。在不法分子借助"互联网+"，实施非法集资、传销等违法犯罪活动中，弱化人身控制，强化精神控制，并通过调整技术设置不断变化模式，逃避打击，并且，高度自动化的技术手段促成了传销运营系统的自动管理和计算，入门费的收取、销售提成的计算等都可以由系统自行完成，从而使需要人工介入的管理、协调等各类事项大幅减少，导致对行为模式性质的认定存在争议，对组织者、领导者的认定存在困难。如善心汇案中，其"众扶互生新经济生态系统"不设资金池，通过提供资金匹配服务，以后面参与会员的资金支付前面会员的收益，模式设计者从中获取信息费等非法利益，并以动态收益奖励发展下线会员，但有相当部分参与人员是没有发展下线的，只参与"资金盘"游戏获取静态收益。在研究时，就对"动态收益""静态收益"这种新模式是否符合传销的特征存在罪与非罪两种对立意见。

（二）此罪与彼罪的认定存在分歧

一些非法集资犯罪与非法传销犯罪相互交织，犯罪嫌疑人利用传销手段非法集资，一个犯罪行为可能同时符合非法吸收公众存款、集资诈骗、组织领导传销活动等多个犯罪特征，在认定上存在分歧，从而影响侦查取证的效果。如2018年湖南省长沙市公安机关办理的有德瑞泽公司非法集资案，该案系非法集资和传销的混合体。办案部门在认定是涉嫌集资诈骗罪还是传销犯罪方面有较大争议。又如认定集资诈骗罪的"非法占有目的"时，违法犯罪人员在刚开始实施犯罪时，为了使受骗群众相信其"高额回报"的谎言，都会在一定时间、一定范围内履行其承诺，以达到吸引更多资金的目的。当集资的资金达到一定规模后，无力支付或者拒不支付当初承诺的"高额回报"，但并不停止继续吸收新的资金。案发后，犯罪嫌疑人经常辩称，其经营的项目具有高额回报率，可以实现其承诺，后来只不过是由于经营不善或出现意外情况才无法实现。如果无法否定其辩解，可能导致只能认定为非法吸收公众存款罪，从而影响打击效果。

（三）犯罪数额的认定存在困难

在涉众型经济犯罪案件中，犯罪数额在定罪、量刑方面具有重要作用。但由于"涉众"，无论是涉案数额、实际损失还是犯罪嫌疑人非法所得，均难以做到十分精确。因为在该类案件中，不仅参与人员众多，而且地域分布也广，部分参与人员并不知道案件的侦办情况，其本人也没有发现或认为被骗，没有及时参与到刑事诉讼中来，其投入的资金就没有纳入涉案金额。有些涉众案件中账目非常不规范，犯罪嫌疑人供述、参与人员陈述、电子数据与财务账目等不对应，导致对犯罪数额的认定存在困难。

二、证据收集审查难

（一）证据复杂，全面取证难

涉众型经济犯罪的证据涵盖了刑事诉讼法规定的八种类型，特别是通过互联网实施的犯罪活动，存在海量的电子数据、视频资料等。但是，因该类案件涉案人数多、涉及面广，全面收集涉案参与人员的证言存在很大困难。同时，在许多网络涉众型经济犯罪中，犯罪嫌疑人往往租用百度、腾讯等公司数据库存储数据，因近年涉网络犯罪数量呈井喷之势，数据存储公司需要专门设置部门对接公安机关的调查取证，一是导致取证时间长，据前往数据存储公司调查取证的公安人员介绍，调查取证的数量太大了，有的排期在两三个月之后，影响办案的节奏和效果；二是导致侦查人员与数据提供者没有机会进行有效沟通，数据提供者可能提供大量无用的数据，或者遗漏了有用的数据，从而使数据的实际使用效率不高。更有甚者，将网络服务器设置在境外，数据存储也在境外，侦查取证的难度更大。

（二）证据灭失，相互印证难

涉众型经济犯罪案件往往历时较长，证据繁杂，许多涉案公司因财务管理不规范，导致会计账簿、财务凭证等书证缺失，给涉案人员、涉案金额、资金去向的认定等问题带来困难。少数犯罪嫌疑人为了逃避打击，还故意隐匿、销毁会计账簿等书证，导致证据缺失，从而使案件的证据链条不完整，证据之间难以相互印证。部分共同犯罪案件中，犯罪嫌疑人往往订立攻守同盟，作虚假供述，导致犯罪嫌疑人供述与其他证据存在矛盾，给证据采信和事实认定带来障碍。

（三）鉴定意见不够全面客观，如何采信存在困难

鉴定意见系涉众型经济犯罪案件中非常重要的证据，往往对涉案人数的认定、涉案金额的确定、资金的去向等问题具有决定性的证明作用。但在许多非法集资、传销案件中，账户混乱、财务管理极不规范，

许多书证灭失,许多电子数据难以收集,还有部分原始文件被人为删除,导致鉴定的证据基础不牢固,鉴定意见存在先天不足。如善心汇案中,由于鉴定材料不完整,鉴定人员只得依赖网络后台数据进行鉴定,最后的司法会计报告中,委托事项的涉案金额、非法获利金额被列为第七部分"重大事项说明",而不是第六部分"鉴定意见"中,从而遭受客观性方面的质疑,给是否采信、如何采信带来争议。在个别案件中,公安机关调取了大量的图片、视频资料等电子数据后,在无法确定图片、视频资料是否与待证事实相关或与哪些待证事实相关的情况下,不安排办案人员对内容进行审查,却委托鉴定机构对电子数据证实犯罪进行鉴定。实际上是将侦查机关的办案职责进行委托,这既不符合法律规定,也不符合鉴定的范围规定,这样的鉴定意见在采信上也会产生争议。

(四) 跨区域案件证据共享难

近年来,涉众型经济犯罪已逐渐突破地域的限制,不仅省域范围内的案件频发,全国性的非法集资、传销案件也竞相出现。2017年11月,最高人民检察院、公安部联合下发的《关于公安机关办理经济犯罪案件的若干规定》明确,对跨区域性涉众型经济犯罪案件,犯罪地公安机关应当立案侦查,并由一个地方公安机关为主侦查,其他公安机关应当积极协助。这就意味着,全国范围内只要存在该类犯罪的地区,当地公安机关都应当立案侦查,调查取证。但是,证明犯罪的证据主要集中于涉案公司所在地或者主要犯罪地,特别是认定涉案公司架构设置、运行模式、资金去向及犯罪嫌疑人主观故意等方面的证据,其他地方公安机关难以取得,导致主办地以外的公安机关取证中存在很大缺失,案件证据链存在断裂。为了解决这一问题,在善心汇案中,最高人民检察院专门下发了《关于"善心汇"专案提请批准逮捕及审查逮捕工作会议纪要》,最高人民检察院和公安部共同商定,案件主办地湖南永州公安机关将电子数据、司法鉴定意见等证据向证据协办地公安机关共享,具体方法是将共享的资料上传自公安部指定的网站,各地公安机关自行从网站上下载,同时,对其他必须要取证的证据,主办地公安机关全力提供协助。善心汇案的证据共享经验，可以为其他跨区域涉众型经济犯罪的证据共享所借鉴。

三、打击面控制难

（一）追诉标准没有与时俱进

涉众型经济犯罪特别是网络非法集资、传销犯罪，涉案人员多、涉案金额大，往往极大地超出了法律规定的最低追诉标准。若按照最低的追诉标准，容易造成打击面过宽，打击效果欠佳的局面。如组织、领导传销活动罪的追诉标准是发展下线人数在30人以上且层级在3层以上，而当前网络传销案件的下线动辄成千上万，甚至几十万上百万人，如善心汇案件的会员总数达598万人，层级达75层，全国范围内符合3层级30人标准的有上万人。如果全部加以打击，不仅不现实，效果也不可能好。究其原因，主要是组织、领导传销活动犯罪的追诉标准是2013年制定的，当时的传销模式更多还是传统的"拉人头"方式，各个传销小组集中在一个窝点内，同吃同住，对参与人员实施人身控制并进行洗脑。每个传销小组的人数规模一般为30人，层级在3—5层。不同的传销小组分散在不同的窝点内，打击的时候都能当场抓获传销人员。但当前，传销的战场更多地转移到互联网上，传销宣传的欺骗性更强，传销的技术含量更高，传销的手段也更侧重精神控制，从而达到不需要见面也能不断发展新会员的效果。并且因为互联网信息传播及时高效的特点，借助网络社区、微信、微博、QQ、网站等渠道进行信息推广和宣讲培训，传销组织的层级、人员得到迅猛发展。在网络传销上百万名会员、几十个层级的现实面前，3层级30人的追诉标准无疑需要调整。

（二）追诉标准不统一

当前，涉众型经济犯罪的跨区域特征非常明显。虽然最高人民检察院、公安部要求公安机关办理跨区域涉众型经济犯罪应当坚持统一指挥协调、统一办案要求的原则。但因办案机关过多，各地在追诉标准的把握上容易出现差异。一是各地掌握的标准不统一。有的单纯以人数为标准进行追诉，有的以人数和社会影响为标准进行追诉，有的根据发展下线人数和获利数总和为标准进行追诉，还有的根据本地区参与人数的多少确定需要追究的人数，再划定追诉标准。二是不同案件确定的打击标准不统一。在云联惠案中，广州市公安机关确定的发展下线人数的标准就高于善心汇案件确定的人数标准。[1] 善心汇案在湖南永州共起诉32人，但是维卡币传销案中，湖南株洲司法机关共起诉近百人。[2]

（三）具体人员的确定标准不统一

法律和司法解释规定，对单位非法集资案件，追究的人员包括单位的主要负责人员和其他直接责任人员；对个人非法集资案件，追究的人员是在共同犯罪中起主要作用的人员和其他积极参加的人员；对组织、领导传销活动案件，有五种类型的组织者、领导者。但在具体认定犯罪嫌疑人时，仍然存在很多分歧，特别是对作用一般的人员，在认定时做法不一。一是如何认定根据公司安排从事具体工作的人员。如非法集资犯罪、传销公司中负责后勤管理、危机公关等业务的部门经理，其没有参与非法集资、传销的组织、决策，也不是非法集资、传销的直接操作人员，而是根据公司的安排开展工作，是否认定为其他直接责任人员？特别是被招聘到公司从事具体劳务的财务人员、前台接待人员等，这些人只领取固定工资，没有吸收资金或发展下线，没有获取奖励。办案中，有的被纳入了打击范围，有的虽没有被纳入，但理由是其主观故意难以确定。二是如何认定网络传销案件中的"其他对传销组织的发展和扩大起关键作用"的人员。如善心汇案中，存在为了延缓传销资金盘的崩溃而专门投入资金"护盘"，并从中获取固定收益的人员，是否

---

[1] 广州的具体数据来源于《广东省检察机关办理涉众型经济犯罪案件调研报告》，收录于最高人民检察院《全国部分省市检察机关审查逮捕涉众型经济犯罪案件证据审查问题研讨会会议材料》，2018年5月。

[2] 《株洲：维卡币网络传销案98名嫌犯被提起公诉》，载红网，https://hn.rednet.cn/c/2018/05/24/4637259.htm，2020年4月4日访问。

认定为对传销组织的发展起关键作用？

四、办案协调难

（一）管辖协调难度大

在跨区域涉众型经济犯罪案件中，存在犯罪主要发生地和次要发生地，各地公安机关均有管辖权。虽然最高人民检察院、公安部明确规定对跨区域涉众型经济犯罪案件应当确定主办公安机关，其他公安机关协助，但在没有确定主办机关的情况下，其他公安机关能否立案查办，没有明确规定。导致许多案件中，出现主要犯罪地公安机关尚没有对案件立案侦查，次要发生地的公安机关就予以立案侦查，并跨区域抓捕公司主要犯罪嫌疑人、冻结公司账户。如何协调不同公安机关的管辖问题成为一个难题。

（二）公检沟通协调难

检察机关提前介入，引导侦查取证是办理涉众型经济犯罪案件的成功经验，但不是每个案件的介入都很顺畅，从而给案件的整体处理带来困难。一是对提前介入不够理解。案件发生后，没有第一时间邀请检察机关介入，而是待刑事拘留期限快届满时，请检察人员去把关案件能否报捕，因时间短、工作量大，审查的效果难以保障。二是对提前介入不够配合。在少数案件中，公安机关以侦查秘密为由不向检察人员提供全部案件材料，也不向检察人员通报案件的进展和下一步工作安排，导致因信息不对称影响提前介入目的的实现。

第三节　涉众型经济犯罪的处置政策和方法[①]

涉众型经济犯罪案件的处理比较复杂，案件的办理往往涉及一个地

---

① 本部分内容参考学习了印仕柏、李春阳：《涉众型经济犯罪之刑事政策及其适用》，载《法学评论（双月刊）》2010年第5期。

方的全局，在全球金融风暴的大背景下要保障和促进地方经济平稳较快地发展，就不能单纯地就案办案。如何在法律的框架内最大限度地为经济发展创造良好的法治环境，是司法人员面临的重大问题。涉众型经济犯罪案件的处理同时还与社会稳定和群众利益直接相关，如何在法律的范围内最大限度地保护广大被害人的合法权益，在办案的各个环节如何真正做到全力维护好社会稳定，也是对司法人员的重大考验。

一、涉众型经济犯罪的处置政策

涉众型经济犯罪不同于一般经济犯罪的显著特点在于其涉众性，以及由此带来的严重社会危害性。因此，应当根据社会治安形势、刑事发案态势及案件对社会稳定带来的影响决定适用什么样的刑事政策。司法实践中，有单纯的轻缓刑事政策和一味从严的刑事政策的区分。前者不利于平抑此类案件频发的态势，不利于减少犯罪，不利于安抚受害群众。后者则会导致对于经济领域的违法行为的处理更多地依赖于刑罚手段，不仅无法达到一般预防的效果，在特殊预防上也会因为过于严厉而遭致犯罪分子仇视社会，使预防效果大打折扣，也不利于社会的和谐稳定。我们认为，衡量刑事政策是否适用的标准要看是否有利于减少犯罪，是否有利于增强群众的安全感，是否有利于促进社会的和谐稳定。对涉众型经济犯罪刑事政策的制定，不能基于对犯罪现象的本能反应，而要基于对犯罪规律的理性总结。根据对涉众型经济犯罪特征和处置困难的总结，对这类犯罪应采取的基本刑事政策，既不是严厉主义，也不是单纯的宽缓，而应该是宽严相济，同时要根据需要采取相应的预防政策、司法政策、刑罚政策。

宽严相济的刑事政策是我国刑事政策中具有策略性的惩治政策，是我国目前的基本刑事政策，它不仅用于指导刑事立法，同样用于指导刑事司法。适用宽严相济的刑事政策，就是要根据社会治安形势的变化和案件的具体特点，该宽则宽，该严则严，宽严相济，罚当其罪。宽严相济的刑事政策要求在司法实践中注重宽与严的有机统一，即对严重影响群众人身和财产安全的犯罪和严重刑事犯罪分子应依法从严打击，从而保障国家和公共安全、社会安宁；对轻微犯罪或情节轻微的犯罪分子则应依法从宽处理，从而减少社会对抗，预防犯罪，促进社会和谐。对严重犯罪中的从轻情节和轻微犯罪中的从重情节也要依法分别予以宽严体现。罚当其罪则是罪刑均衡原则的具体适用，旨在实现刑罚的公平正义。

二、涉众型经济犯罪的处置方法

（一）区别对待，宽严有度

在办理涉众型经济犯罪案件的过程中，罪与非罪、此罪与彼罪、单位犯罪与自然人犯罪交织在一起，不严格进行区分就无法依据法律正确打击、合法保护。在严格区分的前提下，可以对涉案的企业、参与人员贯彻宽严相济的刑事政策，区别对待。具体包括：

1. 对不同性质的案件进行区分，以把握打击范围的适度性。首先，要区分罪与非罪，解决哪些行为入罪，哪些行为不入罪的问题。主要是要判定案件中的行为到底是民事违法行为、行政违法行为，还是犯罪行为，在此基础上再确定具体的打击范围。如对于带有民事欺诈性质的经济合同纠纷，就不能作为犯罪处理，对于未经有关主管部门批准向不特定对象集资用于正常经营，情节轻微的，可以不作为犯罪处理。其次，要根据罪名性质的不同，确定追究责任的范围。涉众型经济犯罪涉及的罪名非常之多，除了非法吸收公众存款，集资诈骗，组织、领导传销活动，欺诈发行股票、债券等罪名外，同时还会伴随或者引发虚假出资、抽逃出资、挪用资金、高利转贷、隐匿、故意销毁会计凭证、职务侵占、贷款诈骗及贪污、受贿、聚众冲击国家机关等其他罪名。各罪名参与人员不同，需要追究刑事责任的对象也有所区分。

2. 对不同性质的涉案企业进行区分，以把握刑法调整的谦抑性。就企业来说，有些是为了犯罪而成立的企业，那么应直接追究自然人的责任，有些企业是主管人员为了牟取非法利益而故意犯罪，对涉案企业和主管人员都要有相应的惩处；在一些非法集资类案件中，有些企业最初是属于非法吸收公众存款，用于正常经营，但经过一段时间高息揽存后，不堪利息重负，资金链断裂，从而发展成集资诈骗犯罪；还有部分企业由于从合法金融渠道得不到资金而非法集资，但一直在控制风险。对于第一种和第三种类型的企业要依法严厉打击，即对那些纯粹以诈骗为目的，非法占有他人财产而开展活动的企业则要坚决予以刑事打击。对于第二种类型的企业要以企业能够持续发展、不特定公众的财产利益能够得到挽回为原则，对企业及主要责任人员体现宽宥的一面，以带领企业走出困境。

3. 对人员实行分层处理。对于自然人犯罪的，要区分主从。对负主要责任，起组织、领导、决策作用的，要从严打击；对起次要作用且积极退赃、真诚悔罪的，可从宽处理；对于一般参与人，特别是本身也是受害者的，要本着教育挽救的原则，可以考虑不追究刑事责任。对于单位犯罪的，要根据案件的性质和人员的作用大小实行分类处置。在单位犯罪中，实行分层处理时要注意区分几类人员：第一类是公司的法定代表人和实际控制人。有些人虽然是法定代表人，但是不一定是实际控制人，故要根据实际情况加以区分。第二类是公司的高管，主要是相关业务的领导、组织者。有些高管主观上没有参与意思联络，或者主观不明知，还有些部门负责人在领导强令下从事某种行为，对此就要看是否具有期待可能性，再判断是否予以入罪。第三类是企业的财会人员以及其他从事相关专门业务的人员，包括会计、出纳以及直接实施经济犯罪的行为人，要根据这些人的表现具体分析，通过考察其主观恶性以及是否因此特别受到重用或者获利来考察其实际作用。第四类是社会中介人员、为犯罪提供帮助的其他人员。在一些非法集资犯罪中，有些中介人员本身也参与了集资，本身也是受害者，那么在其主观故意方面一般要排除非法占有目的，不宜认定为集资诈骗，而可以考虑认定为非法吸收公众存款犯罪，对于情节轻微的，可以考虑不入罪。

(二) 严格依法，罪刑均衡

贝卡利亚说，犯罪对公共利益的危害越大，促使人们犯罪的力量越强，制止人们犯罪的手段就应该越强有力。这就需要刑罚与犯罪相对称。① 司法实践表明，在罪刑均衡的范围内，刑罚威慑力是与刑罚轻重成正比的，一旦刑罚超出公正的限度，刑罚威慑力就会呈现出递减的趋势。因此，该严不严，严重犯罪就难以遏制；当宽不宽，人们就会对刑罚有抵触情绪，致使对抗性增加。宽严相济中的"宽严"应该是严格依法的"宽严"，应当是在罪刑均衡原则指导下的"宽严"。判处较重的刑罚时，须是在对其罪行的社会危害性进行评价的基础上，在法律规定的刑罚幅度范围内进行的，而不是任意从重、加重处罚；从轻处罚，绝不是无原则地降格处理。对于涉众型经济犯罪的犯罪人，即便是在此类案件高发态势和严峻治安形势之下，也要注重罪刑均衡，防止升格或者降格处理，这样才能既威慑犯罪，又减少社会对抗因素。

（三）协调处理，统一平衡

对不同地区的案件，要考虑案件的性质、情节等，同样的案件须同样处理；对涉及同一地区、同一性质的不同案件，更要考虑统一协调，不能有不同的处理结果。要发挥上级司法机关的指导作用，统一办案思想，协调好各方面的关系。对于涉众型经济犯罪，各地处理时一定要注重均衡。这里的均衡既指罪刑均衡，也包括司法均衡，也就是在法律适用的时候保持统一。一是要对同一性质的案件进行统一协调处理，不能过于强调个案的独立性。要加强解释工作，要在独立办案的基础上，在司法机关内部加强沟通与协调，统一认识，统一标准。二是要注重发挥案例指导的作用。案例是法治的细胞，具有直观性，是看得见的法典，是摸得着的规则，法治社会的一个基本特征就是同等情况同等对待，同案同判。公众往往通过对案例的比较而得出司法处理的差异，对于同一性质的案件，如果不同地方处理差异悬殊，将会直接影响司法的公信力，同时也会留下不稳定因素。在处理中，主要应考虑以下两种平衡：

---

① ［意］贝卡利亚：《论犯罪与刑罚》，中国大百科全书出版社1993年版，第65页。

1. 企业间的平衡。一是整个地区涉案企业间的平衡。为了对同一时段、同一地区、同一性质的案件统一执法标准和尺度，平衡把握追究刑事责任的范围，均衡处理，上级领导部门要切实承担起指导责任。二是对同一性质企业追究范围的平衡。对于性质相同、影响一样的企业，追究责任的范围也应大致相当。

2. 犯罪嫌疑人间的平衡。对犯罪嫌疑人之间的平衡就是对于共同犯罪的主犯、从犯、帮助犯，对单位犯罪中负直接责任的主管人员和其他直接责任人员，根据他们的涉案事实、情节严重程度、对犯罪行为的主观认识、事后表现等情况，在分层处理的基础上，力争公平处置，涉案数额相差无几、犯罪情节类似的犯罪嫌疑人应该得到同样的处理。例如，对某企业主管人员积极挽回群众经济损失后不采取强制措施的，那么对其他企业的主管人员，只要积极挽回损失的，就应同样不采取强制措施。主管人员不采取强制措施的，该企业的其他直接责任人员也同样不需要采取强制措施。

第四节 办理涉众型经济犯罪案件的几个重要问题

一、提前介入、引导侦查取证问题

提前介入、引导侦查取证是指经公安机关商请或者人民检察院认为确有必要时，可以派员适时介入重大、疑难、复杂案件的侦查活动，参加公安机关对于重大案件的讨论，对案件性质、收集证据、适用法律等提出意见，监督侦查活动是否合法。① 提前介入机制对于提高案件质量、发现案件风险、解决办案中的问题等方面具有重要作用。实践证明，提前介入作用发挥得好，案件的办理就比较顺利，没有提前介入或者作用发挥得不好，案件办理的问题和矛盾也比较多。对于涉众型经济

---

① 《人民检察院刑事诉讼规则》第256条。

犯罪而言，提前介入更具有不同于一般犯罪的特殊作用。

（一）提前介入面临的困难

涉众型经济犯罪案件因涉案人员多、涉案金额大、严重影响社会稳定等特点，并且许多案件的发案往往因为集资参与人和传销参与人员的报案、资金盘的崩盘，留给公安机关初查的时间不多，案件侦查比较仓促，检察机关在侦查的初期提前介入，面临不少现实难题。

1. 案件事实模糊。许多涉众型经济犯罪案件是因为发生了集资参与人、传销参与人在党委、政府办公地点上访的事件，为了维护社会稳定和占据先机，公安机关往往根据控告和办案提供的线索，在案件事实非常不明朗的情况下就开展立案侦查，导致对案件的侦查缺少整体和全面的考量。检察机关在案件事实模糊、证据零碎的情况下提前介入，面临罪与非罪、此罪彼罪的困境。

2. 证据严重缺失。在涉众型经济犯罪案件的侦查初期，公安机关的重要任务和主要精力都集中在控制涉案人员、控制涉案财产上，涉案人员到位后，主要精力又集中在审讯突破上，在短时间内很少有精力去收集调取其他证据。因此，检察机关提前介入时，面临的是一堆零散的口供和报案笔录，物证、书证、电子数据、视听资料等重要证据严重不足，给案件事实的认定和性质的判断带来很大难题。

3. 侦查主体不统一。许多涉众型经济犯罪案件都是以专案的形式办理，办案人员是从地市州范围内抽调，甚至在全省范围内抽调。因公安机关主要关注队伍组建和迅速开展侦查工作，没有就队伍称谓进行统一明确，导致有的办案人员亮明的身份是"某某专案组的办案人员"、有的亮明的身份是"某某市公安局办案人员"、有的亮明的是自己原工作单位的身份。侦查主体的不统一为证据的合法性埋下了隐患。

4. 侦查行为不规范。涉众型经济犯罪案件的侦查初期，因取证工作量非常大，侦查人员的取证有时存在不规范行为，如物证、书证的提取没有提取人员签名、没有标注来源等，电子数据的提取没有按照提取规范进行、对主要犯罪嫌疑人的讯问没有进行全程同步录音录像等。因取证人员众多且经常变化，给检察机关的侦查活动监督提出了难题。

（二）提前介入的具体内容

1. 对案件定性发表意见。涉众型经济犯罪案件中，罪与非罪、此罪与彼罪、一罪与数罪的分歧较为突出，特别是在侦查的初期，案件事实尚不明朗，案件定性影响侦查方向和证据收集。如善心汇案中，针对善心汇公司"众扶互生新经济生态系统"模式的性质，公安机关内部存在三种观点，第一种观点认为此种模式是经济创新，不应当入罪处理，第二种观点认为此种模式是非法集资，第三种观点认为此种模式是非法传销。检察机关提前介入后，经认真审查案件事实和证据，认为此种模式的本质是传销，建议以传销作为侦查取证的方向，得到公安机关的认同，并得到法院的采信。

2. 对案件证据收集提供指引。刑事诉讼法规定，对结伙犯罪案件的犯罪嫌疑人可以刑事拘留30日。这就意味着，公安机关需要在犯罪嫌疑人到案后30日内收集可以报请检察机关逮捕的证据。但在侦查初期，公安机关的主要精力在于确保犯罪嫌疑人到案和查封、扣押、冻结涉案财产，没有更多时间和精力系统梳理证据体系。因此，检察机关在提前介入时，就要引导公安机关侦查取证，为全案证据体系的构建提供指引，为报捕的犯罪嫌疑人的证据提出要求。如在湖南湘西特大非法集资案中，检察机关在提前介入阶段，专门制定了证据指引，引导公安机关收集完善证据，为案件后续的捕、诉、判打下了坚实的基础。

3. 对案件的追诉范围提出意见。涉众型经济犯罪案件涉案人员众多，从办案效果来看，需要对涉案人员进行分层处理。但该类案件可能涉及全市、全省、全国范围，多个地方同时开展侦查，就容易出现不同地方分层处理的标准不统一，打击面控制不统一。因此，检察机关在提前介入时，就需要与公安机关对追诉范围进行研商，形成统一意见，指导全案的侦查。在善心汇案中，在侦查的初期，最高人民检察院与公安部就案件的追诉范围进行反复磋商后，形成了打击范围指导意见，为全国范围内打击善心汇传销人员提供了依据。

4. 开展侦查活动监督。在涉众型经济犯罪案件的侦查中，容易出现侦查主体不统一、侦查行为不规范，甚至非法取证的问题。检察机关在提前介入时，就要对公安机关的侦查活动同步开展监督，对侦查违法、不规范行为提出纠正意见，督促公安机关及时整改，确保案件证据合法、内容客观真实。

（三）提升提前介入效果的策略

1. 与公安机关达成提前介入的共识。对重大、疑难、复杂涉众型经济犯罪案件提前介入，是检察机关与公安机关分工负责、互相配合、互相监督原则的重要体现。检察机关可以与公安机关进行磋商，制定提前介入实施细则，提升提前介入的效果。如2014年10月湖南省长沙市人民检察院与长沙市公安局联合出台了《关于建立经济犯罪案件侦捕诉衔接工作机制的规定（试行）》，对该类案件的提前介入提供了明确指引，实践效果非常不错。

2. 规范提前介入的方式。公安机关商请检察机关介入侦查的，可以以书面或者口头形式向检察机关提出。口头提出的，应当记录在案。检察机关接到公安机关商请介入侦查工作的要求后，认为需要派员介入侦查工作的，经检察长同意，可及时派员介入侦查工作。检察机关认为需要主动介入侦查工作的，应事先征求公安机关的意见，经检察长同意，派出检察人员介入侦查工作。提前介入、引导侦查取证工作应当由综合素质高、办案经验丰富的检察官承担。检察官在提前介入时，不得干涉侦查人员依法独立办案，不得将了解掌握的侦查计划、案件情况向外界及内部与办案无关的人员透露，不得代行侦查权，不得代替公安机关决定是否提请批准逮捕。

检察人员适时介入侦查，通过查阅案卷、参加讨论、发表意见等方式引导取证，应当从以下几个方面对收集证据、适用法律提出建议：（1）对案件的性质和适用法律发表意见；（2）对证据的收集、固定、保全提出意见和建议；（3）根据逮捕条件对案件现有证据发表意见；（4）对下一步侦查取证工作提出建议。对介入侦查工作中遇到把握不准的复杂问题，或与公安机关有重大分歧意见的，检察人员应当及时向检察长报告。

3. 打造提前介入的平台。检察机关与公安机关要建立起常态化的沟通机制，对办案中遇到的问题及时进行沟通协商解决。在办案中，检察机关应当指派专人进驻公安机关办案点，特别重大、疑难、复杂案件，检察机关要成立办案组，及时审查公安机关调取的全部证据材料，并随时就办案中的问题与公安专案组的领导和同志们进行沟通，就证据标准、取证范围、打击范围尺度的确定等问题达成共识，推动案件顺利办理。

信息不对称是影响提前介入目的实现的主要障碍。在提前介入中，公安机关不将所有材料提供给检察机关或者选择性提供材料，是困扰检察人员提前介入的一大难题，导致检察人员对案件的情况掌握不充分，难以有针对性地提出指导意见。为了实现提前介入的效果，检察机关要与公安机关进行专题会商，要求公安机关向检察机关全面开放所有通道，包括将全部收集调取的材料提供给检察人员审阅，将所有新调取的证据第一时间提供给检察机关，所有涉案人员的进展情况第一时间告知检察机关。

二、认罪认罚从宽制度的适用问题

2016年9月3日，第十二届全国人大常委会第二十二次会议授权最高人民法院、最高人民检察院在部分地区开展刑事案件认罪认罚从宽制度试点工作，对犯罪嫌疑人、刑事被告人自愿如实供述自己的罪行，对指控的犯罪事实没有异议，同意人民检察院量刑建议并签署具结书的案件，可以依法从宽处理。2018年10月26日，第十三届全国人大常委会第六次会议通过了《关于修改〈中华人民共和国刑事诉讼法〉的决定》，将认罪认罚从宽制度正式确立下来。为更好地适用认罪认罚从宽制度，最高人民法院、最高人民检察院、公安部、国家安全部、司法部于2019年10月联合下发了《关于适用认罪认罚从宽制度的指导意见》，对认罪认罚从宽制度适用中的一些重要问题予以了明确：（1）认罪认罚从宽制度贯穿刑事诉讼全过程，适用于侦查、起诉、审判各个阶段。（2）认罪认罚从宽制度没有适用罪名和可能判处刑罚的限定，所有刑事案件都可以适用，不能因罪轻、罪重或者罪名特殊等原因而剥夺犯罪嫌疑人、被告人自愿认罪认罚获得从宽处理的机会。(3)"可以"适用不是一律适用，犯罪嫌疑人、被告人认罪认罚后是否从宽，由司法机关根据案件具体情况决定。(4)认罪认罚从宽制度中的"认罪"，是指犯罪嫌疑人、被告人自愿如实供述自己的罪行，对指控的犯罪事实没有异议。(5)认罪认罚从宽制度中的"认罚"，是指犯罪嫌疑人、被告人真诚悔罪，愿意接受处罚。因此，在涉众型经济犯罪案件中，也应当适用认罪认罚从宽制度。囿于涉众型经济犯罪案件的特殊性，检察机关在适用认罪认罚从宽制度时要把握好以下问题：

（一）如何把握"对行为性质的辩解"

在认罪认罚从宽制度中，犯罪嫌疑人、被告人虽然对行为性质提出辩解但表示接受司法机关认定意见的，不影响"认罪"的认定。因许多涉众型经济犯罪打着"金融创新"的幌子诱骗不明真相的人员参与帮助犯罪，当然不会告知这种模式是犯罪，因此，部分下层参与人员、技术人员都会辩解自己不知道从事的行为是犯罪，甚至还会辩解自己从事的行为是创新。对此，在区分"对行为性质的辩解"和"不认罪"时，不能简单以犯罪嫌疑人、被告人是否承认"犯罪"为标准来判断，而应当以犯罪的构成要件为基础，比对其是否完整地供述了犯罪构成要件的内容，如果供述完整并愿意接受司法机关认定意见的，即便其认为行为模式不是犯罪，也不影响对"认罪"的认定。如组织领导传销案件中，许多发展下线多、人数层级多的犯罪嫌疑人、被告人都辩解"不明知"自己的行为是传销犯罪，或者认为自己的行为不是传销犯罪而是经济创新。对此，要以传销犯罪的四个特征为基础，只要参与人员明知是以直接或者间接地发展下线为计酬依据，仍积极发展下线，并从下线参与人员缴纳的费用中获取利益的，都可以认定行为人具有传销犯罪的主观明知。因此只要犯罪嫌疑人、被告人供述了以上内容，即便其本人认为不是传销犯罪，也应当认为是"对行为性质的辩解"。

（二）如何把握"全面认罪"

《关于适用认罪认罚从宽制度的指导意见》明确规定：犯罪嫌疑

人、被告人犯数罪，仅如实供述其中一罪或部分罪名事实的，全案不作"认罪"的认定，不适用认罪认罚从宽制度。因此，认罪认罚从宽制度的认罪是"全面认罪"。在涉众型经济犯罪案件中，特别是打着公司幌子的涉众型经济犯罪案件中，不同的人员参与犯罪的角色和程度是不一样的，在认定"全面认罪"时也应当有所区别。（1）犯罪的发起者、决策者。该类人员要么是主犯，要么是集团犯罪的首要分子，直接组织、指挥犯罪的实施。认定其"认罪"应当是其知道公司组织实施的全部犯罪，而不仅仅是其个人参与的犯罪。（2）犯罪的骨干成员。如在公司中担任财务总监、技术总监、行政总监、客服总监等职务的中层骨干，这类人员在犯罪中起承上启下的作用，认定其"认罪"应当是既供述其参与上层决策的情况，也供述其指挥、布置下层执行的情况。（3）犯罪的一般参与人员。这部分人员一般是在上级的指示下从事一个环节或者一个阶段的具体行为，对犯罪的参与度与知情度有限。认定其"认罪"要相对宽松，全面供述自己参与的行为即可。

（三）如何把握"认罚"

"认罚"考察的重点是犯罪嫌疑人、被告人的悔罪态度和悔罪表现，应当结合退赃退赔、赔偿损失、赔礼道歉等因素来考量。犯罪嫌疑人、被告人虽然表示"认罚"，却暗中串供，干扰证人作证，毁灭、伪造证据或者隐匿、转移财产，有赔偿能力而不赔偿损失，则不能适用认罪认罚从宽制度。追赃挽损是涉众型经济犯罪案件一项极其重要的工作，因此，要特别重视该类案件犯罪嫌疑人、被告人的退赃退赔情况。对案发后积极筹集资金退赔退赃，弥补集资参与人员损失的，一般可以考虑从宽。如湖南湘西非法集资案件办理中，对其中3家经营状况较好，能全部支付集资资金的公司的主要负责人员，没有采取羁押强制措施，允许其继续负责公司的运营，取得了案件办理和服务经济犯罪的双收获。同时，对转移、隐匿财产，有归还能力而拒不归还的犯罪嫌疑人、被告人，即便其如实供述自己的全部罪行，一般不能认定为"认罚"。

(四）认罪认罚从宽制度在非法集资案件中的适用

从司法改革推进的角度来看，认罪认罚从宽制度作为刑事诉讼领域一项改革举措目前已经全面推进，对于涉众型经济犯罪尤其是集资诈骗类也应当纳入认罪认罚从宽制度的领域予以开展相关刑事审查逮捕、审查起诉等诉讼活动。对于该项制度就现有把握的情况来看，尚无可借鉴的操作模板，但本文仅从以下三个方面提出适用的参考意见：

1. 宽严相济刑事政策的总体把握标准。（1）对非法集资案的犯罪嫌疑人，具有以下情形之一的，应从严打击：非法集资案中的主犯（主要指在非法集资过程中起决策、组织、指挥作用或表现积极的个人、公司法定代表人、实际控制人和参与共谋的高管人员）；集资数额特别巨大、集资人数众多，遭受损失的人数多；有其他特别严重情节的（因集资造成集资参与人生活特别困难、自杀自残、引发群体性事件的）；具有销毁账目、证据，逃避返还集资款、掩盖犯罪事实或隐匿、转移资产，严重妨碍调查的；案发后认罪态度不好，拒不说明集资款去向、拒不退赃、拒不配合挽回损失的。（2）对非法集资案的犯罪嫌疑人，具有以下情形之一的，依法可从宽处理：非法集资案中的从犯（与主管人员无共谋、受领导指派、奉命或因受某种利益驱使而参与实施了犯罪行为或帮助行为的财务人员、管理人员、中介人员等）；参与集资数额不大、人数不多、获利数不大、没有造成损失的（兑付比例100%）或造成损失不大的；主动投案或自愿接受审查，如实供述犯罪事实的；检举他人犯罪事实，经查证属实或提供重要线索追回隐匿资产，有立功表现的；认罪态度好，积极退赃，配合侦查机关办案，帮助挽回损失，积极进行稳控工作且效果好的。

2. 对相关人员从宽处理的具体把握标准。（1）根据最高人民法院《关于审理非法集资刑事案件具体应用法律若干问题的解释》第3条第4款规定，非法吸收或者变相吸收公众存款，主要用于正常的生产经营活动，能够及时清退所吸收资金，可以免予刑事处罚；情节显著轻微的，不作为犯罪处理。对于非法吸收公众存款的单位或个人，即使数额巨大，符合上述规定的，法院也可以免予刑事处罚，检察机关可作相对不起诉处理;所吸收资金仅有少部分未能退还,具有积极的清偿意愿、具备清偿能力并与债权人达成清偿协议的,法院可以判处缓刑。(2)对于参与协助他人或单位非法吸收公众存款的人员以及中介人员,个人参与犯罪金额数额特别巨大,如实交代自己涉案行为,全部退缴其收取的代理费、好处费、返点费、佣金、提成等费用,积极协助司法机关调查和挽回其涉案行为涉及的损失,且能配合做好涉及的集资参与人稳控工作的,法院可以判处缓刑;其中个人参与犯罪金额数额巨大,或者个人参与犯罪金额虽在数额巨大与数额特别巨大之间,但上述情节特别显著的,法院可以判处免予刑事处罚,检察机关可作相对不起诉处理。

3. 认罪认罚从宽制度的操作流程及注意规范。(1)全面推行认罪认罚从宽告知。虽然犯罪情节各有不同、各犯罪嫌疑人的量刑各有不同,但是基于法律制度的统一适用性,集资诈骗罪在刑事政策的指引下也应从办案的各环节切入,在认罪认罚从宽的程序从简、实体从宽的理念下指导新型办案模式的构建。通过诉讼中对于相关制度的履行全面告知义务,切实保障各诉讼参与人的合法权益,运用好刑事政策实现在法律框架内最大限度地为经济发展创造良好的法治环境。(2)审慎适用对于非法集资犯罪的不起诉权。经济犯罪尤其是涉众型经济犯罪的特殊复杂性,虽然在审查起诉环节开展经济救济、认罪协商有利于社会矛盾的化解,但是因为涉及不特定多数人员的利益,存在相当的社会面的管控难度,同时也存在法律适用及量刑情节的特殊复杂性等问题,防范该类案件的风险具有相当难度,结合本地在个别经济案件中适用认罪认罚从宽作不起诉的操作实务经验,不建议在集资诈骗类案件中过于积极推进开展不起诉。(3)探索对于涉众型经济犯罪案件的相对确定刑结合附加刑的量刑建议模式。对于集资诈骗案件由于特殊复杂性,具体刑量刑建议的提出存在操作上、运行上、协商中等各种难度,尚不成熟的阶段建议开展相对确定刑的量刑建议工作。

(五)认罪认罚从宽制度在组织、领导传销活动犯罪中的适用

组织、领导传销活动犯罪适用认罪认罚从宽制度应重点考虑以下几个方面的问题:

1. 组织、领导传销活动犯罪一般是形成一定组织的共同犯罪,嫌疑人、被告人的"认罪"不仅要自愿如实供述自己的罪行,对指控的犯罪事实没有异议。还要考虑其在犯罪过程中知悉的其他共同犯罪人的罪行。对自己罪行的供述主要包括传销组织的主要模式、自己在传销组织中所起的作用、发展下线和获利的具体情况,对于供述了主要犯罪事实,但辩解其间接发展的下线不应计入其下线的数量、没有从传销活动中获利等,不应该影响对其"认罪"的评价。

2. 应重点考虑嫌疑人、被告人退赃退赔的情况。一般认为组织、领导传销案件中传销参与人不作为被害人对待,因此不考虑与被害人达成和解等情形,但考虑到组织、领导传销活动罪对社会经济秩序的破坏性,除嫌疑人、被告人认罪外,要重点考虑嫌疑人退赃退赔的情况,对于积极配合公安机关退赃的,可以考虑加大从宽的幅度。

3. 根据犯罪嫌疑人认罪时间对从宽的幅度应有所区别。本罪属于涉众型经济犯罪,涉案的犯罪嫌疑人一般较多,犯罪嫌疑人认罪越早对案件的查办及向群众揭示传销骗局帮助越大,在考虑从宽幅度时,要根据犯罪嫌疑人认罪时间体现出区别。如湖南省双峰县人民检察院办理的陈某某等13人组织、领导传销活动案,经过检察人员多次向其宣传认罪认罚从宽制度,有12名被告人表示认罪认罚,但其中一名嫌疑人吴某因对有期徒刑和罚金问题存在犹豫,在案件起诉后的第二天才签订《认罪认罚具结书》,在发表公诉意见的时候应当体现其认罪认罚的情节,但在从宽的幅度上应与其他12名被告人有所区别。

4. 对于组织者、领导者中屡教不改的人员,要从严把握从宽的幅度。对符合条件的认罪认罚案件,规定的是"可以从宽",对于没有特殊理由的,都应当体现法律规定和政策精神,从宽处罚。但是从宽应根据案件事实和法律综合考量。《关于办理组织领导传销活动刑事案件适用法律若干问题的意见》将"曾因组织、领导传销活动受过刑事处罚,或者一年以内因组织、领导传销活动受过行政处罚,又直接或者间接发展参与传销活动人员在十五人以上且层级在三级以上的人员"直接认定为组织者、领导者,对于这类人员,往往被查处后没有真心悔过,如

"五行币"案件中嫌疑人宋某曾组织"云数贸"传销,"云数贸"被查处后,为逃避公安机关打击,宋某偷渡出境,后在马来西亚、泰国等地继续从事组织领导传销活动,之后因持有非法证件被泰国警方抓获并判刑,在狱中还设计了一套传销制度和系统,组织了"五行币"传销案,这类人员社会危害性和再犯罪的可能性大,在适用认罪认罚从宽制度时,从宽幅度应从严把握。

三、立案监督问题

检察机关的立案监督包括对公安机关应当立案而不立案的监督和不应当立案而立案的监督。前者是指被害人及其法定代理人、近亲属或者行政执法机关,认为公安机关对其控告或者移送的案件应当立案侦查而不立案侦查,向人民检察院提出,检察机关审查后认为不立案理由不成立的,监督公安机关立案侦查。后者是指当事人认为公安机关不应当立案而立案,向人民检察院提出,检察机关审查后认为立案理由不成立的,监督公安机关撤案。立案监督是检察机关履行法律监督职能的重要体现,覆盖全部刑事案件和公安机关的全部立案或者不立案行为。因此,在涉众型经济犯罪案件中也存在立案监督问题。

相较于普通案件,涉众型经济犯罪案件中的立案监督具有特殊性,主要表现为在涉众型经济犯罪案件中适用宽严相济的刑事政策时,有一个重要的工作是打击面的确定。即部分涉案人员的行为可能已经达到了立案追诉标准,但是从刑事政策的角度出发,可能不对其进行追诉。因此,对涉众型经济犯罪案件的立案监督,应当根据该类案件的具体特点展开。具体要把握好以下两个问题:

(一)监督合理确定打击范围

涉众型经济犯罪案件涉案人员多,在确定打击面时,要综合考量立案标准、行为性质、作用大小、参与时间长短、获利多少、退赔退赃情况、案件影响大小等因素,科学合理确定打击范围,而不能单纯以行为人的行为是否达到立案标准作为追诉标准。如善心汇案中,参与传销的人数近600万人,达到传销犯罪发展下线30人且层级在3层以上标准的有近万人，如果单纯以该立案标准为基础，不考虑其他因素，不论是从办案力量来说，还是从办案效果来说，都是非常不理想的。因此，在案件侦查的初期，检察机关在提前介入涉众型经济犯罪案件时，一个重要的工作就是对公安机关确定的案件打击范围提出意见，监督公安机关合理界定案件的追诉标准和要求。如在善心汇案中，最高人民检察院针对公安机关拟定的打击范围，建议确定一个以人数和层级为基础的多层次的打击标准，对不同涉案人员进行不同的处理，得到了公安机关的认同，确保了案件在法治的轨道上平稳得到处理。

（二）监督不当立案行为

因涉众型经济犯罪案件可能由不同地域、不同级别的公安机关开展侦查，容易出现对统一的打击面的把握出现差别的情况，特别是囿于维稳的需要，少数公安机关可能出现突破打击面下线进行立案的行为，也可能出现对明显符合打击标准却不立案侦查的情况。因此，检察机关在提前介入时，要同步关注公安机关是否存在不当立案或不立案行为，及时督促公安机关立案或者撤案。如善心汇案中，湖南永州市公安机关在侦查初期根据掌握的线索对帮助林某某出逃的3人进行了立案侦查，后经查明，该3人的行为均没有达到追诉标准，检察机关向公安机关提出不予追诉的建议，湖南公安机关经报公安部同意，对该3人不予追诉。

四、捕诉一体制度在涉众型经济犯罪案件中的运行

捕诉一体制度就是指在现行法律框架内，由检察机关内部同一个职能部门依法承担批捕和审查起诉工作并履行相关法律监督职责的工作机制。该项改革制度的推进，使得检察人员在审查逮捕、审查起诉环节人员整合，审查起诉的证据把关口前移，公诉检察官在案件发生之时，即结合各犯罪构成要件进行周密取证，对事实的掌握将更为全面，也能更及时地、集中地发挥检察人员引导侦查的力度和深度，能为之后成功起诉和出庭打下坚实基础，同时也能更早发现、及早纠正侦查中的问题，取得法律监督实效。这一点在金融犯罪领域等诸多高发、频发、新发的

犯罪行为尤为凸显,在案发之时、立案之初即需综合分析、研判有效定罪路径,由负责担当公诉职责的检察官决定是否逮捕,提供具体侦查方法和路径,不仅能使侦查机关少走弯路,保障侦查行为的规范性,提高侦查及审查起诉环节的工作效率,也有利于办案策略的一以贯之,实现精准公诉。与此同时,实行捕诉一体机制后,要求承办检察官全程追踪案件办理进程之外,更加深入了解案件背景、细节及存在的隐性矛盾,从而及时化解社会矛盾、把控涉访风险,促进息诉罢访,在起诉、庭审阶段要积极促成和解,努力实现办案效果的最大化。由此对于办理涉众型非法吸收公众存款特殊类型案件中,由同一检察官与涉案集资参与人接触,更好了解当事人的心理变化和真实诉求,有效防止了因检察官给被害人心理带来的"二次伤害"。这一点也切合了法治成熟国家,如检警一体大陆法系国家或检察官主导侦查与指控的英美法系国家的模式。

但是在实践运行中,由于涉众型经济犯罪的高发、频发、新发性,存在立案初期基层侦办的分散性,存在案件办理过程中审查逮捕、提前介入阶段多头介入,以及在基层院审查逮捕后向上级院移诉,甚或移诉起诉以后改变管辖报送上级院审查起诉的,上述存在捕诉分离的现象,一定程度上影响了捕诉一体在该类案件中的运行与开展。

(一)个案中存在的捕诉分离

立案侦办的分散性、审级的限制等问题,导致了目前主要存在以上几类典型的捕诉分离的情形。一是侦查立案时作为普通经济案件侦办,按照同级受理原则在基层院审查逮捕,后移送起诉阶段再行依照审判管辖的规定报送上级院审查的;二是侦查时报送基层院审查逮捕,侦查终结后改变侦办主体以上级单位名义移送起诉;三是追捕追诉的遗漏人员,分案处理后不同人员审查起诉、审查逮捕的问题。

(二)解决捕诉分离的路径

对于特殊类型案件的上提一级审查把关,以改变现行存在捕诉分离、"下捕上诉"现象。主要是集中在市州院对于本地集资诈骗案件的统一指导、引导侦查、做好案件的相关打击面把控、人员分层处理的指导。具体可以从以下三个方面做出处理应对：

1. 捕诉一体制度要求批捕与起诉的检察官同一，这条原则不能背离，以保证检察人员对于案件证据审查的亲历性。实行捕诉一体机制后，承办检察官通过全程跟踪侦查活动，严格落实非法证据排除规则，及时发现侦查活动不规范问题。此外，通过严格把控追捕和追诉之间的合理平衡，有效避免了因追捕后被判处拘役或缓刑导致追捕质量不高情况的出现，更加有利于加强对侦查机关捕后改变强制措施的监督实效和力度，监督工作成效明显提升。

2. 通过特定罪名尤其是集资诈骗罪名的审查逮捕提级，以改变现行的存在部分捕诉分离、"下捕上诉"现象。首先，在检察机关存在过对于特殊案件如经济案件上提一级审查逮捕的操作模式。其次，对于涉众型经济犯罪原本就属于特殊、复杂的敏感案件，处理也必将涉及本地的维稳等地方政策实施问题，有必要也应当纳入上级院重点引导督办的范围。最后，在操作层面上，对于下级院立案侦办的相关案件在侦查之初，尤其是提前介入阶段就应当及时参与，引导不同人员的分类处理，并对于可能涉及集资诈骗犯罪的主要犯罪人员及时做好报送上级院审查逮捕的建议，与相关文书的移送交接工作。

3. 加强对于涉众型经济犯罪案件尤其是集资诈骗案件的类案跟踪监督，指导办案。通过案情会商工作方式，加强与侦查机关的沟通，有利于形成良好的检警关系；在捕诉一体机制下，完成审查逮捕工作的检察官制作《逮捕案件继续侦查取证意见书》或者《不逮捕案件补充侦查提纲》，均会自觉跟踪监督；侦查机关未完成继续侦查、补充侦查工作的，应当要求侦查机关完成相关侦查工作后再移送审查起诉。这是加强对侦查机关的监督的有效途径。同时，将检察机关反馈意见纳入侦查机关考核指标，强化监督刚性。近年来，湖南省公安厅法制总队在年终时收集检察机关对刑事案件的起诉率、有罪判决情况，并纳入侦查机关的考核指标，检察机关退回补充侦查、人民法院要求补充侦查的工作完成量得到明显提升。

结合鸿冠集团集资诈骗案分析在具体个案中如何通过提前介入侦

查、引导取证，督查案件分层处理实现捕诉一体。对于人员分案及案件装订的指导意见：

1. 案件的分案与并案

办理非法集资共同犯罪案件，要对涉案人员合理分流处理，以适当利用各级办案力量，保证打击重点，提高办案效率和效果。对于与主犯有紧密联系的核心人员，可以与主犯并案处理；对于与主犯联系不紧密的中介人员、业务员等人员，原则上应分案处理。

2. 管辖问题

（1）对中介人员、业务员等非法集资共同犯罪的案件，特别是中介人员、业务员等参与了协助多家单位或个人非法集资的案件，除可由主犯的犯罪地（主要犯罪地）或嫌疑人（单位）的居住地（住所地）公检法机关一并立案侦查、公诉、审判外，也可由该中介人员的居住地（住所地）、揽资行为涉及对象人员的主要分布地公安机关分案立案侦查，并由该地检察机关及人民法院公诉、审判。

（2）为实现刑事办案工作任务量的适当分流，结合维稳工作及后期处置工作的需要，经市公检法司联席会议研究决定，公安、检察院、法院可以依法对部分非法集资案件进行指定管辖。

（3）同一或相关联的非法集资案件，由不同地区或单位办案机关办理的，公检法各办案机关应加强相互协调配合，确保办案工作、事实认定、证据收集采信、定性以及处理、处置等的统一。

（4）对于以非法吸收公众存款罪移送起诉的案件，由于《刑法》第176条规定该罪的最高刑为10年以上有期徒刑，原则上均由犯罪地（主要犯罪地）或嫌疑人（单位）居住地（住所地）的基层法院管辖，由相应的检察机关承担公诉工作。如基层检察院审查后认为构成集资诈骗罪且集资诈骗数额达到数额特别巨大，或者集资诈骗数额虽未达到数额特别巨大，但有其他特别严重情节的，报送市检察院向市中级法院起诉，由市检察院和基层检察院（为主）共同承担后续公诉工作。

（5）根据最高人民法院《关于审理非法集资刑事案件具体应用法律若干问题的解释》第5条第1、2款的相关规定，以及《刑法修正案

（九）》废除犯集资诈骗罪可以判处死刑的规定，结合案件的具体情况，对于以集资诈骗罪移送起诉的，除案件集资诈骗数额达到数额特别巨大，或者集资诈骗数额虽未达到数额特别巨大，但有其他特别严重情节的，由市中级法院审判、市检察院承担公诉工作外，其他案件均由犯罪地（主要犯罪地）或嫌疑人（单位）的居住地（住所地）的基层法院管辖，由相应的检察机关承担公诉工作。如市检察院审查后认为不构成集资诈骗罪或集资诈骗数额未达到上述数额，且无其他特别严重情节的，交相应基层检察院向相应的基层法院起诉，由市检察院（为主）和基层检察院共同承担后续公诉工作。

3. 明确意见要求

经与侦查机关沟通明确了只对于涉及集资诈骗及其他诈骗活动的犯罪嫌疑人石某某、杨某某、胡某某、黄某某以外，还包括同案移送的非法吸收公众存款的叶某某、周某、付某某，移送市州院审查起诉，其余人员建议分案处理。考虑到案件的处理与后续诉讼的需要，相关案件材料予以整理分类，尤其是对于分案处理人员的材料有必要按照审查要求进行重新归类整理。

五、非法集资案件中的刑民交织疑难问题

对于非法集资案件中集资参与人财产的保护及相关涉案财产的追缴与处置，是实务中尤为复杂的争点问题，实践中也往往存在刑事模式与行政模式交错性，且长期以来，刑事案件中刑民交叉问题一直是办案机关和司法机关面对的一大难题，办案主要依据2014年《关于办理非法集资刑事案件适用法律若干问题的意见》明确的"先刑后民"的原则，结合2019年的规定，做出分析与阐释。

（一）对法律不保护的财产的追缴

司法办案各阶段，特别是公安机关调查和侦查阶段，要综合运用各种手段，依法控人控资挽损。要迅速调查行为人的财产状况、开列清单，详细审查各类财产，包括银行存款、固定资产、流动资金、抵押情况、各类债权债务等，以有效防止嫌疑人将赃款转移、隐藏。对有资金

链断裂或人员逃匿、资产转移风险的,要立即对人员、资产和证据采取必要控制措施。对可能出逃人员,在决定立案和采取强制措施时,可先行采取边控、临控等措施;对资产视情同步采取搜查、扣押、查封、查询、冻结等侦查手段,防止赃款赃物转移。对每个非法集资案件,在查清集资数额、资金流向、损失金额的基础上,对涉集资产要查清来源去向,研究追缴措施,落实追缴责任人员,特别是对获利出局人员要严格审查,查清其获利金额和使用特况,证据确凿的,依法及时进行追缴。

1. 对非法集资人追缴财产的范围为:向社会公众非法吸收的资金属于违法所得,对非法集资款及其收益,应当一并追缴;集资人将非法集资款用于投资或者置业,因此形成的财产及其收益,应予追缴;集资人将非法集资款与其他合法财产共同投资或者置业,因此形成的财产中与赃款赃物对应的份额及其收益,应予追缴。

2. 集资参与人收取的利息、分红等回报,本金尚未归还的,所收取的回报可予折抵本金,超过本金的部分,应予追缴。对高管、中介人员等帮助作案人员的违法所得,如薪酬、奖金,以及代理费、返点费、佣金、提成等,应予追缴。

3. 集资人将非法集资款或者非法集资款投资或置业形成的涉案财物,用于清偿债务、转让或者设置抵押权等其他权利负担,具有下列情形之一的,司法机关应予追缴,所设置的其他权利无效:第三人明知是涉案财物而接受的;第三人无偿或者以明显低于市场的价格取得涉案财物的;第三人通过非法债务清偿或者违法犯罪活动取得涉案财物的;第三人通过其他恶意方式取得涉案财物的。第三人善意取得涉案财物的,不予追缴。作为原所有人的集资参与人对该涉案财物主张权利的,人民法院应当告知其通过诉讼程序处理。

4. 集资人在政府工作组帮扶期间或在资金链断裂、刑事立案之前,超出生产经营需要,与相关债权人合谋,选择性清偿债务,或者对财产设置抵押、质押等其他权利,司法机关对相关财产应予追缴。债权涉及的国家工作人员与工作组人员、集资人串通,实施上述行为的,政府工作组、办案组应对所转移的财产采取各种组织、行政及司法手段追缴到位；拒不退赔的，将相关人员移送纪检监察部门进行党纪、行政处理，构成犯罪的，依法追究刑事责任。

（二）对法律不保护的财产的处置

根据相关法律和国务院《处置非法集资工作流程（试行）》的规定，处置非法集资工作应坚持政府主导、属地管理、依法查处、及时果断、协作配合的原则。刑事诉讼涉案财物处置是非法集资案件处置善后的一部分，政法机关应在属地政府处置工作组的统一组织协调下，将在刑事诉讼中依法查封、扣押、冻结的涉案资产，统一用于集资款的清退，依各自职能出具相关法律文书，配合政府各部门共同进行相关处置工作。

1. 依托刑事诉讼程序对涉案财产进行处置的问题。公检法机关应依托刑事办案，在刑事案件依法撤销、不起诉、判决等诉讼终结后出具相关法律文书，对涉案财物依法进行处置，及时办理涉案财物的移送、返还、变卖、拍卖、销毁、上缴国库等工作。特别应注意落实最高人民法院《关于刑事裁判涉财产部分执行的若干规定》，在刑事裁判生效后启动刑事执行程序，对涉案财物依法进行处置。对涉案款物的保管（特定物品）、评估、拍卖、发还等具体处置工作坚持政府主导、属地管理、协作配合等原则，委托相关部门、组织在政府统一组织下实施，银监、财政、国土、房产、审计、工商、物价等部门全力协作配合，保障涉案财物线索发现、查封、扣押、冻结及后续处置等工作高质高效进行。检察机关在办案中应加强对涉案财物追缴和处置的监督，依法提出建议，避免因处置不当而引发不稳定因素。

2. 涉案财物先行处置程序的适用问题。公检法各刑事办案环节应果断启动涉案财物先行处置程序，及时处置查封、扣押、冻结的易贬值及保管、养护成本较高的涉案财物。根据2014年最高人民法院、最高人民检察院、公安部《关于办理非法集资刑事案件适用法律若干问题的意见》第5条第3款，2015年1月中共中央办公厅、国务院办公厅《关于进一步规范刑事诉讼涉案财物处置工作的意见》第7条，2015年3月《人民检察院刑事诉讼涉案财物管理规定》第12条第1款第5项，

2015年7月《公安机关涉案财物管理若干规定》第21条等的规定，对易损毁、灭失、变质等不宜长期保存的物品，易贬值的汽车、船艇等物品，或市场价格波动大的债券股票，基金份额等财产，有效期将届满的汇票、本票、支票等，经权利人同意或者申请，经县级以上公安机关、人民检察院或者人民法院主要负责人批准，可以在诉讼终结前由政府工作组依照有关规定出售、变现或者先行变卖、拍卖。所得款项统一存入专门账户，由查封、扣押、冻结机关予以保管，待诉讼终结后一并处置。2019年1月30日最高人民法院、最高人民检察院、公安部《关于办理非法集资刑事案件若干问题的意见》第9条明确规定，办理跨区域非法集资刑事案件，案件主办地办案机关应当及时归集涉案财物，为统一资产处置做好基础性工作。其他涉案地办案机关应当及时查明涉案财物，明确其来源、去向、用途、流转情况，依法办理查封、扣押、冻结手续，并制作详细清单，对扣押款项应当设立明细账，在扣押后立即存入办案机关唯一合规账户，并将有关情况提供案件主办地办案机关。并且明确根据有关规定，查封、扣押、冻结的涉案财物，一般应在诉讼终结后返还集资参与人。涉案财物不足全部返还的，按照集资参与人的集资额比例返还。退赔集资参与人的损失一般优先于其他民事债务以及罚金、没收财产的执行。

3. 犯罪嫌疑人、被告人死亡案件中涉案财物处置程序问题。刑事立案后，因非法集资犯罪嫌疑人、被告人死亡而撤销案件、决定不起诉或者终止审理，依照刑法规定应当追缴其违法所得及其他涉案财产的，应当按照刑事诉讼法有关犯罪嫌疑人逃匿、死亡案件违法所得的没收程序的规定办理。

刑事立案前，非法集资犯罪嫌疑人死亡的，如非法集资系单位犯罪的，可通过对单位犯罪的刑事追究，一并对单位的涉案财产依刑事诉讼程序进行处置；如非法集资系已死亡犯罪嫌疑人个人为主实施的，如存在其他共犯且符合刑事立案条件的，可通过刑事诉讼程序对其他共犯的涉案财产进行处置。

第二章　非法吸收公众存款罪

第一节　非法吸收公众存款罪概述

一、概念

根据《刑法》第176条规定:"非法吸收公众存款或者变相吸收公众存款,扰乱金融秩序的,处三年以下有期徒刑或者拘役,并处或者单处罚金;数额巨大或者有其他严重情节的,处三年以上十年以下有期徒刑,并处罚金;数额特别巨大或者有其他特别严重情节的,处十年以上有期徒刑,并处罚金。单位犯前款罪的,对单位判处罚金,并对其直接负责的主管人员和其他直接责任人员,依照前款的规定处罚。有前两款行为,在提起公诉前积极退赃退赔,减少损害结果发生的,可以从轻或者减轻处罚。"

非法吸收公众存款罪,是指未经中国人民银行批准,向不特定对象吸收资金并出具凭证,承诺在一定期限内还本付息,扰乱金融秩序的行为。我国刑法对非法吸收公众存款罪的描述方式采用的是叙明罪状方式,但实际上并没有达到详细而又明确的效果。对罪名字义解读,需要从如下几个方面进行分析:

（一）非法

所谓非法,是指违反国家金融管理法律规定。我国《商业银行法》等金融管理法律对"吸收公众存款"实施的是特许的授权制,即"法无授权不可为",未经中国人民银行批准从事吸收公众存款的行为,都是非法。司法实践中,我们从未发现有涉嫌犯罪的行为人经过中国人民银行批准进行吸收公众存款的。部分案件中,有些地方行业主管部门以"金融创新"为由对集资行为予以认可,有的集资方在主流媒体大肆打广告宣传、邀请某些领导出席活动现场等,但这些都不代表行为人吸收公众存款本身的合法性。对于商业银行等有权向公众吸收存款的金融机构,在吸收存款过程中有太高利息等不正当竞争手段的,不符合"非法"特征,不能按非法吸收公众存款罪处理。①

(二)吸收

所谓吸收,是指行为人出具凭证收取集资参与人的资金,并实际掌控公众资金的行为,这就可以把一些没有实际掌握资金的行为区别开来。比如有些行为人运营了一个网络融资平台,为用款人和投资者提供居间的服务,投资人的钱直接给了用款人,行为人只是牵线搭桥收取佣金,但没有形成资金池,不实际掌控资金甚至不经手资金,就不是非法吸收公众存款行为。资金池,顾名思义就是把资金汇集到一起,形成一个像蓄水池一样的存储资金的空间;判断资金池的标准,主要是看资金流动是否先于信息流动,如果投资人的资金先流入平台指定的账户,而投资的项目尚未落实,在这个时间差里,资金停留在平台账户内,资金池就形成了。

(三)公众

公众即社会的不特定对象,只有向不特定的对象吸储才是非法吸收公众存款。向特定的对象如亲友、单位内部员工取得资金,是合法的民间直接借贷。司法实践中,资金来源于特定还是不特定对象,容易出现争议。2014 年"两高一部"《关于办理非法集资刑事案件适用法律若干问题的意见》规定,在向亲友或者单位内部人员吸收资金的过程中,明知亲友或者单位内部人员向不特定对象吸收资金而予以放任的,应当

---

① 参见王作富主编:《刑法分则实务研究》(上),中国方正出版社 2013 年版,第 401 页。

认定为向社会公众吸收资金，将所谓"间接吸储"明确为非法吸收公众存款。

（四）存款

存款亦称储蓄，根据国务院 2011 年《储蓄管理条例》的规定，是指个人将属于其所有的人民币或者外币存入储蓄机构，储蓄机构开具存折或者存单作为凭证，个人凭存折或者存单可以支取存款本金和利息，储蓄机构依照规定支付存款本金和利息的活动。非法吸收公众存款本质上是一种承诺还本付息的融资行为，公众提供资金是一种投资，目的是使资本增值，这就把非法吸收公众存款和其他向社会取得资金的行为区别开来。比如共享单车的问题，经营者向不特定的对象吸取了资金，但经营者承诺的是出资人通过出资享有了单车服务，不是投资，所以不是非法吸收公众存款。严格来讲，2013 年 6 月支付宝的"余额宝"在未获得授权之前收取资金并承诺保本付息的行为，也是一种非法吸收公众资金的行为，是一种高利息的活期存款；如果不规制，余额宝就会成为一家业务不完整但存取款与银行一般无二的商业银行，只是没有用阿里巴巴银行的名字而已。所以，我国央行最终选择了管制支付宝，一是限定其利息，二是对其从事金融业务授牌。经过规范后，余额宝、零钱通等产品的利息率不会冲击银行等金融机构。

非法吸收公众存款与合法民间融资有区别。民间融资，是存在于国家金融机构之外、不受国家金融法律体系监管，发生在个人之间、个人和企业之间或者企业相互之间，以货币为标的的价值转移及本息支付。随着我国经济的迅猛发展，非公有制经济得到巨大发展，民间积累了大量的资金。融资的出资方，主要集中在三类人群：一是较为富裕、有一定积蓄的普通家庭，这个族群比较分散；二是国家公职人员；三是专门从事投资和融资的民间机构和拥有大量资金的私人企业。民间资本需要有合理的投资渠道，我国对利率进行严格控制，银行存款利率偏低，无法吸引民间资本，民间资本转而投向具有更高回报率的股市、房地产、银行理财产品，但这些领域有显见的高风险，有的被垄断，有的未达预期，大量民间资本转投入了民间融资。

合法的民间融资，是指被法律认可的民间融资，其外延应该包括所有被法律法规许可、保护的以及尚无规范加以调整的民间融资活动。① 常见的合法的民间融资形式包括：一是民事主体之间的民间直接借贷。民间借贷属于正常民事法律关系，也可以具有"吸收他人资金，出具凭证，并且承诺在一定期限内还本付息"的特征，但它不需要批准，只要符合法律的规定，如意思表示真实，主体具有民事法律资格、利率不超过国家的限定等，就是合法的行为。② 二是有价证券、票据贴现等形式的融资。三是典当融资。四是企业内部集资。

二、立法沿革

1979 年刑法没有非法吸收公众存款罪名相关规定。随着市场经济体系在我国的确立，金融资本市场迅猛发展，出现了一些行为人与银行争夺公众存款，且随意提高利率，将大量资金聚集在自己的手中，造成在吸收公众存款上的无序状态及不正当竞争，不仅严重影响银行的业务经营，扰乱国家金融管理秩序，而且使一些单位或者个人的存款因无法追回而遭受巨大损失，影响社会稳定、和谐。

1995 年 5 月 10 日，第八届全国人民代表大会常务委员会第十三次会议通过了《商业银行法》，《商业银行法》第 79 条第 1 款（2015 年 8 月 29 日修订为第 81 条第 1 款）规定，"未经国务院银行业监督管理机构批准，擅自设立商业银行，或者非法吸收公众存款、变相吸收公众存款，构成犯罪的，依法追究刑事责任；并由国务院银行业监督管理机构予以取缔"。

为了配合、保障商业银行法的实施，1995 年 6 月全国人民代表大会常务委员会通过了《关于惩治破坏金融秩序犯罪的决定》，第 7 条对

---

① 参见赵新宇：《我国民间融资的刑法规制》，知识产权出版社 2018 年版，第 10 页。

② 参见朱江等：《涉众型经济犯罪剖析与治理》，法律出版社 2014 年版，第 103 页。

非法吸收公众存款、变相吸收公众存款构成犯罪进行了补充规定,"非法吸收公众存款或者变相吸收公众存款,扰乱金融秩序的,处三年以下有期徒刑或者拘役,并处或者单处二万元以上二十万元以下罚金;数额巨大或者有其他严重情节的,处三年以上十年以下有期徒刑,并处五万元以上五十万元以下罚金。单位犯前款罪的,对单位判处罚金,并对直接负责的主管人员和其他直接责任人员,依照前款的规定处罚"。1997年10月1日施行的《刑法》第176条对非法吸收公众存款罪进行了明确的规定,沿用了人大常委会前述《关于惩治破坏金融秩序犯罪的决定》对非法吸收公众存款罪的表述。

为了在司法实践中把握好非法吸收公众存款案罪与非罪的界限,2001年1月21日,最高人民法院公布的《全国法院审理金融犯罪案件工作座谈会纪要》指出,非法吸收或者变相吸收公众存款的,要从非法吸收公众存款的数额、范围以及给存款人造成的损失等方面来判定扰乱金融秩序造成危害的程度。2001年4月8日,最高人民检察院、公安部印发《关于经济犯罪案件追诉标准的规定》(后被2010年5月最高人民检察院、公安部《关于公安机关管辖的刑事案件立案追诉标准的规定(二)》予以废止),量化了非法吸收公众存款罪的具体追诉条件。

为了规范认定非法吸收公众存款罪的行为特征,2010年12月13日,最高人民法院公布《关于审理非法集资刑事案件具体应用法律若干问题的解释》第1条规定,"违反国家金融管理法律规定,向社会公众(包括单位和个人)吸收资金的行为,同时具备下列四个条件的,除刑法另有规定的以外,应当认定为刑法第一百七十六条规定的'非法吸收公众存款或者变相吸收公众存款':(一)未经有关部门依法批准或者借用合法经营的形式吸收资金;(二)通过媒体、推介会、传单、手机短信等途径向社会公开宣传;(三)承诺在一定期限内以货币、实物、股权等方式还本付息或者给付回报;(四)向社会公众即社会不特定对象吸收资金。未向社会公开宣传,在亲友或者单位内部针对特定对象吸收资金的,不属于非法吸收或者变相吸收公众存款"。第2

条列举了非法吸收公众存款案件常见的十一种表现形式："（一）不具有房产销售的真实内容或者不以房产销售为主要目的，以返本销售、售后包租、约定回购、销售房产份额等方式非法吸收资金的；（二）以转让林权并代为管护等方式非法吸收资金的；（三）以代种植（养殖）、租种植（养殖）、联合种植（养殖）等方式非法吸收资金的；（四）不具有销售商品、提供服务的真实内容或者不以销售商品、提供服务为主要目的，以商品回购、寄存代售等方式非法吸收资金的；（五）不具有发行股票、债券的真实内容，以虚假转让股权、发售虚构债券等方式非法吸收资金的；（六）不具有募集基金的真实内容，以假借境外基金、发售虚构基金等方式非法吸收资金的；（七）不具有销售保险的真实内容，以假冒保险公司、伪造保险单据等方式非法吸收资金的；（八）以投资入股的方式非法吸收资金的；（九）以委托理财的方式非法吸收资金的；（十）利用民间'会'、'社'等组织非法吸收资金的；（十一）其他非法吸收资金的行为。"

为了准确区分非法吸收公众存款案罪与非罪、此罪与彼罪、罪轻与罪重、打击与保护的界限，特别是针对互联网飞速发展的同时出现了打着互联网"金融创新"旗号行非法吸收公众存款犯罪之实的状况，为了避免被互联网"金融创新"表象所迷惑，2017年6月2日，最高人民检察院印发《关于办理涉互联网金融犯罪案件有关问题座谈会纪要》（高检诉〔2017〕14号），要求准确认识互联网金融的本质，在办理涉互联网金融犯罪案件时，判断是否符合"违反国家规定""未经有关国家主管部门批准"等要件时，应当以现行刑事法律和金融管理法律法规为依据。对各种类型互联网金融活动，要深入剖析行为实质并据此判断其性质。

2019年1月30日，"两高一部"印发《关于办理非法集资刑事案件若干问题的意见》，对"非法性""单位犯罪""管辖"等十二个方面的问题进一步提出了规范性办案的意见。提出认定非法集资的"非法性"，应当以国家金融管理法律法规作为依据。对于国家金融管理法律法规仅作原则性规定的，可以根据法律规定的精神并参考中国人民银行、中国银行保险监督管理委员会、中国证券监督管理委员会等行政主管部门依照国家金融管理法律法规制定的部门规章或者国家有关金融管理的规定、办法、实施细则等规范性文件的规定予以认定。

2020年12月26日,《刑法修正案(十一)》对该罪名进行修改,删除了罚金刑的具体数额,提高了法定刑,加大对非法集资犯罪的惩处力度。

三、案发趋势

虽然非法吸收公众存款行为被犯罪化,但非法集资犯罪在最近二十年以来,仍然呈蔓延态势。

2007年国务院办公厅《关于依法惩处非法集资有关问题的通知》提及,"2006年,全国公安机关立案侦查的非法集资案件1999起,涉案总价值296亿元"。

2014年以来,我国面临的非法吸收公众存款等非法集资案件高发风险日益严重,发案数量、涉案金额和参与集资人数大幅上升,部分案件波及全国近90%的地市州盟,并从东部地区快速向中西部扩散,投资理财、非融资性担保、P2P网络借贷、农民专业合作社等领域涉嫌非法集资问题突出,大案要案高发。非法集资风险还通过多种渠道逐渐向银行业传递,一些不法分子拉拢银行员工、借助银行渠道违规销售自身理财产品,通过宣称与银行有资金托管、跨业合作等业务往来,恶意盗用银行信用,相关案件涉案金额往往上亿元甚至几十亿元,涉及多家银行业金融机构,群访上访事件不断增加,引发社会广泛关注,不仅严重损害银行业整体形象,也给相关银行业金融机构带来极大的法律和声誉风险。尤其是投融资类中介机构、互联网金融平台、房地产、农业等重点行业案件持续高发,民间投融资机构、互联网平台等非持牌机构违法违规从事集资融资活动,发案数占总量的30%以上。手段花样翻新,认定难度进一步加大,一些不法分子层层包装设计所谓的项目和产品,以当下"热门名词""热点概念"炒作,诱惑社会公众投入资金。一些无商品、无实体、打着"虚拟任务"名头的案件陆续出现,许多非法集资借助互联网平台，近期还出现了完全借助微信群等开展非法集资等行为，隐蔽性强、传播速度快，风险不容忽视。

据公安部有关数据显示，2017 年，全国公安机关共立案侦办非法集资案件 8600 余起，发案数呈现高位运行态势，较 2006 年侦办案件数 1999 起翻了两番，重特大案件多发，涉案金额超亿元的案件多达 50 余起，更是出现单个案件数额上百亿元，造成巨大经济损失。

2018 年上半年以来，涉众型非法集资犯罪形势更为严峻，非法吸收公众存款与集资诈骗、非法经营、组织领导传销活动、诈骗等犯罪相互交织的特征在一些领域和地区更加突出，这些都给防范和打击工作带来更大困难，案件规模屡创新高，风险系数剧增，破坏力明显增强。如"善林金融"案涉及 62 万余集资参与人、涉案金额上百亿元，资金缺口大，社会关注度急剧上升。

防范和处置非法集资，关系人民群众切实利益，关系经济金融健康发展，关系社会稳定大局，关系银行业金融机构防范自身风险、维护良好声誉、保护金融消费者合法权益。司法机关要把防范和处置非法集资作为当前维护金融社会稳定、防范银行业风险的一件大事抓紧抓好，既要看到非法集资问题的复杂性和严峻性，更要看到遏制非法集资的特殊重要性和现实紧迫性，认真履行自身职责，切实落实风险防控、宣传教育、监测预警、涉案账户查控等各项工作要求，坚决遏制非法集资高发蔓延势头，坚决守住不发生系统性、区域性风险底线。

四、追诉标准

根据 2010 年 5 月 7 日最高人民检察院、公安部《关于公安机关管辖的刑事案件立案追诉标准的规定（二）》第 28 条规定，"非法吸收公众存款或者变相吸收公众存款，扰乱金融秩序，涉嫌下列情形之一的，应予立案追诉：（一）个人非法吸收或者变相吸收公众存款数额在二十万元以上的，单位非法吸收或者变相吸收公众存款数额在一百万元以上的；（二）个人非法吸收或者变相吸收公众存款三十户以上的，单位非法吸收或者变相吸收公众存款一百五十户以上的；（三）个人非法吸收或者变相吸收公众存款给存款人造成直接经济损失数额在十万元以上的，单位非法吸收或者变相吸收公众存款给存款人造成直接经济损失数额在五十万元以上的；（四）造成恶劣社会影响的；（五）其他扰乱金融秩序情节严重的情形"。

前述司法解释中对非法吸收公众存款罪的追诉条件是选择性的，数额超过20万元可以入罪，集资参与人数超过30人/户也可以入罪。但司法实务中，非法吸收公众存款金额超过20万元的条件极容易满足，不可能成为限制入罪的主要依据，人数即成为限制入罪的重要条件。所以，在非法吸收资金金额满足追诉条件的同时，仍然需要对非法吸收资金对象的人数提出必要的要求。在司法实践中，一般会对两个条件同时作为立案追诉的必要条件，对极个别造成了恶劣社会影响的案件，在排除特定关系人之后，仍然掌握非法吸收资金对象必须至少达到10人/户以上。

第二节　非法吸收公众存款罪的犯罪构成要件

从非法吸收公众存款罪的相关立法沿革分析，我国对非法吸收公众存款犯罪进行严厉打击的态度是一贯的，非法吸收公众存款罪的犯罪构成是稳定的。

一、犯罪客体

非法吸收公众存款罪的客体是国家的存款金融管理秩序。《商业银行法》第11条第2款规定，未经国务院银行业监督管理机构批准，任何单位和个人不得从事吸收公众存款等商业银行业务，任何单位不得在名称中使用"银行"字样。由此可见，我国对吸收公众存款实行特许经营制度。在我国，只有各类商业银行、城乡（农村）信用合作社（现多改为农村商业银行）、邮政储蓄等金融机构可以经营吸收公众存款业务。个人或者单位非法吸收公众存款的行为，既损害了有权吸收公众存款的金融机构的利益，又埋下了金融风险的种子，导致大量社会资金失控，冲击国家宏观调控目标的实现，危害国家金融管理秩序，损害广大集资参与者的利益。

关于扰乱金融秩序，存在行为属性说和结果属性说的不同理解。行为属性说认为，扰乱金融秩序是对行为性质的阐明，不是作为犯罪构成要件的犯罪结果，非法吸收公众存款或者变相吸收公众存款行为本身就是扰乱金融秩序的行为。结果属性说认为，实施非法吸收公众存款或者变相吸收公众存款的行为，造成扰乱金融秩序的危害后果才构成犯罪，未造成该危害后果的以一般违法行为予以行政处罚。[1] 我们赞同行为属性说，非法吸收公众存款犯罪是行为犯，只要未经批准，非法吸收公众存款或者变相吸收公众存款，都违反了金融监管制度，都是对金融秩序的破坏，不论金融机构的存款是否受到实际影响如存款下降，都构成本罪。主要理由是：其一，我国经济体量庞大，非法吸收公众存款案件虽然频发、集资金额日益增加，但要造成我国金融秩序混乱，不具有现实可能性；其二，如果要求以造成商业银行存款下降甚至影响到存款利率变化为犯罪构成要件，则司法实践中大量的非法吸收公众存款行为案件都进入不了刑事诉讼程序；其三，目前的现状是，大量非法吸收公众存款案等到了"爆雷"[2]的时候才被立案查处，发案的"滞后性"带来的恶果日益彰显，将非法吸收公众存款罪理解为行为犯，有利于公安机关对非法集资案件及时查处，有利于追赃挽损，最大限度减少因非法吸收公众存款案导致的社会公众的经济损失。

二、犯罪客观方面

非法吸收公众存款罪在客观方面表现为，非法吸收公众存款或者变相吸收公众存款，扰乱金融秩序的行为。具体表现形式有两种：一是非

---

[1] 参见刘宪权、高扬捷主编：《金融犯罪证据规格》，上海人民出版社2018年版，第89页。

[2] 爆雷：金融术语、网络流行词，一般指集资平台因为逾期未兑付投资人本息而出现的平台停业、清盘、倒闭，平台负责人跑路、失联等问题。

法吸收公众存款,即未经主管机关批准,面向社会公众吸收资金,出具凭证,承诺在一定期限内还本付息的活动。二是变相吸收公众存款,即未经主管机关批准,不以吸收公众存款的名义,向社会不特定对象吸收资金,但承诺履行的义务与吸收公众存款相同,即都是还本付息的活动。两者的差别仅在于名义、形式的不同,前者直接出具存款凭证,写明收取的是存款,并承诺在一定期限内还本付息;后者则不是以收取存款的形式出现,而是冠以如《××物业认购协议书》《××房屋认购承诺书》《物业认筹协议书》《参与项目投资协议书》等形式,但实际上均是承诺保本付息的活动。

非法吸收公众存款客观行为必须同时具备非法性、公开性、利诱性、社会性四个基本特征:

(一) 非法性

非法性指行为人未经有关部门依法批准或者借用合法经营的形式吸收资金。吸收公众存款的行为在我国是特许经营、需要特别的行政许可,是典型的"法无授权不可为"。行为人未经依法批准非法吸收或者借用合法模式变相地非法吸收资金,形式虽然不一,但核心行为是非法地吸收资金,具有刑事违法性。未经依法批准包括未经国务院银行业监督管理机构批准、骗取批准。行为人骗取有关部门的批准进而实施吸收公众存款的行为,虽然是经过了有关部门批准,但不是依法获得的批准,可以成立非法吸收公众存款罪。

(二) 公开性

公开性指的是"向社会公开宣传",包括通过媒体、推介会、传单、手机短信等途径,向社会公众公开传播吸收资金的信息,以及明知吸收资金的信息向社会公众扩散而予以放任等情形。[①] 我们认为,认定行为宣传的公开性,需要具备一定范围内的公众知晓的特性,主要体现

---

① 根据"两高一部"2014年3月25日《关于办理非法集资刑事案件适用法律若干问题的意见》第2条关于"向社会公开宣传"的认定问题。

在以下三个方面：第一，宣传手段的公开性。例如四种典型的公开宣传手段：一是通过传统媒体如报纸、电视等，也可以是新媒体如网络、网站、微博等渠道宣传；二是以召开推介会、恳谈会、座谈会甚至听证会等形式，召集公众进行公开宣传；三是散发传单，既可以是派送也可以是定点自取式的；四是使用手机短信、微信发送信息、宣传录音或视频等。除此以外，如果口口相传同时不限定接受信息的对象的范围的，也是公开宣传的方式。第二，宣传的内容是公开的，如高回报的承诺、吸收资金的意愿，还有的虽然表面上宣传的内容是企业参与了抗震救灾、巨额捐款，其实是伪装企业的经济实力、打造企业法定代理人正面形象，为诱惑受众参与非法集资服务的，也是公开宣传的内容。如果行为人在公开宣传时未向公众承诺高回报率、没有表达吸收资金的意图，那就不是非法吸收公众存款犯罪，而可能是其他如隐瞒真相、非法占有他人财物的诈骗犯罪等。第三，宣传的对象是开放的不是闭合的，是面向公众而不是针对特定对象的点对点、"非公开性"地进行，口口相传中也要注重传播的连续性、公开性。

现代中国正在步入信息化时代，而信息化时代的直接后果是联系的扩大化、密切化、复杂化，在互联网迅猛发展的当下，任何行为所产生的效应无论是正效应还是负效应，都会被网络等媒介迅速有效地进行叠加，产生巨大的累积效应。在互联网上非法吸收公众存款的行为人，正是通过现代的网络结构宣传几何级的放大效应，从而使得非法吸收公众存款行为成为危及金融秩序、经济秩序、他人财产安全，乃至社会稳定的涉众型事件。

（三）利诱性

利诱性指承诺在一定期限内以货币、实物、股权等方式还本付息或者给付回报。资本是逐利的，金融性的非法吸收公众存款行为如果不承诺高回报，在实践中是难以筹集到资金的，非法集资者正是利用资金供给者逐利欲望，才能实现集资目的；集资者许诺高额收益，才能让被集资的人蜂拥而至。如"e租宝"平台通过"e租财富""e租富享""e租富赢""e租年享""e租年丰""e租稳赢"投资模式，承诺根据投资期限的长短,支付客户年化收益率为9%—14.6%,吸引客户在"e租宝"平台上投资;湘西非法集资案中最开始以月息一分五集资,逐渐上涨月息至三分、五分,案发前更是高达月息一角即年化收益率120%,如此高的回报率吸引了广大民众参与集资。越高的回报就有越高的风险,这本是经济铁律,从没有稳赚不赔的交易,但非法吸收公众存款行为人正是利用了民众在逐利思维中利令智昏,"利诱性"进一步触发了风险向危险转化。

(四)社会性

社会性也称不特定性,即向社会公众即社会不特定对象吸收资金。对于"不特定对象"应从三个维度理解:第一,出资者是与吸收者之间没有联系(没有关系)的人或者单位。一方面,向亲朋好友吸收存款的,不成立本罪。但是,出资的社会公众中偶尔包含少数亲朋好友的,不影响本罪的成立。中国社会人情关系复杂,对"友"的界定难度大,任何两个陌生人在相识后均可以称为朋友,这样在实践中就难以作为判断的标准进行区分。首先要注意的是,社会公众中哪些人能够成为集资参与人具有不确定性,就是"不特定"①。另一方面,在单位内部集资的不成立本罪。需要指出的是特定和不特定总是相对而言的,一个只有几名员工的企业,针对自己内部员工的集资,我们将其理解为内部集资没有问题,但如果是一个拥有上万名员工的单位,其集资对象就具有不特定的特点。我们认为,只要出资者是与集资参与人之间没有特定的联系,不排除本罪的成立,至于出资者之间是否具有联系,则在所不问。第二,出资者可能随时增加,这是非法吸收公众存款的行为方式决定的。但是,本罪的成立并不以行为人实际上已经吸收了多数人的存款为条件。只要行为人主观上具有向多数人吸收存款的故意,客观上所采取的手段可能从多数人处吸收存款,即使事实上只从少数人比如10人以上吸收了数额较大的资金,也可能成立本罪的既遂。当然如果集资

---

① 参见王伟、马迎辉、杨鹏飞:《涉众型经济犯罪专业化公诉样本》,中国检察出版社2014年版,第71页。

参与人极少甚至仅仅是个别人，则不能成立本罪。第三，强调"不特定性"的根本原因是如果这些人参与非法集资会导致"失控"。根据2014年"两高一部"《关于办理非法集资刑事案件适用法律若干问题的意见》，在向亲友或者单位内部人员吸收资金的过程中，明知亲友或者单位内部人员向不特定对象吸收资金而予以放任的，以及以吸收资金为目的，将社会人员吸收为单位内部人员，并向其吸收资金的，应当认定为向社会公众吸收资金。认定的核心是，对"不特定对象"应当在"失控"含义层面进行解读，如果非法吸收公众存款行为指向的对象范围处于随时可以增加的状态，就可以认定对象的数目不特定或者说集资规模处于不特定。

通过对四个特征的逐项解析，我们可以发现，"非法性""公开性""利诱性"都是为第四项"社会性"的实现创造条件的，危险是通过第四项"向社会公众即社会不特定对象吸收资金"得以创设。因此，前三项条件只是对非法吸收公众存款行为事实属性的描述，它们无法独立的为非法吸收公众存款行为的整体违法性提供根据。它们的作用在于说明第四项"社会性"的事实性特征，只有第四项才为非法吸收公众存款行为的违法性提供真正的根据。这意味着司法实践必须以"社会性"条件为核心，整体把握四个特征，才能真正把握非法吸收公众存款犯罪的内涵，而不能拆分适用。

三、犯罪主体

本罪的主体是一般主体，可以是达到刑事责任年龄、具有刑事责任能力的自然人，也可以是单位。以公司、企业等单位名义集资更容易使社会公众相信，所以非法集资行为人更习惯于把集资主体包装成较有实力的公司如房地产公司来进行融资，以单位的名义实施非法吸收公众存款的行为欺骗性更强。办理非法吸收公众存款案件，需要准确辨析是否是单位犯罪。

（一）一般单位

非法吸收公众存款犯罪案件多以单位形式组织实施，所涉单位数量众多、层级复杂,其中还包括大量分支机构和关联单位,集团化特征明显。有的犯罪案件中分支机构遍布全国,既有具备法人资格的,又有不具备法人资格的;既有受总公司直接领导的,又有受总公司的下属单位领导的。公安机关在立案时做法不一,有的对单位立案,有的不对单位立案,有的被立案的单位不具有独立法人资格,有的仅对最上层的单位立案而不对分支机构立案。

办理单位非法吸收公众存款案,应当全面查清涉案单位,包括各个单位的主体资格、层级、关系、地位、作用、资金流向等,从能够全面揭示犯罪行为基本特征、全面覆盖犯罪活动、准确界定区分各层级人员的地位作用、有利于有力指控犯罪、有利于追缴违法所得等方面依法具体把握,区分情况依法处理。

1. 准确区分自然人犯罪和单位犯罪

第一,具有独立法人资格的单位,同时具备下列条件的,可以单位犯罪追究刑事责任:一是开展非法吸收公众存款犯罪活动经单位决策实施;二是单位的员工主要按照单位的决策实施吸收存款行为;三是吸纳的资金等违法所得归单位所有,经单位决策使用,收益亦归单位所有。

第二,个人为进行非法吸收公众存款犯罪活动而设立的单位实施犯罪的,或者单位设立后,以实施非法吸收存款活动为主要活动的,不以单位犯罪论处,对单位中组织、策划、实施非法集资犯罪活动的人员应当以自然人犯罪依法追究刑事责任。判断单位是否以实施非法吸收公众存款犯罪活动为主要活动,应当根据单位实施非法吸收存款的次数、频度、持续时间、资金规模、资金流向、投入人力物力情况、单位进行正当经营的状况以及犯罪活动的影响、后果等因素综合考虑认定。

第三,盗用单位名义实施犯罪,个人与单位的资产混同,违法所得本质上由实施犯罪的个人支配、使用甚至私分的,以自然人犯罪依法追究刑事责任。

2. 下属单位处置原则

第一,上级单位已被认定为单位犯罪,下属单位实施非法集资犯罪活动,且全部或者大部分违法所得归下属单位所有的,对该下属单位也应当认定为单位犯罪。上级单位和下属单位构成共同犯罪的,应当根据犯罪单位的地位、作用,确定犯罪单位的刑事责任。

第二,上级单位已被认定为单位犯罪,下属单位实施非法集资犯罪活动,但全部或者大部分违法所得归上级单位所有的,对下属单位不单独认定为单位犯罪。下属单位中涉嫌犯罪的人员,可以作为上级单位的其他直接责任人员依法追究刑事责任。

第三,上级单位未被认定为单位犯罪,下属单位被认定为单位犯罪的,对上级单位中组织、策划、实施非法集资犯罪的人员,一般可以与下属单位按照自然人与单位共同犯罪处理。

第四,上级单位与下属单位均未被认定为单位犯罪的,一般以上级单位与下属单位中承担组织、领导、管理、协调职责的主管人员和发挥主要作用的人员作为主犯,以其他积极参加非法集资犯罪的人员作为从犯,按照自然人共同犯罪处理。

(二) 非银行类金融机构

不具有吸收存款资格的金融机构可以成为本罪的行为主体。[①] 如证券公司、信托公司、典当行、保险公司等,以委托理财等方式非法吸收公众存款的,可以成为本罪的主体;如果参与其他单位、个人非法吸收或者变相吸收公众存款的,可以成为本罪的共犯。

(三) 银行类金融机构

商业银行等有权向公众吸收存款的金融机构在吸收存款的过程中也可能有抬高利率等不正当竞争行为的,但因为其具有雄厚的经济实力、账目健全、资金流受人民银行监管,可能造成的危害后果较轻,不宜按本罪处理,如有其他行为社会危害性大、构成犯罪、需要追究刑事责任,应依照刑法有关规定定罪处罚。同理,银行从业人员履职过程中,也不能成为本罪的犯罪主体。"金融机构及其工作人员不能构成非法吸收公众存款罪的犯罪主体。对于银行或者其他金融机构及其工作人员以

---

① 参见张明楷:《刑法学》(下),法律出版社2016年版,第780页。

牟利为目的，采取吸收客户资金不入账并将资金用于非法拆借、发放贷款，构成犯罪的，依照刑法有关规定定罪处罚。"① 但需要指出的是，这里仅是针对金融机构从业人员在履行职务行为过程中、依附其职务从事吸收客户资金的行为，对于没有依附其银行职务而面向社会公众非法吸收公众存款的行为，仍然可以构成自然人主体的非法吸收公众存款犯罪。

四、犯罪主观方面

非法吸收公众存款罪主观方面只能是故意，即行为人明知自己非法吸收公众存款的行为会造成扰乱金融秩序的危害后果，而希望或放任这种后果发生。② 并且行为人不具有非法占有目的，而只能是出于筹集资金投入经营等合理动机，否则涉嫌诈骗类犯罪。

（一）不要求以明知法律的禁止性规定为要件

在非法吸收公众存款罪中，原则上认定主观故意并不以行为人承认明知法律禁止性规定为要件，因为不允许未经授权吸收公众存款是生活常识，特别是具备一定涉金融活动相关从业经历、专业背景或在犯罪活动中担任一定管理职务的犯罪嫌疑人，应当知晓相关金融法律管理规定，如果能证明其实际从事的行为应当批准而未经批准，行为在客观上具有非法性，原则上就可以认定其具有非法吸收公众存款的主观故意。犯罪嫌疑人提出的"不知道相关行为被法律禁止，故不具有非法吸收公众存款的主观故意"等辩解不能成立。③

---

① 根据2001年9月10日最高人民法院研究室《关于认定非法吸收公众存款罪主体问题的批复》（法研〔2001〕71号）。

② 参见张军主编：《刑法分则及配套规定新释新解》（上），人民法院出版社2016年版，第595页。

③ 根据2017年6月最高人民检察院《关于办理涉互联网金融犯罪案件有关问题座谈会纪要》。

(二) 不影响主观明知认定的几种情形

1. 地方行政主管部门出具的意见。实践中出现的犯罪嫌疑人提出因信赖行政主管部门出具的相关意见而陷入错误认识，认为许可向社会吸收公众存款，但是地方行政部门没有授权吸收存款的资格，是无权处分，所以不能作为不明知其吸收公众存款的非法性的依据。对行政主管部门出具的相关意见及其出具过程存在以下情形之一，仍应认定犯罪嫌疑人具有非法吸收公众存款的主观故意：一是行政主管部门出具意见所涉及的行为与犯罪嫌疑人实际从事的行为并不完全一致的；二是行政主管部门出具的意见未对是否存在非法吸收公众存款问题进行合法性审查，仅对其他合法性问题进行审查的；三是犯罪嫌疑人在行政主管部门出具意见时故意隐瞒事实、弄虚作假的，或存在其他影响和干扰行政主管部门出具意见公正性的情形；四是犯罪嫌疑人与出具意见的行政主管部门的工作人员存在利益输送行为的。

2. 对于犯罪嫌疑人提出，因信赖专家学者、律师等专业人士、主流新闻媒体宣传或有关行政主管部门工作人员的个人意见而陷入错误认识的辩解，不能作为犯罪嫌疑人判断自身行为合法性的根据和排除主观故意的理由。

(三) 不以资金必须用于资本经营为条件

司法解释中对非法吸收公众存款罪的表现方式的列举可以看出，其未将非法吸收公众存款的目的限制于将吸储的资金用于资本经营，只要行为人采取解释中列举的非法方法吸储资金，不论其具体的资金用途如何，都成立本罪。主流观点认为，存款并不与实际用途挂钩，立法宗旨在处罚未经有关机关批准擅自吸收公众存款的行为，并不考虑行为人吸收存款后的用途，或者说行为人将吸收的资金用于生产经营还是进行投资，并非本罪所关注的问题。[①]

---

① 参见刘宪权：《金融犯罪刑法理论与实践》，北京大学出版社2008年版，第6页。

司法实践中，有人强调认定非法吸收公众存款罪必须以行为人将吸收的资金用于资本运营如放贷等为要件，主要理由是：存款实际上同一般债权一样，都属于债权，从民法上讲，债权是请求权，即债权人有权利要求债务人的特定行为来满足自己的特定利益需要。从形式上看，一般的债权人和存款人都有权要求债务人在约定时间还本付息，但一般的企业或个人都有权向他人借款，并将所借得的款项用于各种经营活动，只有行为人将吸收的存款用于资本经营的才具有明知会破坏金融管理秩序的故意。我们认为，该此种意见不可取。如前所述，我们认为非法吸收公众存款犯罪是行为犯，应将非法吸收公众存款罪的成立标准提前，即提前到不问行为人非法吸收的存款的去向，只要行为人实施了非法吸收公众存款的行为本身，就可以认定行为人成立非法吸收公众存款罪。否则，就会放纵非法吸收公众存款行为，而使社会公众的财产处于失控的高风险之中。如果一定要等到涉案公司以后续投资者的投资返还前期投资者的投资本息，甚至资金链断裂后才认定犯罪，必然会导致社会公众大量财产损失，引发尖锐社会矛盾。

第三节 非法吸收公众存款罪的证据要求

非法吸收公众存款犯罪尤其是利用网络非法吸收公众存款案件，证据种类复杂、数量庞大，且证据所处时间跨度长，分散众多地域，收集、审查、运用的难度大。检察机关应紧紧围绕证据的真实性、合法性、关联性，引导侦查部门依法全面、客观及时收集、固定相关证据，满足非法吸收公众存款定罪量刑需要的证据要件，确保案件事实经得起历史、法律的检验。

一、犯罪客体方面的证据

证明目的是要证明，行为人未经有关部门依法批准实施非法吸收公众存款行为或者变相吸收公众存款行为。应当收集的证据包括以下书证：

1. 中国人民银行监督管理委员会出具的行政认定书、批准文件，证明涉案主体是否具有吸收公众存款资格。

2. 各级人民政府的金融办出具的情况说明，证明涉案主体是否有吸收公众存款授权。

3. 收集公司营业执照、经营许可证以及相关批准文件，证实行为人是否明知公司有无吸收存款主体资格、是否合法、是否超过经营范围、是否以合法形式掩盖非法目的变相吸收公众存款。

4. 相关行政部门可能出具的行政处罚决定书等。

二、犯罪客观方面的证据

非法吸收公众存款罪的客观行为表现为非法吸收公众存款与变相非法吸收公众存款两种方式，根据司法解释的规定必须同时具备四个条件，因此在认定有非法吸收公众存款行为时应紧紧围绕司法解释要求的四个特征审查判断证据：

（一）非法性

对于变相吸收公众存款的行为人，要证明其借用合法经营的形式吸收存款的关键，在于证明行为人行为的实质是非法吸收公众存款，而各种所谓合法的经营都是以向不特定的对象吸收资金并承诺还本付息为基础，只是不直接以出具存款凭证的形式出现。

在司法实践中，借用合法的经营形式非法吸收公众存款的情况大量存在，具体的表现形式多种多样，应根据非法吸收公众存款行为方式的实质进行具体审查认定。所以要重点收集、审查以下证据：

1. 各类变相存款合同、销售合同、股权转让合同、委托理财合同、保险单据等证据，客观地证明嫌疑人以合法的经营方式为表现形式，实质是吸收公众存款。

2. 存款凭证、记账凭证、票据、账簿、广告、说明书、宣传单、银行存单等，证明经营运作的方式和资金的性质。

3. 各类视听资料、电子数据，包括规定经营流程的文件、统计表格、考核方法、会议通知、记录。

4. 经营过程中形成的各类宣传、会议、讲话的录音、录像资料等。

通过上述证据的综合审查认定，证实行为的实质是吸收公众存款。

（二）公开性

证明行为人通过媒体、推介会、传单、手机短信等途径向社会公开宣传吸收公众存款。

1. 收集宣传单、宣传的录音或视频、媒体的广告，收集产品推荐会等现场情况方面的证据。

2. 收集手机或电脑等载体上的微信、短信、QQ 等发送的信息材料电子证据及其点击量等数据，并对上述数据进行审计、鉴定；[①] 对云存储电子数据等新类型电子数据进行提取、审查时，要高度重视程序合法性、数据完整性等问题，必要时主动征求相关领域专家意见，在提取前会同公安机关、云存储服务提供商制订科学合法的提取方案，确保万无一失。

3. 收集行为人、集资参与人言词证据，证实行为人是面向广大民众的公开宣传。

4. 针对非法吸收公众存款行为人辩解的对象是固定的，涉及人员很少，进行收集、补强证据。

（三）利诱性

证明行为人承诺在一定的期限内以货币、实物、股权等方式还本付息或者给予回报。

1. 集资模式方面的证据。收集各类合同、协议、宣传资料、会议纪要、宣传广告等物证、书证、视听资料、电子数据等证据材料，审查所载明的具体内容，证明行为人集资的模式，并证明行为人承诺以不同的方式还本付息或者给予回报；辅以行为人、集资参与人的言词证据。

---

① "两高一部"《关于办理刑事案件收集提取和审查判断电子数据若干问题的规定》（法发〔2016〕22号），要求加强对电子数据收集、提取程序和技术标准的审查，确保电子数据的真实性、合法性。

2. 资产状况及资金流方面的证据。非法吸收公众存款犯罪的资金流不仅能证明发生了非法吸收公众存款的行为,而且对证明行为人的主观故意有极其重要的意义。

(1) 收集资金收条、发放本金、分红、利息的单位账目记录、账单、汇款记录等书证。

(2) 收集涉案企业的公司财务状况。主要是收集公司各类财务会计报告,包括:①资产负债表,即公司定期核算时以货币形式总体表现公司资金的运用及其来源的会计报表。资产负债表中的资产项目主要是固定资产、流动资产、递延资产、无形资产如专利权、著作权等。②损益表,是反映某一阶段时期内公司的经营成果及其分配情况的会计报表,是公司收益与亏损的动态报告。③财务状况变动表,是综合反映一定会计期内营运资金来源和运用及其增减变动情况的报表,能够说明资金变动的原因。④财务情况说明书,是为了帮助使用者了解会计报表的内容而对报表的有关项目所作的解释。⑤利润分配表,是关于公司利润分配和年末的结余情况的会计报表,主要涉及利润总额、税后利润、可供分配利润、未分配利润等。

(3) 行为人供述、存款人证言等共同证实有行为人吸收存款的情况。

3. 涉案金额方面的证据。

(1) 有关行政机关移送案件材料、报警接警记录,集资参与人报案、登记情况,立案决定书及破案经过说明,证明集资参与人的损失情况。

(2) 及时聘请专业人员对相关财务数据进行审计、司法会计鉴定、估价鉴定,锁定非法吸收公众存款犯罪数额。对连续投资行为如何计算非法吸收公众存款犯罪数额的问题,有多种不同意见。一种观点认为犯罪数额应当认定为出资人实际出资的金额,理由是对于非法吸收公众存款人而言,其实际吸收的资金仅限于出资人自己出资额。[①] 另一种观点

[①] 参见肖晚祥:《非法吸收公众存款罪的司法认定研究》,载《东方法学》2020 年第 5 期。

认为多次投入的应当累计计算,理由是每一次非法吸收公众存款行为均是对金融管理秩序的破坏,这种危害后果与向不同的集资参与人实施的危害后果没有区别。① 笔者认为,非法吸收公众存款不同于集资诈骗,集资诈骗需要核定被骗取的资金所以需要核减多次投入资金收回部分,而非法吸收公众存款每一次投入均是对金融监管秩序的破坏,理应累计计算。此外,对于"砍头息"的非法吸收公众存款情况,即非法吸存人在收取本金的同时,按照合同将第一期利息支付给出资人,此时认定犯罪数额应当按照出资人的实际出资额为依据。②

（四）社会性

证明向社会不特定对象吸收资金,可以从宣传所针对的对象范围予以证明,同时还可以通过审查证人证言、行为人供述对存借双方的关系进行审查判断。

司法实践中,对"不特定对象"的审查判断经常会出现认识分歧。对于宣传没有公开性,针对的对象很少,只是在亲友或者单位内部针对特定对象吸收资金的,就不属于非法吸收或者变相吸收公众存款。如"湖南某奶业集团"李某某等人涉嫌非法吸收公众存款案件,行为人以交纳"货款准备金"方式吸收了6163万元资金,但吸收的对象仅限于经销商、企业高管和员工,最后检察机关对李某某等涉嫌非法吸收公众存款案作了存疑不诉。为查明非法吸收公众存款对象是否属于特殊人群,应重点收集如下证据:

1. 全面收集宣传资料、集资合同并进行造册、归纳,根据集资参与人的数量等进行分析论证。

2. 收集集资参与人的基本情况,证明是否属于与非法吸收公众存款行为人之间的特定关系人。

---

① 参见张晶、顾强:《论非法吸收公众存款罪的若干问题》,载《武汉公安干部学院学报》2009年第2期。

② 参见朱江等:《涉众型经济犯罪剖析与治理》,法律出版社2014年版,第106页。

3. 收集行为人策划、商议发动吸收公众存款、宣传过程的言词证据，论证吸收公众存款是否针对的是不特定的对象。

上述应当证明的四个方面的内容，是成立该罪不可或缺的特征条件，在审查逮捕环节，每一个方面的内容不要求所有的证据齐全，但相关内容必须有一定的证据予以证明，四个方面缺一不可。

三、犯罪主体方面的证据

司法实践中，非法吸收公众存款行为多是以单位的名义实施的，因此在审查证据过程中要注重对单位主体身份、经营范围、经营情况等相关证据的审查。重点审查单位是否真实存在，是否为了实施犯罪而设立，单位设立后是否以实施非法吸收公众存款为主要业务，所吸收资金是否进入单位所有、控制的账户，是单位意志还是个人意志，从而准确区分单位犯罪和自然人犯罪。特别是在数额达不到单位犯罪标准的情况下，准确区分单位犯罪和自然人犯罪在审查逮捕环节也同样重要。

（一）自然人

在非法吸收公众存款罪中，原则上认定犯罪主体的主观故意时，并不要求以明知法律的禁止性规定为要件。如果行为主体是具备一定金融活动相关从业经历、专业背景或在犯罪活动中担任一定管理职务的行为人，根据常识可以判定其应当知晓相关金融法律管理规定。如果有证据证明其实际从事的行为应当批准而未经批准，行为在客观上具有非法性，原则上就可以认定其具有非法吸收公众存款的主观故意。在证明行为人的主观故意时，应当收集行为人的如下证据：

1. 收集运用行为人的任职情况、职业经历、专业背景、培训经历、此前任职单位或者其本人因从事同类行为受到处罚情况等证据，同时可以证明行为人提出的"不知道相关行为被法律禁止，故不具有非法吸收公众存款的主观故意"等辩解不能成立。

2. 行为人是否存在故意规避法律以逃避监管的相关证据：自己或要求下属与投资人签订虚假的亲友关系确认书，频繁更换宣传用语逃避监管，实际推介内容与宣传用语、实际经营状况不一致，刻意向投资人夸大公司兑付能力，在培训课程中传授或接受规避法律的方法，等等。

对不同地区同一单位的分支机构涉案人员起诉时，证明实际控制关系的证据体系、证明标准应基本一致。

（二）单位犯罪

注意收集、审查和判断其犯罪行为所体现出的是个人意志还是单位意志方面的证据，以正确区分实施非法吸收公众存款行为的主体是单位还是自然人。应当证明负直接责任的主管人员和其他直接责任的人员情况，其证据要件如下：

1. 独立法人

（1）书证。①证明事业单位、社会团体性质的相应法律文件，机关、团体法人代码；②企业法人营业执照、工商注册登记证明；税务登记证、享受税收减免优惠政策的有关证明；③从事特殊行业的，应当有相应的批文或"许可证"；④组织人事部门的任命文件等，证明单位的组织形式、直接负责的主管人员和其他直接责任人的证据；⑤银行账号证明、注册资料、年检情况、审计或清理证明等，证明单位管理情况及资产收益、流向、处分等情况的证据；⑥单位已经被撤销的，应有其主管单位出具的证明。

（2）言词证据。行为人、被告人供述与辩解：犯罪单位的主管人员、其他直接责任人员关于单位基本情况及个人任职、职责等情况的供述。查明犯罪活动是否经单位决策实施，单位的员工是否按照单位的决策实施具体犯罪活动。

通过以上证据，证明犯罪主体是依法成立、拥有一定财产或者经费、能以自己的名义承担责任的单位。我国刑法中规定的单位，包括国有、集体所有的公司、企业、事业单位，依法设立的合资经营、合作经营企业和具有法人资格的独资、私营等公司、企业、事业单位，还包括社会团体、村民委员会、居民委员会、村民小组等常设性的组织，以及为组织体育赛事、文艺演出或者其他正当活动而成立的组委会、筹委会、工程承包队等非常设性的组织。

2. 分支机构

非法吸收公众存款犯罪及参与涉互联网金融犯罪，但不具有独立法人资格的分支机构，是否追究其刑事责任，可以区分两种情形处理：（1）全部或部分违法所得归分支机构所有并支配，分支机构作为单位犯罪主体追究刑事责任；（2）违法所得完全归分支机构上级单位所有并支配的，不能对分支机构作为单位犯罪主体追究刑事责任，而是应当对分支机构的上级单位（符合单位犯罪主体资格）追究刑事责任。

应当查明：

（1）单位内部组织的有关合同、章程、协议书，单位资金的分配、支配、流向方面书证等相关证据。

（2）在证明实际控制关系时，应当收集、运用公司决策、管理、考核等相关文件，OA系统等电子数据，资金往来记录等证据。

3. 单位的撤销及合并

涉嫌犯罪的单位被撤销、注销、吊销营业执照或者宣布破产的，对实施犯罪行为的该单位直接负责的主管人员和其他直接责任人员予以追诉，对该单位不再追诉。

涉嫌犯罪的单位已被合并到一个新单位的，对原犯罪单位及其直接负责的主管人员和其他直接责任人员追究刑事责任。在提起公诉时，对被告单位应列原犯罪单位名称，但注明已被并入新的单位。

四、犯罪主观方面的证据

在司法实践中，非法吸收公众存款案件往往是单位犯罪、共同犯罪，行为人之间的地位、职责、具体行为、参与的程度各不相同，对吸收公众存款的非法性、运作方式的主观认知度也各有不同，特别是某些实施具体行为的犯罪嫌疑人，如公司的业务员、经办人员，甚至是一些中层管理人员，往往会辩解其不明知吸收公众存款的非法性，也没有共同犯罪的故意。因此，对部分行为人非法吸收公众存款的主观故意的审查判断就成为司法实践中的难点。

一般来说，判断非法吸收公众存款的主观故意应当根据行为人的供述和辩解，并结合证明其参与实施具体行为的其他证据进行综合判断。针对部分行为人辩解主观上不明知时，应当收集以下证据，推断主观明知：

1. 审查各类会议记录、纪要、视听资料、相关工作制度、业务培训文件等，并结合其他行为人口供，证实是否参与组织、策划。

2. 审查各类合同、协议、宣传资料、视听资料并结合证人证言，通过证实行为人参与合同签订、公开宣传、游说存款人等活动，从而证实是否明知合同承诺内容、资金运作模式以及向不特定的社会公众吸收公众存款。

3. 收集运用以下证据进一步印证行为人知道或应当知道其所从事行为具有非法性，比如行为人故意规避法律以逃避监管的相关证据，自己或要求下属与投资人签订虚假的亲友关系确认书，频繁更换宣传用语逃避监管，实际推介内容与宣传用语、实际经营状况不一致，刻意向投资人夸大公司兑付能力，在培训课程中传授或接受规避法律的方法，等等。

对主观故意的审查判断并不要求证明所有的行为人对上述内容全部明知，特别是单位犯罪、共同犯罪中的中下层参与人员，但是对吸收公众存款行为的本质是保本付息、行为方式是公开的、针对对象是不特定的，社会公众应当要求能推断明知。对主体资格的非法性的认识，原则上可结合公司经营范围的认识，以常情常理进行推定判断。但是，如果有证据证明中下层行为人确系被蒙蔽、欺骗而参与的，则不能简单推定。

第四节　非法吸收公众存款案证据审查要点

一、书证的审查判断

物证、书证形成后能够独立存在，不容易发生改变，具有较强的客观性。非法吸收公众存款案件中存在大量合同、资金流水等书证，应当重点审查：

1. 重点审查书证的提取是否合法，是否有见证人，见证人、持有人是否在提取笔录上签字确认。

2. 如果是复印件，要审查原件的保管期间是否发生变化、是否被污染。

3. 参与集资的合同等书证应当交犯罪嫌疑人、被告人进行辨认。

4. 书证是否收集全面，每一种集资模式的合同是否收集全面，银行凭证等是否收集全面，查明财务凭证是否被销毁及灭失的原因。

5. 有合理理由怀疑书证被伪造的，应当予以排除，不能作为定案的依据。

二、电子证据的审查判断

2013 年刑事诉讼法将电子证据增加列为法定的证据种类，电子证据的审查判断及排除规则逐步完善，之前电子证据大多是被作为视听资料的一种形式，用以证明案件事实。非法吸收公众存款案件的财物、合同数据大多数是存储于计算机内、云端，且涉及的财物软件专业、复杂，有些通过网络平台进行宣传、利用网络平台登录收取资金的案件，电子证据更多。

1. 查明电子证据的真实性。电子证据最大的一个特点是容易被篡改，所以要审查是否提取电子数据原始存储的介质如电脑硬盘、存储芯片、U 盘、电子设备等；对电子数据的完整性进行校验，得出校验值。

2. 对依法初查时提取的电子证据，要妥善保管、固定，以防失去再次取证的条件。《关于办理刑事案件收集提取和审查判断电子数据若干问题的规定》第 10 条规定："由于客观原因无法或者不宜依据第八条、第九条的规定收集、提取电子数据的，可以采取打印、拍照或者录像等方式固定相关证据，并在笔录中说明原因"，所以，取证的原则是"以扣押原始存储介质为原则，以直接提取电子数据为例外，以打印、拍照、录像等方式固定为补充"。

3. 审查取证主体和取证设备应当符合相关技术标准。《关于办理刑事案件收集提取和审查判断电子数据若干问题的规定》第 7 条规定："收集、提取电子数据，应当由二名以上侦查人员进行。取证方法应当符合相关技术标准。"侦查人员是取证主体，技术人员是提供协助人员。

4. 关于见证人见证问题。电子证据的收集包括三个阶段：一是现场勘验、搜查、提取、扣押；二是电子数据的恢复、破解、统计、关联、对比分析；三是鉴定检验。除了鉴定，其他两个环节涉及电子证据的合法性，有见证人最好，或者对勘验、提取、恢复、检查过程进行录像，佐证取证合法性、真实性、完整性。

5. 认定被告人的网络身份与现实身份的统一性。要核查相关 IP 地址、网络活动记录、上网终端归属、相关言词证据，进行综合判断。

三、司法会计鉴定意见的审查判断

现代社会由于分工细化，要求检察人员通晓所有专业知识是不现实的，非法吸收公众存款案件中涉及财务知识、电子数据证据问题深邃、复杂，统计工作量巨大的，必须借助鉴定人专业知识，鉴定人日益成为司法工作人员办案首要辅助人员。但是，鉴定人员的司法鉴定意见，能否成为定案的依据，仍然需要通过司法人员的司法判断来确认。

检察人员审查判断鉴定意见，需要注意如下问题：一是要注重对鉴定机构、鉴定人资格的审查。鉴定人和鉴定机构不具备法定资质的鉴定意见，不得作为定案的依据；着重审查鉴定机构业务范围、是否有必备的设备仪器、检测实验室及具备资质的 3 名以上鉴定人。二是审查鉴定检材是否全部移送。检材是鉴定的基础，审查检材的收集、保管、送检是否依法，与相关扣押笔录、提取笔录相符；审查检材是否全面、充足、可靠，否则，鉴定意见的可靠性存疑。三是审查鉴定意见的科学性。鉴定机构只能解决专业方面的问题，不能为司法审判下结论，比如不能直接在鉴定意见书中表述"某某某非法吸收公众存款××万元""集资诈骗××万元"，只能表述"某某某归集资金××万元""收取资金××万元"。还要审查鉴定意见是否告知相关人员，当事人对鉴定意见是否提出异议及理由，异议是否得到合理解释。

以湘西系列非法集资案为例，检察机关提前介入侦查活动，并与司法会计鉴定人员交流意见：一是紧紧围绕已经查明的事实以及待证事实，进一步明确委托鉴定的事项，确保鉴定意见能为司法活动所用，确保鉴定意见的指向性更明确；二是依托司法会计鉴定人员的专业知识，从移交的财务凭证等书证中发现可供侦查的线索，如财产的去向，资金的流向，帮助侦查机关查明事实，追赃挽损；三是确保侦查活动依法开展，对侦查机关遗漏的重要事实、遗漏的犯罪嫌疑人进行监督立案侦查。

第五节 非法吸收公众存款案审查逮捕要点

非法吸收公众存款案由于案情一般较复杂，侦查机关商请检察机关提前介入侦查的情形较常见，因为非法吸收公众存款案件查处时间段较长、查实难度大，存在捕后跟踪的现实需要。审查批捕环节的要点，集中分布于提前介入、审查逮捕、捕后跟踪三个方面。

一、提前介入注意要点

检察人员提前介入非法吸收公众存款案件侦查，主要任务是通过查阅案卷、参与案情分析会议等方式，规范、引导依法侦查取证，研究法律适用问题，加强对侦查活动的监督。

（一）选定提前介入的时间点

提前介入侦查，一般应当在非法吸收公众存款犯罪案件立案后，报请审查逮捕前进行。提前介入需要选定合适的时间点介入，介入太早，案件资料不全，犯罪嫌疑人没有到位，相关工作并没有开展，引导侦查没有目的性。介入时间太晚，可能有些证据无法补充、完善，丧失良机，及时性不能体现。

在满足如下条件时，检察机关应及时介入：

1. 主要犯罪嫌疑人已经到案，共同犯罪的组织者、领导者已经到案,侦查机关已经对犯罪嫌疑人进行了第一次实质性的讯问。

2. 非法吸收公众存款的协议书、资金流水等财务凭证已经收集,审计、司法会计鉴定相关人员已经进入或即将进入侦查活动中。

3. 公诉、审判的指定管辖意向已经明确,"对跨区域性涉众型经济犯罪案件,公安机关指定管辖的,应当事先向同级人民检察院、人民法院通报和协商"①。

4. 行为人涉嫌犯罪的基本事实已经查实。

(二)指定管辖操作实务

非法吸收公众存款案件的最高刑期是10年以上有期徒刑,均应由基层检察院负责审查起诉,因此非法吸收公众存款案件的管辖一般只涉及地域管辖,不涉及级别管辖。指定管辖是相对法定管辖而言的。非法吸收公众存款案件由于涉案人数多、集资参与人的居住地分散,尤其是利用信息网络实施的非法吸收公众存款案件,一般涉及多省市,经常存在指定管辖的问题。对管辖有争议的或者情况特殊的非法吸收公众存款案件侦查管辖,可以由共同的上级公安机关指定管辖。上级公安机关指定管辖的,应当将指定管辖的决定书分别送达指定管辖的公安机关和其他有关的公安机关。

跨地级市的非法吸收公众存款案件在侦查阶段公安机关虽然经过省公安厅指定侦查管辖,仍然需要经过省人民检察院指定管辖。具体操作流程是:

1. 省公安厅(法制部门办理)向省人民检察院出具《关于商请对××非法吸收公众存款案指定××人民检察院管辖的函》一式两份,函件主要内容包括三个部分:一是犯罪嫌疑人基本情况;二是案件简要情况;三是商请省检察院指定管辖的理由。

2. 随案移送相关材料如省公安厅《指定管辖决定书》、案件主要证据材料的复印件或电子档至省人民检察院案件管理部门。

---

① 根据2018年1月1日起施行的最高人民检察院、公安部《关于公安机关办理经济犯罪案件的若干规定》第13条第3款。

3. 省检察院案件管理部门受理后按流程分流到业务部门，业务部门审查后向省高级人民法院出具《商请指定管辖函》，指定辖区内的某某人民检察院对某某案行使管辖权。

4. 省高级人民法院审查后作出《指定管辖决定书》，指定某某人民法院对某某案进行审理。

5. 省人民检察院向市级人民检察院下达《交办案件决定书》或《指定管辖决定书》。

对于犯罪嫌疑人众多而由多地区分别侦查的，在确定了主案的指定管辖之后，各地司法机关也应当坚持"统一指挥协调、统一办案要求、统一资产处置、分别侦查诉讼、分别落实维稳的工作原则"①。牵头办理主案的司法部门要与行政部门相互配合，积极主动落实牵头责任，依法合规、公平公正地制订统一处置方案，加强与其他涉案地区的沟通协调，定期通报工作进展情况。协办地区相关职能部门要大力支持配合，切实履行协作义务。强化全局观念，加强系统内的指挥、指导和监督，完善内部制约激励机制，切实推动、保障依法办案，防止遗漏犯罪事实；加强沟通、协商及跨区域、跨部门协作，共同解决办案难题，提高案件查处效率。

比如"e租宝"是金易融网络科技有限公司（北京）于2014年7月开发并运行的推荐融资债权转让的中介平台，转让的债权系安徽钰诚融资租赁有限公司所有，上述公司均是钰诚国际控股集团有限公司（注册地是英属维尔京群岛）。累计发生的交易额达到700多亿元，涉及投资人90余万人，遍布全国31省市区。被司法机关审查的涉案犯罪嫌疑人多达数千人。安徽钰诚融资租赁有限公司、钰诚国际控股集团有限公司及丁某、张某等26人集资诈骗、非法吸收公众存款等案，2015年12月5日即由北京市公安局立案侦查，12月8日"e租宝"平台关闭，此后该案由北京市第一中级法院进行了一审。其下属分、子公司及

---

① 根据2015年10月19日国务院《关于进一步做好防范和处置非法集资工作的意见》（国发〔2015〕59号）第12条。

相关人员则于 2015 年 12 月 10 日前后由各地公安机关分别立案侦查，分别移送当地检察机关审查起诉，湖南省株洲市芦淞区检察院即审查起诉了上海钰标商务信息咨询有限公司株洲分公司的总经理周某某用"e 租宝"平台非法吸收公众存款一案。

（三）涉案人员分层处理

非法吸收公众存款案件立案后，因为涉及人员众多，如何甄别、分层处理，明确刑罚打击的重点对象，是检察机关行使监督的重要内容。犯罪嫌疑人中有的是出资设立公司的，有在公司里担任财物主管，担任融资部、投资部、营业部等核心部门负责人的，有大量与具体客户签订协议归集款项的业务员，还有介绍归集资金的掮客等。

检察办案人员应妥善把握刑事追诉的范围和边界，要坚持主客观相统一的原则，根据犯罪嫌疑人在犯罪活动中的地位作用、涉案数额、危害结果、主观过错等主客观情节，综合判断责任轻重及刑事追诉的必要性，做到罪责适应、罚当其罪。① 具体分层的依据是：

1. 对犯罪情节严重、主观恶性大、在犯罪中起主要作用的人员，特别是非法集资的策划人、核心管理层人员和骨干人员，依法从严打击。

2. 为他人向社会公众非法吸收资金提供帮助，从中收取代理费、好处费、返点费、佣金、提成等费用较多的，构成非法集资共同犯罪的，应当依法追究刑事责任，该捕的捕、该诉的诉。

3. 对犯罪情节相对较轻、主观恶性较小、在犯罪中起次要作用，能够及时退缴代理费、好处费、返点费、佣金、提成等费用的人员，可依法从轻处罚，可诉可不诉的，依法不起诉。

4. 对符合前述第 3 条且情节显著轻微、危害不大的，不作为犯罪处理。

在办理"e 租宝"株洲分公司非法吸收公众存款案、湘西非法集资

---

① 根据 2017 年最高人民检察院印发的《关于办理涉互联网金融犯罪案件有关问题座谈会纪要》。

系列案时，检察机关即采取了分层处理。比如上海钰标公司作为钰诚国际控股集团有限公司的子公司，下辖100余家像株洲市这样的分公司，有1万余名员工。株洲分公司除了行政、财物、培训、运营部门外，还有3个营业部，每一个营业部又有数个运营团队，一个团队10余人，株洲分公司涉案人员就多达近百人，单从涉及人员非法吸收公众存款的资金额及投资人数分析，均构成非法吸收公众存款犯罪。但是否需要打击如此多的株洲分公司的工作人员，是侦查机关当时面临的重大难题。检察机关认为应仅对分公司的负责人及负责资金归集的营业部的部长提起公诉，对其他涉案人员未作为犯罪处理或作了相对不起诉。这样做有利于打击重点人物，教育被动参与到非法吸收公众存款或者在共同行为中仅起到帮助作用的参与人。同时，检察机关注意到在湖南省内各地"e租宝"各分公司案件处理的平衡，统一司法标准，"公正要经得起比较"。

（四）侦查活动监督

侦查活动监督，是指人民检察院依法对侦查机关的侦查活动是否合法进行的监督，除了立案监督外，还包括对侦查机关适用强制措施的监督以及侦查行为是否合法的监督，检察机关一般统称为"两项监督"。针对非法吸收公众存款案件，重点对侦查活动监督主要发现和纠正以下违法行为：

1. 采用刑讯逼供以及其他非法方法收集犯罪嫌疑人供述、证人证言、被害人陈述。

2. 徇私舞弊，放纵、包庇非法吸收公众存款犯罪分子的，导致集资参与人重大经济损失的。

3. 对与案件无关的财物采取查封、扣押、冻结措施，或者应当解除查封、扣押、冻结不解除的，贪污、挪用、私分、调换、违反规定使用查封、扣押、冻结财物及其孳息的。

4. 阻碍当事人、辩护人、诉讼代理人依法行使诉讼权利的，依照法律规定追赃挽损。

二、审查逮捕注意要点

非法吸收公众存款案件的办理过程中可能存在审查批准逮捕和审查决定逮捕两种情形。上级公安机关指定下级公安机关立案侦查的经济犯罪案件,需要逮捕犯罪嫌疑人的,由侦查该案件的公安机关提请同级人民检察院审查批准;需要移送审查起诉的,由侦查该案件的公安机关移送同级人民检察院审查起诉。①

审查逮捕需要三个条件,即证据条件、罪责条件、社会危险性条件。逮捕非法吸收公众存款案件的犯罪嫌疑人三个条件缺一不可,犯罪嫌疑人只有同时具备这三个条件,才能对其逮捕。严格掌握三个逮捕条件,才能有效预防冤假错案,防止对审查逮捕权力的滥用。

(一) 审查逮捕时应满足的证据条件

根据刑事诉讼法及相关规定,逮捕的证据条件是:有证据证明发生了犯罪事实、有证据证明犯罪事实是犯罪嫌疑人所实施、犯罪嫌疑人实施犯罪行为的证据已经查证属实。结合非法吸收公众存款案件,我们认为,如果侦查机关收集了如下方面的证据,即满足了逮捕的证据要件:

1. 收集了行为人不具有吸收公众存款资格方面的证据,证明吸收公众存款的非法性。

2. 关于涉案犯罪金额方面的证据,应已经查实达到追诉标准以上。

3. 应当收集了行为人公开宣传的证据,及面对的是不特定对象实施非法吸收公众存款方面的证据。对于集资参与人较多的非法吸收公众存款案,如何确定取证对象人数是关键。检察机关根据集资参与人的身份不同如公务员、私营业主、农民或居民等,按比例收集被害人陈述。在办理湘西非法集资案时,检察机关要求侦查机关每一类型的集资参与人至少询问 30 人以上。

4. 收集了资金归集为行为人使用的证据,查明资金归集是否由行

---

① 根据 2018 年 1 月施行的最高人民检察院、公安部《关于公安机关办理经济犯罪案件的若干规定》第 13 条第 1 款。

为人的行为导致，即查明危害后果与行为人之间的关系，行为人是否对非法吸收公众存款的行为具有决定性作用，具体实施了非法吸收公众存款的行为，行为人的行为是否导致了危害后果的发生。

检察人员在审查逮捕时，除了要求侦查机关收集上述证据以外，还应当按照非法吸收公众存款案证据要件的标准，进一步引导取证，查清案件事实，为审查起诉夯实基础。

（二）审查罪责条件时应注意保护民营经济良性发展

非法吸收公众存款案逮捕的罪责条件，是可能判处有期徒刑以上刑罚。我国刑法关于非法吸收公众存款罪的规定，非法吸收公众存款或者变相吸收公众存款，扰乱金融秩序的，处3年以下有期徒刑或者拘役；数额巨大或者有其他严重情节的，处3年以上10年以下有期徒刑。犯罪嫌疑人一旦构罪，特别是企业的负责人一般均符合逮捕的罪责条件。

目前，民营企业融资难、融资贵问题是普遍的难题，民营企业为了融资，容易陷入非法吸收公众存款的误区，检察机关办理涉民营企业经济犯罪案件，要注意保护和促进市场经济秩序良性发展。

1. 对于在经济犯罪活动中处于不同地位的民营企业经营者，要依法区别对待，充分考虑企业在上下游经营活动中的地位。对在共同犯罪中处于从属地位，主观恶性不大，自首、坦白、积极退赃退赔、认罪认罚的，应当依法从宽处理，促进民营企业恢复正常生产经营活动，维护企业员工就业和正常生活。对于在共同犯罪中，主观恶性较大、情节严重、采取非法手段牟取非法利益的主犯，应当依法追究刑事责任。

2. 对涉嫌非法吸收公众存款犯罪的民营企业经营者，应当依法准确适用强制措施。批准或者决定逮捕，应当将犯罪嫌疑人涉嫌犯罪的性质、情节、后果、认罪态度等情况，作综合考虑。对非法吸收公众存款并没有用于实体经济营运，仅仅是用于放贷金融活动牟取暴利的行为，严重破坏金融秩序的，应当依法追究刑事责任；对于吸收公众存款用于实体经济、企业有创新创业发展空间，未对金融秩序造成严重后果的，应当依法从宽处理。

3. 对于涉嫌经济犯罪的民营企业经营者，认罪认罚、真诚悔过、积极退赃退赔、挽回损失，取保候审不致影响诉讼正常进行的，一般不采取逮捕措施。

4. 对已经批准逮捕的，应当依法履行羁押必要性审查职责，对有固定职业、住所，不需要继续羁押的，应当及时建议公安机关予以释放或者变更强制措施；对确有羁押必要的，要考虑维持企业生产经营需要，在生产经营决策等方面提供必要的便利和支持。①

对于被取保候审、监视居住的可能判处徒刑以下刑罚的犯罪嫌疑人、被告人违反取保候审、监视居住规定，严重影响诉讼活动的，可以予以逮捕。② 有些非法吸收公众存款案件的从犯，如财务人员，虽然可能是判处有期徒刑以下刑罚，但从有利于查明案件事实、固定证据、查扣涉案资产等角度考量，可以予以逮捕，这是对逮捕罪责条件的修正。

（三）宽严相济把握社会危险性条件

逮捕的社会危险性条件，是采取取保候审尚不足以防止发生危险性，而有逮捕必要。对有证据证明有非法吸收公众存款犯罪事实、可能判处有期徒刑以上刑罚，采取取保候审尚不足以防止发生下列危险性的，应当逮捕：第一，可能实施新的犯罪的；第二，有危害国家安全、公共安全或者社会秩序的现实危险的；第三，可能毁灭、伪造证据，干扰证人作证或者串供的；第四，可能对被害人、举报人、控告人实施打击报复的；第五，企图自杀或者逃跑的。

另以肖某某作为集资中介人涉嫌非法吸收公众存款一案为例，2015年9月29日石某某到公安机关主动投案称，其在2008年至2014年经营湖南鸿冠集团过程中，与股东杨某某等人在犯罪嫌疑人肖某某、曾某某等人的帮助下，利用口口相传等形式向社会不特定对象公开非法吸收存款3.7亿元，债权人人数达2600余人。其中，2013年7月至2014年

---

① 根据2019年1月17日最高人民检察院发布首批涉民营企业司法保护典型案例。

② 根据2014年4月24日全国人大常委会通过《关于〈中华人民共和国刑事诉讼法〉第七十九条第三款的解释》。

2月石某某以高额业务费为诱饵聘请肖某某，肖某某在对鸿冠集团经营情况不了解的情况下，谎称自己是集团财务人员，在社会上散播鸿冠集团需融资并有实力偿还的言论，并带融资户至石某某办公室开具手写借据，然后由自己统一计算、支付利息，导致大量社会民众借钱给石某某并蒙受巨额损失。肖某某供述其共向110余人吸收存款2523.32万元、付息386.5877万元，现已查实其向数十人吸收存款900余万元，损失金额800多万元。本案社会危险性的认定：犯罪嫌疑人肖某某涉嫌非法吸收公众存款罪，且多次作案、连续作案，本案其他犯罪嫌疑人尚未到案，有其他重要证据未收集到位，可能毁灭、伪造证据，干扰证人作证或者串供，肖某某到案后拒不退赃有逮捕必要。

对于非法吸收公众存款罪行比较严重、数额较大，但主观恶性不大，有悔罪表现，具备有效监护条件或者社会帮教措施，具有犯罪后如实交代罪行，真诚悔罪，积极退赃，尽力减少和赔偿损失，被害人谅解的可以不批准逮捕的情形。① 司法实践中应当具体把握：第一，要充分利用取保候审的措施，促使犯罪嫌疑人积极退赃、挽回经济损失，对共同非法吸收公众存款中的单纯从事吸纳资金的财务人员等从犯，如果积极退回非法所得、确有悔改表现，没有再犯社会危险性的，可以不予逮捕；第二，对于非法吸收公众存款的发起者，如果能够与集资参与人达成和解协议且经审查和解协议是自愿、合法并已经履行或提供担保有履行条件的，确有悔改表现、没有再犯社会危险性的，可以不予逮捕。第三，在决定对犯罪嫌疑人取保候审时，一定要查明涉案的资产是否查扣及时、充分，涉案的财物凭证、书证、电子证据等是否全面收集。只有在收集证据全面、及时、充分，并有理由相信犯罪嫌疑人不会外逃等情况下，才考虑是否取保候审。

在非法吸收公众存款案件中，社会危险性审查主要针对共同犯罪中的从犯、犯罪后有自首、立功或者坦白表现的犯罪嫌疑人。比如在办理2008年湘西非法集资系列案中，公安机关、人民检察院就大量采取非

---

① 根据2019年最高检《人民检察院刑事诉讼规则》第140条等。

羁押性办案措施，对一些涉案公司涉嫌犯罪但处于从犯地位的会计人员取保候审，并且为侦查活动提供帮助，帮助司法会计鉴定人员梳理涉案公司的财务凭证，为侦查机关提供收集证据的线索，对迅速查明案情起到了较好作用。公安机关、人民检察院对这些犯罪嫌疑人结合他们的退赃情节，相应做了从轻处理。决定对犯罪嫌疑人是否逮捕时，应综合考量全案的平衡，避免出现对犯意发起者取保候审，却对一般的财务人员予以逮捕等明显不和谐、不平衡情形的出现。

三、健全捕后跟踪

捕诉一体办案机制要求检察官能捕能诉，对案件证据审查、判断、运用及对庭审活动的掌控、应变等方面能力有提升，检察官既要适应起诉的"精准性"，又要适应批捕"快节奏"。因此，如何平衡不同案件的轻重缓急，有条不紊地处理捕诉案件，需要智慧和经验。同时，既要办理好案件，也要防止疲于应付办案而忽视监督。捕诉一体后，要加强全程跟踪，体现监督效果，通过严格把控追捕和追诉之间的合理平衡，有效避免了因追捕后被判处拘役或缓刑导致追捕质量不高情况的出现，更加有利于加强对侦查机关捕后改变强制措施的监督实效和力度，进一步健全非法吸收公众存款案件审查逮捕后的跟踪监督机制建设。

1. 建立非法吸收公众存款案侦查意见反馈机制。通过与侦查机关会签文件等方式，要求侦查机关对于检察机关作出逮捕或不逮捕的决定后一个月内，将继续侦查或补充侦查获得的材料报送检察人员审查，以便于检察机关掌握案件侦查的进展情况，及时建议侦查机关适时移送审查起诉。这是加强对侦查机关的监督的有效途径。

2. 完善继续非法吸收公众存款案侦查取证的信息化平台。要完善跟踪监督预警功能，确保有效监督。对报送审查报捕案件在检察机关作出相应决定后，每隔一个月办案系统自动弹出预警窗口，提醒检察官适时跟进对待侦查活动的监督。

3. 构建检察机关内部衔接机制。在捕诉一体办案机制下，完成非法吸收公众存款案审查逮捕工作的检察官制作《逮捕案件继续侦查取证意见书》或者《不逮捕案件补充侦查提纲》，均要自觉跟踪监督；要加强与刑事执行部门衔接，强化羁押必要性审查；还要强化与案件管理部门衔接，严把案件受理窗口。侦查机关未完成继续侦查、补充侦查工作的，应当要求案件管理部门督促侦查机关完成相关侦查工作后再移送审查起诉。

4. 构建良性检警合作关系。通过案情会商工作方式，加强与经济犯罪侦查机关的沟通，有利于形成良好的检警关系。同时，将检察机关反馈意见纳入侦查机关考核指标，强化监督刚性。近年来，湖南省公安厅法制总队在年终时收集检察机关对刑事案件的起诉率、有罪判决情况，并纳入为侦查机关的考核指标，检察机关退回补充侦查、人民法院要求补充侦查的工作完成量得到明显提升。

第六节 非法吸收公众存款案审查起诉要点

对非法吸收公众存款案件审查起诉，是人民检察院受理侦查机关侦查终结、移送起诉后，依法对侦查机关认定的犯罪事实和证据、犯罪性质以及适用法律等进行审查核实，作出提起公诉或不起诉决定的诉讼活动。非法吸收公众存款犯罪尤其是利用网络非法吸收公众存款案件涉案人数众多，证据种类复杂、数量庞大，且证据存续时间跨度长，分布于众多地域，收集、审查、运用证据的难度大，审查起诉要点是：注重集资参与人合法权益的保障、重视审查破案经过、全面审查证据、关注起诉书制作和依法不起诉等工作。

一、注重集资参与人合法权益的保障

当事人及诉讼参与人权利义务告知程序，是指人民检察院受理案件后，依照刑事诉讼法的规定，在法定的期限内告知当事人及诉讼参与人在刑事诉讼过程中享有的权利和承担的义务的程序。《刑事诉讼法》第173条第1款规定，人民检察院审查案件，应当讯问犯罪嫌疑人，听取辩护人或者值班律师、被害人及其诉讼代理人的意见，并记录在案。辩

护人或者值班律师、被害人及其诉讼代理人提出书面意见的，应当附卷。《人民检察院刑事诉讼规则》第261条第2款规定，办理审查起诉案件，应当听取辩护人或者值班律师、被害人及其诉讼代理人的意见，并制作笔录。辩护人或者值班律师、被害人及其诉讼代理人提出书面意见的，应当附卷。对于无法直接听取集资参与人意见的，可以通知集资参与人提出书面意见或委托诉讼代表提出书面意见，在指定期限内未提出意见的，应当记录在案。

因为涉众型非法吸收公众存款案件集资参与人众多，一些案件多达数万人，告知、听取意见程序遇到的瓶颈是无法一一送达、告知。在办理非法吸收公众存款此类涉众型犯罪时，应当拓展公告送达方式，比如以媒体公告送达，并选择具有代表性的参与人个别听取意见记录在卷，以确实保障诉讼参与人的合法权益。

1. 办案检察官应高度重视集资参与人及其近亲属、法定代理人的意见，并在听取意见的过程中注重释法说理、化解矛盾，及时进行风险评估和防范。集资参与人及其近亲属、法定代理人提出的与案件无关或无理意见，办案检察官应即时依法答复或驳回，并做好释法说理工作，及时进行风险评估或防范。集资参与人及其近亲属、法定代理人提出的意见属于紧急事项应当处理的，检察官应当及时将情况向部门负责人和检察长层级汇报，及时处理。如需转交其他部门处理的，应当在层级汇报后及时转交，并对处理结果进行跟踪监督。听取笔录应交由集资参与人及其近亲属、法定代理人核对后签字确认，听取检察人员应当签名。

2. 直接当面听取意见有困难的，办案检察官应当通知其提供书面意见，在指定期限内未提出意见的，办案检察官应当记录在案。

3. 非法吸收公众存款案件涉及集资参与人众多，如何正确履行职责，需要我们探索多种途径，充分保障集资参与人的诉讼权利。我们的做法：一是媒体公告送达、告知，在能够涵盖集资参与人地域的范围内，选择报纸等平面媒体、广播电视网络等多媒体途径进行公告；二是开辟集资参与人网络信息登录录入平台，比如公安部的信息登录平台设立了"e租宝""泛亚"等几种非法吸收公众存款案件登录平台，在平台内设立集资参与人意见栏；三是结合案情，选择有代表性的集资参与人或诉讼代表当面听取意见，案件中每一种集资模式应选择一两个有代表性的集资参与人进行询问，在核实案情时听取意见；四是在人民政府、信访局、侦查机关、检察机关等负有处置非法集资职能的对外工作的窗口设立公告栏，粘贴权利义务及其听取意见的纸质版通知。

4. 制定《公诉部门维护集资参与人合法权益实施细则》《集资参与人权利说明书》《公诉部门释法说理工作规则》等规范性文件。《公诉部门维护集资参与人合法权益实施细则》可以对公诉各个环节集资参与人权益保护的具体方式、方法加以规范，将犯罪分子赔偿能力、赔偿意愿作为案件必审事项，就引导犯罪分子及其近亲属正确理解退赔从轻的刑事政策，促使其积极履行赔偿义务提出明确要求；《集资参与人权利说明书》对原有《集资参与人权利告知书》载明的各项诉讼权利予以逐项解释说明，帮助集资参与人准确理解其法律含义与相关程序规定，便于集资参与人正确行使权利；《公诉部门释法说理工作规则》在总结实践经验的基础上，进一步规范法律文书释法说理与工作过程中释法说理的程序及要求，确定敏感案件、涉众案件不起诉案件、不抗诉案件为释法说理工作重点，要求因案而异恰当选取释法说理对象，增强工作实效；建立说理与疏导相结合的工作模式，加强对集资参与人的心理疏导。同时，变被动说理为主动说理，真正做到"以法为据、以理服人"。

二、通过对破案经过的审查清晰掌握侦查思路

根据公诉案件审查报告规范文件，案件审查报告的第一个重要章节就是对案件的发破案经过进行描述。用侦查思维审查非法吸收公众存款案件，是公诉人必备的一项审查办案技能。

非法吸收公众存款案件与合法民间借贷存在本质区别，但在行为之初并无清晰界限，所以是如何进入侦查视野并被立案侦查，是我们首先要查明的事实；侦查机关运用了哪些侦查手段，收集证据是否依法进行，侦查机关是在什么情况下宣布案件告破的，都是检察机关要重点关

注的内容。如果疏于审查案件发破案经过，审查案件证据时就会盲人摸象、不得其要。如同讯问犯罪嫌疑人，如果不注意其犯意产生的原因，往往导致我们审查案件事实，只知其然不知其所以然。一些命案本有劫财目的，却未查明主观故意，导致一个命案经查实是犯罪嫌疑人所为，杀人动机却不明，导致整个案件被质疑。要查明非法吸收公众存款案行为人的动机同样重要，筹集资金的目的可能影响罪与非罪、此罪与彼罪，对后续证据材料的梳理、证据体系的构建，也大有裨益。

对审查报告中发破案经过部分，应当包括如下内容：

1. 要客观叙写本案发案、立案、破案的时间、集资模式的演变等情况，特别是犯罪嫌疑人的到案经过。

2. 对于案件的线索来源，应进行详细核查，如审查发案是否自然、客观，线索来源有无不清楚的地方，并将核查情况详细在此部分列明。

3. 注明侦查机关的侦查期限是否合法，侦查过程中采取的留置盘问、传唤、拘传等措施的时间，程序是否符合法律规定。

4. 要重点叙写犯罪嫌疑人的归案过程、先后次序，注明系被侦查机关抓获归案，还是主动投案。

5. 准确叙写犯罪嫌疑人到案时间，及犯罪嫌疑人供述的主要内容。掌握破案经过，可以帮助检察机关通过对犯罪嫌疑人到案时间点的分析，对言词证据的可信度、可采性等有直观的认识，科学辨别言词证据的真实程度。

三、非法吸收公众存款证据审查方法

（一）图表审查法

非法吸收公众存款案件证据繁杂，非法吸收公众存款行为一般存续时间久远，对证据的审查应当采取多种工作方法，进一步完善前期已经制作的各种表格、示意图等。

1. 列明时间轴图。在中间列一个时间轴，在时间轴的左侧标明用于融资的项目的进展时间，在时间轴的右侧列明融资的规格、方式、人数等关键情节，对非法吸收公众存款的整个流程会有一个清晰的认识，

也有利于对行为人主观目的、动向的掌握。

2. 人员关系表格审查法。对涉案人员众多的非法吸收公众存款案件，以行为人为纵向、以融资情况为横向制作表格，对整个非法吸收公众存款的整体概况就能够了然于胸，对表格不断地细化，会形成对案件的清晰印象。制作表格同时有利于比较分析，对涉案人员在共同犯罪中的地位作用有准确地判断，准确认定共同犯罪中的主从犯。

3. 结合鉴定意见制定资金流向树形图。资金流永远是经济犯罪的核心和要点，需要以树形图的方式对资金的来源和去向，至少查到有实质意义的第三层。

(二) 围绕客观证据审查法

"重主观证据、轻客观证据"的做法一定时期存在，被告人有罪供述一段时间被视为"证据之王"。但被告人的言词证据不稳定，有些经不起历史的检验，导致出现了一些冤假错案。我们提倡取证"核心客观物证中心主义"，并长期在司法实践中施行，取得了良好的效果。非法吸收公众存款犯罪手段多样，犯罪构成复杂，每一个环节的核心物证均应成为侦查取证的中心内容。

比如在办理湘西非法集资、非法吸收公众存款案的过程中，检察机关收集了大量的集资人与投资人之间签订的《认筹承诺书》。客观书证具有客观性、稳定性、真实性，成为有力的指控证据，但如何围绕《认筹承诺书》这个核心客观书证建立一个完整的证据组，检察机关进行了精细地研究：第一，要求侦查机关必须制作提取书证笔录包括提取清单，如果是原件提取最优，如果是复印件应注明原件存放的地方，并且需有见证人见证；第二，要求犯罪嫌疑人对《认筹承诺书》进行辨认并围绕该书证的用途等展开讯问、询问，找到集资参与人进行询问、确认。第三，需要查证与该《认筹承诺书》对应的集资企业收付款凭证、银行流水，证明不但签订了协议，而且发生了资金往来；第四，该份《认筹承诺书》及其资金往来，成为了司法会计鉴定的检材，并计入了司法会计鉴定认定的非法集资的数据中。通过这样的证据组，检察机关充分证明了行为人通过《认筹承诺书》方式进行非法集资，该证据的真实性、合法性、关联性均得到了确认。一个非法吸收公众存款案件就是通过无数个类似的证据组来构成完整的证据体系的。

(三) 围绕资金流展开审查法

经济犯罪的核心事实就是资金流，能够反映行为人主观故意的最重要事实也是资金流。非法吸收公众存款的资金用于合法途径，用于增值项目，可以作为排除行为人非法占有故意的事实。相反，如果行为人获取资金后用于非法途径，投资不避风险、不计回报，甚至肆意挥霍、购买奢侈品、高消费等，这能够认定行为人具有非法占有故意。查实涉案的资金流，不仅要查明涉案款物的来源、收集转账凭证，而且要查明资金去向，非法吸收公众存款数量巨大、笔数众多、公司应收应付款项庞杂，司法工作人员限于知识结构专业性，对会计实务工作缺乏精准了解，"专业的事情交给专业的人去做"，应当建议侦查机关及时聘请司法会计鉴定人员介入案件侦查，商定委托鉴定事项、鉴定内容，同时借助司法会计鉴定人员的素质和专业，为侦查人员提供侦查方向。我们在司法实务中与司法会计鉴定人员的及时、有效沟通，极大地帮助我们进一步梳理相关财物事实，寻找到更多、更好的侦查突破口。

如在办理湘西非法集资系列案中，检察机关对资金流程等明确要求司法会计鉴定作出认定，司法会计鉴定报告书中将还本付息流程表述如下：一是本金付息流程：2004年1月8日开始发生现金付息，至2008年9月4日止。2006年9月，随着集资业务扩大，在办公楼三楼专门设立了现金付息窗口。现金付息员根据现金付息花名册，经复核人员当场复核后确认付息金额。集资户填写利息领条，现金付息员在付息花名册上注明集资户已领利息，然后当场支付利息。下班后，现金付息员到出纳处报账，出纳将相关领条、登记名册交复核人员再次复核确认后登记现金日记账和现金付息流水账。二是银行付息流程：2005年7月开始发生银行付息，至2008年9月6日止。最初由出纳负责办理，后来由银行付息员办理。银行付息员根据银行付息花名册金额，到出纳处办理拨款，然后根据集资户提供的银行账号到银行办理汇付利息手续，之后银行付息员持银行汇款凭证到出纳处报账，出纳登记现金日记账和银行付息流水账。

（四）合理建构证据体系

非法吸收公众存款案应围绕四个特征引导取证。非法吸收公众存款的客观方面非法性、公开性、利诱性、社会性四个特征，是构建非法吸收公众存款案件证据体系的关键，将主观故意、侵害的客体、犯罪主体融入四个特征，论证行为人主客观相一致，就能有效证明非法吸收公众存款涉案事实。

四、起诉书制作中的常见问题

在非法吸收公众存款案中犯罪嫌疑人的犯罪事实已经查清，证据确实、充分后，就应当制作起诉书提起公诉了。非法吸收公众存款案件起诉书的制作，是一项十分严肃认真细致缜密的工作，涉及大量的数据和人员，必须严格基于案件事实，严谨适用法律。

（一）非法吸收公众存款案起诉书用语规范

起诉书中语言文字的使用遵循以下原则：一是精炼简洁，忌赘述与定罪量刑无关的事实，对涉及的金融数据应限于与犯罪构成有关的事实。二是合乎语法规范，不要使用容易使人产生歧义语句、生僻金融用语。三是保证数据的精准、宣读时的通顺流畅，少用括号注解。

（二）对非法吸收公众存款事实的描述

1. 叙述案件事实，要按照合理的顺序进行。一般可按照时间先后顺序。非法吸收公众存款案件多为多人多罪，应当按照主犯、从犯或者重罪、轻罪的顺序叙述，突出主犯、重罪；非法吸收公众存款案件多由自然人犯罪、单位犯罪并存，应当按照先单位犯罪、后自然人犯罪的顺序叙述。

2. 叙写案件事实时，可以根据案件事实的不同情况，采取相应的表述方式，具体应当把握以下原则：对具有较大影响的非法吸收公众存款案件，必须详细写明具体犯罪事实的时间、地点、实施行为的经过、手段、目的、动机、危害后果和被告人案发后的表现及认罪态度等内容，特别要将属于犯罪构成要件或者与定罪量刑有关的事实要素列为重点。既要避免发生遗漏，也要避免将没有证据证明或者证据不足，以及与定罪量刑无关的事项写入起诉书，做到层次清楚、重点突出。

3. 审查认定的案件事实。应写明非法吸收公众存款案件的主要事实，包括犯罪时间、地点、经过、手段、目的、动机、危害后果等与定罪、量刑有关的事实要素。应当根据具体案件情况，围绕刑法规定非法吸收公众存款罪的构成要件叙写。量刑情节事实应当区分法定量刑情节事实和酌定量刑情节事实。对于法定量刑情节事实，应当叙写；对于酌定量刑情节事实，如行为人认罪悔罪、追赃挽损等应在起诉书中叙写。量刑情节事实一般应在犯罪事实后另起一段叙写，但与犯罪事实密切相关的量刑情节事实可以一并在犯罪事实中叙写。

（三）定性表述及法律适用

1. 非法集资类案件行为性质和罪名的认定要根据如下内容：要以事实部分为根据，结合犯罪的各构成要件，并对照刑法非法吸收公众存款条款，对行为性质、危害程度进行概括性地表述。同时触犯有集资诈骗罪、非法吸收公众存款罪等多个行为性质的，按由重到轻的顺序排列。多名被告人的，应先表述共同实施犯罪的认定，再按照被告人的顺序依次表述各自单独实施犯罪的认定。

2. 对于量刑情节的认定，应当遵循以下规定：对于具备多种量刑情节的案件，应在表述非法吸收公众存款犯罪构成要件情节后，再表述酌定量刑情节，并按照从重到轻的顺序叙写。对于具备轻重不同的法定量刑情节，一般应当在起诉书中作出认定。但对于涉及自首、立功等可能因特定因素发生变化的情节，一般不予认定，仅在案件事实之后对有关事实做客观表述。对于酌定量刑情节，可以根据案件的具体情况，从有利于出庭支持公诉的角度出发，决定是否在起诉书中作出认定。

（四）行文规范

非法吸收公众存款案件涉及的案件事实较多，时间跨度长，有时候检察官对起诉书指控犯罪事实的表述无从下手，对涉案事实的取舍犹豫不决。总结制作起诉书的原则是，涉及犯罪构成要件相关的事实和情节一个都不能少，与犯罪构成无关的事实一个也不要多。

在 2019 年 1 月公安局侦查终结的一起非法吸收公众存款案的起诉意见书中，检察办案人员将涉案事实表述为："目前，共调查 113 人，根据被调查人的陈述进行统计，借款本金共计 1.6 亿余元，已收回本金 5184 余万元，已收利息 4630 余万元，未收回本金 7542 余万元。"该份起诉意见书的表述中存在较多需改进的地方，一是涉案金额表述不准确，对于涉案金额较大的涉众型经济犯罪案件，一般表述至少是金额以万为单位的小数点后两位数，不宜以亿作为单位；二是涉及的集资参与人的表述，不宜表述为"被调查人"，这不是法言法语。

以下是湘西非法集资系列案中数额最大的"三馆公司"有关人员集资诈骗、非法吸收公众存款案起诉书，对指控犯罪事实部分的描述。"由于缺乏项目启动资金，被告人曾某某与范某某决定对外集资。自 2003 年 11 月 15 日起，曾某某、范某某等先后雇请石某英（另案处理）等人分别为出纳、售楼部业务员，采取以某建安公司驻吉首开发部的名义与集资户签订《关于参与'三馆'开发项目的协议书》的形式、以年回报 20% 为诱饵开始向不特定的社会公众集资。为取得集资户信任，曾某某还对协议书进行了公证。集资款由曾某某、范某某共同支配使用。2004 年 1 月，曾某某决定将集资主体变更为三馆公司，并先后增加了与集资户签订《三馆物业认购协议书》《职工项目投资》《吉首商贸大世界房屋认购承诺书》《物业认筹协议书》或直接向集资户开具借条、收据、发售钻石卡、金卡、银卡、普卡等集资形式非法集资……经查证：2003 年 11 月 15 日至 2008 年 9 月 30 日，曾某某等被告人以邵阳市建筑安装工程公司、三馆公司的名义，面向不特定社会公众非法集资 345286.45 万元，涉及人数 24238 人，累计 57759 人次。"

在制作非法吸收公众存款犯罪案件起诉书时，认定涉案事实要注意如下几点：一是要准确表述涉及犯罪的时间节点，起始时间和截止时间。二是要精准表述涉案的金额。有人认为在既有非法吸收公众存款行为又有集资诈骗行为的事实描述中，两种行为的临界点不好界定，导致集资诈骗数额不好认定,从而觉得对集资诈骗数额无须精准描述,仅描述无法归还高息的客观行为即可。这种理解是错误的,应当准确计算出本息剥离后集资参与人被骗金额的意见,该意见得到采纳并被全系列案参照执行。三是对于吸收存款的方式要予以描述,如上述案件中,既有投资协议书,又有房屋认购承诺书,还有借条、收据,它们均是非法吸收公众存款的手段,仅是方式不一样。

五、非法吸收公众存款案件中的不起诉

不起诉,是指人民检察院对公安机关侦查终结移送起诉的案件或自行侦查终结的案件,经审查,作出不向人民法院提起公诉的处理决定。

(一)非法吸收公众存款案件情节轻微的认定

对于非法吸收公众存款犯罪这样涉及触犯刑法、可能构罪人员众多的案件,应当按照处理群体性事件中的犯罪案件原则办理,应当坚持惩治少数,争取、团结、教育大多数的原则。① 2019年1月"两高一部"联合印发《关于办理非法集资刑事案件若干问题的意见》指出,对于涉案人员积极配合调查、主动退赃退赔、真诚认罪悔罪的,可以依法从轻处罚;其中情节轻微的,可以免除处罚;情节显著轻微、危害不大的,不作为犯罪处理。

"情节轻微"一般是指犯罪行为虽已经触犯刑法,但从犯罪动机、手段、危害后果、犯罪后的态度等情节综合分析,依法不需要判处刑罚或者免除刑罚。非法吸收公众存款案件中,如果犯罪嫌疑人如数退回账款,确有悔罪表现,符合不起诉条件的,应当作出不起诉处理。共同犯罪中的从犯,如财务人员中情节较轻的,只是经手筹集资金的员工等,均可能适用相对不起诉。

检察机关在办理湘西非法集资案件中,就对一些构成非法吸收公众存款犯罪的对象,考虑到共同犯罪中的作用和地位、积极退赃、认罪悔

---

① 根据最高检《关于在检察工作中贯彻宽严相济刑事司法政策的若干意见》第14条。

罪表现等情况作了不起诉处理。例如被不起诉人刘某某非法吸收公众存款案，2004年3月到某非法吸收公众存款的公司营销管理部工作，2006年底任该部主任，负责房屋销售、管理；2008年5月后，刘某某出任公司认筹投资二部部长，负责办理集资转单工作。2008年6月21日至2008年8月29日，刘某某任该公司认筹投资二部部长期间，该部集资累计金额3698.90万元，集资累计770人次。经审查认为，刘某某实施了非法吸收公众存款的行为，但犯罪情节轻微，具有悔罪表现，案发后，退赔了非法所得1.2万元，根据刑法规定，不需要判处刑罚。又如被不起诉人石某某非法吸收公众存款案，石某某是该公司的出纳，采取与客户签订《关于参与"三馆"开发项目的协议书》的形式、以年回报20%为诱饵开始向不特定的社会公众集资，石某某负责对集资款的收取及存入银行账户，集资款主要用于"三馆项目"即商贸大世界一期的建设及集资款的还本付息，同时代持股份5%。经审查认为：石某某实施了非法吸收公众存款行为，但犯罪情节轻微，具有悔罪表现，根据刑法的规定，不需要判处刑罚。对上述两名对象均是根据1996年修订《刑事诉讼法》第142条（现第177条）第2款的规定作了相对不起诉。

（二）非法吸收公众存款中的存疑不起诉

对于证据不足的案件，应当将案件退回补充侦查，并根据案件情况，确定退回补充侦查次数，对存在较大争议并且在当地有较大社会影响，应当经分管副检察长决定报请上级院研究决定，保障不起诉决定的司法公信力。

非法吸收公众存款案件中构罪存在争议较大的是，行为人的行为究竟是正常的民间借贷还是非法吸收公众存款，主要体现在对"对象的不特定性"的理解上。如2012年湖南省株洲市天元区检察院办理的原湖南某奶业有限责任公司有关人员涉嫌非法吸收公众存款案，经审查该案中吸收的公众存款是经销商、企业职工、社会人员、高利贷者，检察办案人员分析认为：第一，最高人民法院《关于审理非法集资刑事案件具体应用法律若干问题的解释》第1条第2款规定："未向社会公开宣传，在亲友或者单位内部针对特定对象吸收资金的，不属于非法吸收或者变相吸收公众存款。"故而企业职工属于特定对象，应当予以排除。第二，经销商作为与某奶业集团有长期业务往来关系的人员，其对某奶业集团的了解程度和对货款准备金的认知程度远比一般的社会公众要高，其所投入的"货款准备金"依合同关系可以转化为货款，双方形成一种民事上的合同关系，故而经销商亦属于一种特定对象。第三，侦查机关移送审查的不特定对象有63人，其中59人是以经销商的名义向某奶业集团缴纳的货款准备金，从法律关系上来看，该59人系与经销商形成了借贷关系，而非与某奶业集团直接发生经济上的关系，故而不能独立认定该59人为非法吸收公众存款的对象。第四，某奶业集团向外借高利贷的行为属民间借贷行为，可以视为企业经营困难向外借贷的自救行为，且其发生的时间为2008年9月至10月，而货款准备金集资的行为发生在2008年2月至7月，二者不具有时间上的延续性，故高利贷者与某奶业集团之间存在民间借贷关系，不宜认定为非法吸收公众存款罪的对象。第五，关于63名社会人员中的其他4人，可以认定为不特定对象，但其人数和金额远未达到构罪标准。后来，对仅涉及非法吸收公众存款一个罪名的对象作了存疑不起诉。

又如上海市黄浦区人民法院宣判无罪的吴薇薇非法吸收公众存款案，2010年6月至2011年10月间，微微爱珠宝公司法定代表人吴微微以投资或者经营需要资金周转等为由，通过出具借据或签订借款协议等方式，分别向涂某等十余位借款人借款共计1.5亿余元，其中大多承诺较高利息，部分提供房产抵押或珠宝质押。所借款项主要用于偿还他人的借款本息、支付公司运营支出等。至案发，吴微微和微微爱珠宝公司对上述款项尚未完全支付本息，故被检察机关指控犯非法吸收公众存款罪。而上海市黄浦区人民法院经审理认为，首先，从宣传手段上看，吴微微借款方式为当面或通过电话一对一向借款人提出借款，并约定利息和期限，既不存在通过媒体、推介会、传单、手机短信等途径向社会公开宣传的情形，亦无证据显示其要求借款对象为其募集、吸收资金或明知他人将其吸收资金的信息向社会公众扩散而予以放任的情形。其次，从借款对象上看,吴微微的借款对象绝大部分与其有特定的社会关系基础,范围相对固定、封闭,不具有开放性,并非随机选择或者随时可能变化的不特定对象。对于查明的出资中确有部分资金并非亲友自有而系转借而来的情况,但现有证据难以认定吴微微系明知亲友向他人吸收资金而予以放任,此外,其个别亲友转借的对象亦是个别特定对象,而非社会公众。最后,吴微微在向他人借款的过程中,存在并未约定利息或回报的情况,对部分借款还提供了房产、珠宝抵押,故吴微微的上述行为并不符合非法吸收公众存款罪的特征。[①]

第七节 非法吸收公众存款案出庭公诉要点

一、庭前会议注意要点

特别复杂的非法吸收公众存款案开庭之前,审判人员一般会多次召集公诉人、当事人和辩护人、诉讼代理人参与庭前会议,对回避、出庭证人名单、非法证据排除等与审判相关的程序问题,了解情况,听取意见。公诉人通过参加庭前会议,可以把握庭审重点,为出席法庭做好准备。开好庭前会议,能够提高庭审效率,保证庭审质量。越是复杂的案件庭前会议越应该召开,而且应该召开多次。2017年至2018年昆明市检察机关在办理"泛亚"非法集资案时,公诉人就参加了至少三次以上的庭前会议。

(一) 程序性争议问题必须在庭前会议中解决

根据庭前会议的有关规定,召开非法吸收公众存款案庭前会议可能涉及的程序问题主要是如下三个:一是跨区域案件的管辖异议;二是申

[①] 案例来源于2019年5月16日最高人民法院发布的"依法平等保护民营企业家人身财产安全十大典型案例",上海微微爱珠宝公司、吴微微非法吸收公众存款(宣告无罪)案。

请有关人员的回避；三是申请司法会计鉴定人出庭作证。程序性争议问题必须在庭前会议中解决，避免程序性问题影响庭审效果。

1. 对辩护方提出的管辖、回避、不公开审理等程序问题，公诉人必须进行正面的回应。（1）对管辖异议的理由，要把《交办案件决定书》或《指定管辖决定书》作为依据，确认管辖有效。（2）对申请回避的理由，按照刑事诉讼法及其相关司法解释进行处理，不具备法定回避事由的，审判人员应当作出驳回回避申请决定，必要时，也可以由人民法院的院长到会宣布。（3）对辩护人提出的不公开审理的理由，依据法律规定一般的非法吸收公众存款案件不涉及国家秘密或者个人隐私，不具备不公开审理的条件；对于涉案企业提出可能涉及商业秘密的案件，应当仔细分析甄别，非法吸收公众存款行为不需要对商业秘密进行披露的，不影响案件的公开审理。非法吸收公众存款案件属于典型涉众型经济犯罪案件，集资参与人众多，我们坚持均公开审理审判。

2. 对辩护人申请鉴定人、有专门知识的人出庭的，公诉人应当同意并认真制定鉴定人出庭作证的预案。公诉人一方面需要鉴定人对鉴定意见进行正面的解释、回应公众的关注，另一方面需要回应辩护人的质疑、被告人的异议。所以，应当做好司法会计鉴定人员出庭的沟通、引导预案。

（二）证据合法性问题必须在庭前会议中解决

庭前会议一个很重要的内容是听取被告人及其辩护人是否申请非法证据排除。辩方在庭前会议中提出证据系非法取得，人民法院认为可能存在以非法方法收集证据情形的，人民检察院应当对证据收集的合法性进行证明。

1. 发现确实存在非法取证行为的，应当按照相关法律规定作出相应处理。（1）采用刑讯逼供等非法方法收集的犯罪嫌疑人、被告人供述和采用暴力、威胁等非法方法收集的证人证言、集资参与人陈述，应当予以排除。（2）收集物证、书证不符合法定程序，可能严重影响司法公正的，应当予以补正或者作出合理解释；不能补正或者作出合理解释的，对该证据应当予以排除。（3）人民检察院认为存在以非法方法收集证据情形的，可以要求侦查机关对证据收集的合法性进行说明，说明应当加盖单位公章，并由侦查人员签名。

2. 对于可以证明证据收集程序合法的，公诉人应当建议审判人员对争议证据作出具备证据资格的处理意见。

（三）确保庭前会议决定的效力

根据2021年最高人民法院《关于适用〈中华人民共和国刑事诉讼法〉的解释》和《庭前会议规程》的有关规定，对于庭前会议的效力应当把握以下几点：

1. 关于庭前会议达成一致意见的实现，法庭在庭审时向控辩双方核实后应当庭确认。一方反悔，除非有正当理由，法庭一般不再重新认定。

2. 庭前会议中一方提出的申请回避、管辖异议等可能中断审理程序的意见，人民法院应当依法作出处理意见，并说明理由。庭审时如果没有新的理由，法庭应当依法驳回。

二、精心准备举证提纲

因为一般的非法吸收公众存款案件证据材料繁杂，应当精心制作出庭预案。举证提纲是出庭预案的核心内容，主要是构建证据体系，对证据进行分类归纳整理组合，精准证明各被告人的犯罪事实和犯罪情节。

（一）举证方式说明的模板

非法吸收公众存款案正式举证前，公诉人应当对举证的方式进行介绍，举证提纲应以犯罪构成为中心，使各个（组）证据能够证明犯罪构成的一个或若干要素，证据之间逻辑紧密，条理清楚，形成缜密的链条，共同证明犯罪事实，一般用"四个特征"作为分组依据。常用的模板如下。

审判长、审判员：

一、向法庭出示证据前，公诉人就举证方式作如下说明：庭前会议时，公诉人已就取证的合法性问题进行了详细说明，被告人、辩护人均对证据的合法性没有异议。公诉人不再逐一说明。

二、本案证据将分为非法吸收公众存款罪构成要件四个部分出示，其中客观行为特征又分为"非法性""公开性""利诱性""社会性"四个部分，并运用多媒体同步展示。

三、对庭前会议中没有异议的证据，公诉人将简化出示，被告人、辩护人有异议的证据，公诉人将作重点举证，举证方式说明完毕。

（二）科学安排各类证据出示的先后顺序

在举证次序上，应考虑证据的类型、证据的证明力、证据之间的关系等，将证据分为相互关联又相对独立的证据组团，每个证据组团均能证明案件事实或者案件事实的某一事项，能清晰地表达举证目的和证明对象。

1. 多媒体示证体系中如果第一份证据具备视觉冲击力的图片、动漫、视频资料，能够让旁听的人留下深刻印象，更具说服力。所以，非法吸收公众存款案件一般将客观、证明力强的书证、电子证据作为第一类出示给法庭。

2. 出示司法会计鉴定书，明确财务事实、资金流，这个是对整个涉案事实的描述，是重点展示内容。

3. 出示相关证据论证被告人的行为符合非法吸收公众存款案件四个特征，论证其行为的非法性、公开性、利诱性、社会性。

4. 结合集资参与人证言、其他材料，佐证集资参与人有罪供述，进行法律适用的论证，证明被告人的行为构成非法吸收公众存款罪。

（三）几类主要证据的示证注意事项

1. 物证、书证示证注意事项。出示的物证、书证一般应当为证据的原件或原物，原物不易搬运、不易保存或已返还集资参与人时，可以出示反映原物外形或内容的照片、录像。获取书证原件有困难时，可以出示书证副本或复制件，并向法庭说明情况。

一般将非法吸收公众存款案件的合同、融资凭条、转账凭证等作为一组证据予以出示，对物证、书证所要证明的内容、获取情况作概括的说明，重点说明融资的方式、金额，并提请法庭让当事人、证人等诉讼参与人辨认，物证、书证经过技术鉴定的，应当宣读鉴定意见。

2. 司法会计鉴定意见示证注意事项。非法吸收公众存款案件的司法会计鉴定意见一般应当由鉴定人本人宣读，公诉人可以根据需要对其发问，发问时适用对集资参与人、证人询问的相关要求。鉴定人未到庭的，公诉人应当庭宣读鉴定意见。公诉人应当对鉴定人的身份、资质、与当事人及本案的关系予以说明，必要时提供证据予以证明。

3. 电子证据示证注意事项。出示通过计算机处理和保存的证据，应当对该证据的持有人、规格类别、文件格式、提取复制人员、时间、地点和见证人等予以说明，并提供提取复制人员关于该证据数据的文字说明。必要时，应当对电子检材进行鉴定并在法庭中予以出示，保障电子数据的准确性、科学性。

4. 被告人供述和辩解示证注意事项。宣读被告人供述应根据庭审中被告人供述的变化情况进行。被告人有多份供述且内容基本一致的，应选择最为完整的一份出示。被告人当庭供述与庭前供述内容一致的，可以不再宣读庭前供述，但应向法庭说明；被告人当庭供述与庭前供述内容不一致的，公诉人应当问明理由，认为理由不成立的，应当就不一致部分宣读庭前供述，并结合相关证据予以驳斥。

（四）举证质证的有机结合

随着庭审实质化的推进，法庭辩论实际上从举证阶段就已经开始。公诉人的质证提纲应当在掌握案件事实或证据存在的主要争议和辩点上，预测分析被告人的辩护意见，论证证据的客观性、关联性和合法性，解决证据的可能瑕疵或证据之间的矛盾，用反驳和论证来证明公诉主张。一是质证提纲应围绕证据的关联性和可采信性问题进行，既论证己方证据的客观真实性，又要降低对方证据的证明力。二是质证提纲制作应重视被告人的认罪态度及其变化，注意有罪供述的细节和作用，注意无罪或罪轻辩解的合理性和不合理性。三是质证提纲制作应重视间接证据的分析和证据的统筹运用。

1. 对辩方质证意见的回应。辩护方对公诉方当庭出示、宣读、播放证据的合法性、客观性、关联性提出的质证意见,公诉人应当进行答辩。对辩护方提出的与证据证明力无关,与公诉主张无关的质证意见,公诉人可以说明理由不予答辩,并提请法庭不予采纳。公诉人答辩一般应在辩护方提出质证意见后立即进行,也可以根据需要在法庭辩论阶段结合其他证据综合发表意见,但应做好向法庭说明的准备。实务操作中,要注意以下几点:

(1) 辩护方质疑公诉方出庭证人、集资参与人的陈述的真实性。公诉人应根据陈述情况,针对陈述中有争议的内容重点答辩:第一,言词证据的形式是通过观察、记忆、表达的过程来完成的,在此过程中,由于每个人的观察、记忆、表达能力不同,而在细节问题上可能会存在不一致的地方,因此导致与其他证据之间出现矛盾的可能性也客观存在。第二,在案证据之间不存在无法解释的矛盾,不影响案件事实的认定。第三,从另一角度来看,言词证据在细节上存在前后矛盾也正说明侦查人员如实地记录了言词证据,不存在指供、诱供的行为。

(2) 辩护方质疑物证、书证、勘验检查笔录。公诉人可以从此类证据客观、稳定、不易失真以及取证主体、程序、手段合法等方面有针对性地予以答辩。

(3) 辩护人断章取义,片面理解证据内容,提出证据关联性问题。公诉人应立足证据认定的全面性、同一性原则,综合全案证据予以驳斥。比如,经常使用如下方法应对关联性质疑:第一,是否实施了高息揽储的行为,是非法吸收公众存款犯罪的关键事实。第二,公诉人出示的该份证据能够证明,被告人实施了揽储的行为。第三,公诉人出示的证据还能证明行为人揽储的行为伴随着高息,符合非法吸收公众存款案的犯罪构成要件。所以,公诉人出示的证据与本案具有关联性。

(4) 被告人、辩护人对证据"三性"以外的问题提出异议。公诉人一般会答辩:"依据法律规定,法庭质证是对证据真实性、合法性和关联性提出意见,刚才辩护人提出的质证意见实际上是对事实认定、证据运用、法律适用问题的辩护意见,我们将在法庭辩论阶段予以答辩。"

2. 对于辩护方提出的质证意见,确实需要进行补充侦查的,公诉人可以建议延期审理。辩护方建议未到庭证人、集资参与人到庭进行质证的,公诉人可以结合全案证据情况进行答辩,或者根据具体情况建议法庭休庭。辩护方因对证据内容了解有误而质证的,公诉人可以对证据情况进行简要说明。对辩护方符合事实和法律的质证,公诉人应当实事求是地发表意见,或者不再就此答辩。

3. 在质证过程中,如果辩护人的言词对公诉人带有指责性或者进行人身攻击的,公诉人可以从以下几个方面驳斥:第一,指出辩护人的职责是根据事实和法律提出被告人无罪、罪轻或者减轻、免除其刑事责任的辩护意见,对公诉人进行指责违背律师的职业职责;第二,提请法庭对辩护人该种违背职业道德的言行予以制止;第三,当庭指出辩护人对公诉人指责的意图。

4. 对辩护方出示证据的质证方式。非法吸收公众存款案辩护人提交证据的主要包括两类:一是能够证明被告人具有偿还能力的证据,二是证明被告人没有违法吸纳存款的故意方面的证据。公诉人应当认真审查辩护方向法庭提交的证据,对于开庭 5 日前未提交给法庭的,应当当庭指出,并根据情况,决定是否要求查阅该证据或者建议休庭。对于辩护人违反法律规定调取的证据,不符合客观性、关联性、合法性要求的证据,辩护人提供的证据明显有悖常理的证据,应当提请法庭不予采信。

三、法庭讯问提高驾驭庭审能力

法庭讯问是庭审中最灵活、最难掌控的一个环节,也最能体现公诉人对庭审的驾驭能力。法庭讯问是在法庭调查中公诉人就起诉书指控的犯罪事实以及相关情况对被告人依法进行发问的诉讼活动。法庭讯问的目的是向法庭揭露犯罪、证明犯罪,揭穿被告人的狡辩之言,展现其无罪辩解的矛盾之处。

(一) 制定讯问提纲时应充分掌握被告人的心态

一是要分析被告人的性格特征,是逞强好胜型还是温文尔雅、知识分子型，是暴发户型还是自主创业的民营经济主体等。二是要分析被告人趋利避害的心理特征，既有认罪认罚求得从轻处罚的心态，又有侥幸逃避法律处罚的心态等。三是要对案件的客观证据如查获的资产状况、财务报表等情况了然于胸，作为打开被告人思想防线如实供述的切入口。要根据分析意见分别制订不同的讯问方案，确保庭审讯问顺利进行。

1. 讯问方略的准备。公诉人在法庭上讯问被告人，需要事先进行准备，制作庭审讯问提纲。要对被告人的性格特征、认罪态度进行分析，要做好被告人翻供预案。非法吸收公众存款案的讯问要围绕犯罪构成、起诉书指控的事实来展开。

2. 讯问语言的准备。要熟悉非法吸收公众存款案件适用法律条款的字义，在讯问过程中规范使用法律、金融术语。尽量按照刑法条款、司法解释的语言描述案件事实，设计问题应当简洁明确，一问一答；讯问要以定罪量刑为中心、围绕非法吸收公众存款犯罪构成要件中的犯罪手段、犯罪目的及犯罪过程、危害后果等。

3. 转化教育的准备。涉众型案件的庭审中公诉人正确履职能够达到的最高标准，就是让被告人认罪服法。要确认被告人的内心需要而区别对待：如果被告人是处于畏罪心理对自身安全的需要，公诉人就从降低损害的角度讯问；如果被告人心气高、需要荣誉感，公诉人就从降低罪责感的角度讯问；如果被告人还心存侥幸，那么公诉人就要言之凿凿揭露他的罪行，让他明确认识到案情已经完全暴露、查证属实，从而打破他的幻想。

（二）法庭讯问的首要任务是让被告人开口

要明白被告人如实供述的前提是公诉人与他进行有效的沟通，所以要促使被告人在法庭上讲话。首先就是要让被告人有序发声，甚至加以鼓励和附和，被告人沉默不语是不可能获得良好的庭审效果的。2018年办理湖南省汝城县曹某某因为不满拆迁问题实施了以危险方法危害公共安全案件时，曹某某在看守所已经绝食，庭审开始后一言不发；在合议庭成员一筹莫展时，出庭检察官立即改变讯问策略，避开直接讯问敏感问题，先不问构罪事实，而是引导被告人谈他对拆迁的看法，瞬间曹某某就精神饱满、侃侃而谈；在被告人情绪稳定后，检察官再对其涉及的犯罪事实进行耐心地讯问，庭审工作得以顺利推进。

如果被告人仍然沉默不语、拒不回答讯问的，公诉人应当表示："被告人×××，现在公诉人向你宣读《中华人民共和国刑事诉讼法》第 55 条规定，对一切案件的判处都要重证据，重调查研究，不轻信口供……没有被告人供述，证据确实、充分的，可以认定被告人有罪和处以刑罚。被告人，你现在沉默不语，实际上是放弃了自我辩护的诉讼权利"。如果公诉人多次劝说，被告人仍不配合的，公诉人可以这样表示："审判长，被告人×××无视审判长和公诉人的反复耐心说服，坚持沉默不语，拒不回答法庭提出的问题，这是对抗法庭、藐视法庭的表现，是拒不认罪的表现，建议合议庭量刑时对此予以充分考虑。"

（三）被告人翻供的应对策略

庭审讯问最好能让被告人坦白、认罪认罚，如若不然，就要揭露被告人狡辩的本质，揭露他的辩解的矛盾之处，使合议庭及旁听群众对案件事实有基本的判断。

非法吸收公众存款案被告人翻供的内容主要集中在，被告人会辩解没有非法故意，没有扰乱金融秩序的动机，融资是为了开发项目做实业，归还不了是经营不善导致等。公诉人可宣读被告人原供述（如多次基本相同的原供述也可概括大意），并讯问被告人："这些供述你看过，确认无误，并有你亲笔签名捺印，你今天为何改变原供述？"如果被告人辩解没有看清原笔录或原来记不清事实时，公诉人应当指出："在审查起诉阶段，公诉人已告知你享有的权利和应负的责任，允许你如实补充、更改原供述。这笔录经你阅读并确认（或公诉人已向你宣读，并经你确认）。被告人你作为具有责任能力的人，应当知道对自己供述承担的法律责任。你今天当庭翻供，毫无理由，请合议庭充分注意被告人的一贯供述。"如果被告人辩解原供述是在诱供、逼供情况下作出的，公诉人应当指出："本案在审查起诉期间，被告人没有提出诱供、逼供的问题，公诉人也没有发现侦查活动中存在诱供、逼供的违法现象（或虽然被告人提出类似理由，但公诉人查证不存在这些问题）。因此，被告人翻供不足采信，请合议庭充分考虑公诉人刚才宣读的被告人原供述，并结合案件中其他证据予以认定。"

（四）对辩护人诱导式发问的应对

辩护人对被告人进行诱导性发问以及其他不当发问，可能影响客观真实的应对。公诉人可以要求审判长制止或者对该项陈述不予采纳。下列情形，公诉人可以提出反对：辩护人使用威胁、侮辱人格方式发问，是逼供；辩护人以猜测性的方式发问，引导被告人认同或否认其提出的猜测；辩护人问题模糊、语意不明、反复重复，易误导被问者作出违背原意的、错误的回答，是诱供；辩护人的发问超出了直接提问，而是直接陈述某种事实或作出某种结论、提供信息，答案就在问题中，要求被告人进行确认，是指定被告人供述的表现形式，是指供，属于指向性诱供证。

提出反对时应注意的问题：一是提出反对一定要准确揭露辩护人的诱导企图，向法庭说明反对的合理理由。二是如果法庭裁断公诉人的反对无效，准许辩护人继续发问，应当尊重法官当庭作出的自由裁量。庭审结束后公诉人对审判活动的意见可依法定程序以人民检察院的名义向人民法院提出。三是审判长对公诉人的反对难以作出支持或不支持裁断的，公诉人可以建议审判长要求辩护人说明发问的目的，以此为依据作出裁断。

四、公诉意见书及法庭辩论要点

法庭辩论，是指公诉人和被告人、辩护人在当庭审理过程中对案件事实、证据及非法吸收公众存款法律适用问题发表意见、互相辩论的过程。法庭审理过程中，对与定罪、量刑有关的事实、证据都应当进行调查、辩论。

（一）公诉意见书应注重进行法治宣传

非法吸收公众存款案公诉意见书应当明确检察机关指控的犯罪事实

成立，被告人已构成非法吸收公众存款犯罪并应追究其刑事责任。应根据法庭调查情况、被告人个人特点和案件性质的不同而有所侧重，并在原制定公诉意见书预案内容上进行调整。根据案件的具体情况和庭审情况，分析被告人走上非法集资犯罪道路的原因，揭露被告人犯罪行为给集资参与人和社会造成的巨大危害，提醒旁听群众引以为戒。法治教育宣传是公诉意见书的重要组成部分。

随着互联网兴起，检察机关办理的涉众型经济犯罪案件常常会被社会舆论、媒体等密切关注。在依法办案、保守国家秘密前提下，检察机关要认真对待舆情监督，主动通过发表公诉意见书来适度宣传，揭示案件真实情况，展开释法说理、教育群众，引导社会公众远离非法集资。

（二）法庭辩论的注意事项

非法吸收公众存款案法庭辩论的基本要求：一是公诉人对法庭辩论预案应及时调整，全面审查案件事实、证据后有针对性地修改法庭辩论预案，根据庭审进展、变化来调整预案；二是公诉人发言应紧扣公诉主张、起诉书；三是公诉人应当重视辩护人意见并进行归纳总结；四是公诉人应当认真听取被告人最后陈述。

1. 对定罪事实的辩论。一是阐明公诉人提出的证明被告人有罪的证据均已经举证、质证和经法定程序查证属实，各个证据均具有证明能力，能够证明各个犯罪构成要件事实；二是说明各个或各种证据之间、证据与案件事实之间能够相互印证，不存在相互矛盾或者矛盾已被合理排除；三是证明案件事实的过程要逻辑严密，证据之间前后连贯、环环相扣，形成紧密咬合的锁链，明确清楚地证明各个事实和全案事实，根据证据得出的结论是唯一和排他的。

2. 对量刑事实的辩论。公诉人应紧紧围绕量刑建议进行，结合案件事实、被告人具体情况、法律法理，用单独的或附属于定罪事实的量刑证据来证明量刑建议。公诉人应从案件整体入手，逐一分析各个量刑情节后综合提出量刑建议。

3. 对法律适用的辩论。一是对于罪名的辩论，公诉人应基于罪名的罪状描述，遵照法律条文的立法原意，结合被告人的具体行为，从犯罪构成的主体、客体、主观方面、客观方面四个要件正确认定和阐述指控罪名。二是对于一罪与数罪的辩论，公诉人应根据被告人行为和犯罪构成要件，准确区分一罪与数罪的界限，在构成数罪时是同种数罪还是异种数罪。

4. 对自首、立功及是否适用缓刑的辩论。一是公诉人应认真审查非法吸收公众存款自首的动机及案发真相，对立功证据要严查细审，并结合自首、立功的法定条件，发表是否属于自首立功且是否应当从轻处罚的意见。二是公诉人对提出缓刑意见，或者反驳辩护人提出的适用缓刑建议时，应从缓刑的适用条件着手进行论证，尤其是被告人的犯罪情节和追赃挽损、悔罪态度，结合案件事实证据，分析犯罪动机、性质、手段、后果等，阐明被告人到案后的认罪态度、从轻处罚情节、道歉赔偿、帮教条件等人身危险性表现，表明同意或反对缓刑的意见。

第八节　相关法律规范及案例

一、法律

《中华人民共和国刑法》

第一百七十六条　非法吸收公众存款或者变相吸收公众存款，扰乱金融秩序的，处三年以下有期徒刑或者拘役，并处或者单处罚金；数额巨大或者有其他严重情节的，处三年以上十年以下有期徒刑，并处罚金；数额特别巨大或者有其他特别严重情节的，处十年以上有期徒刑，并处罚金。

单位犯前款罪的，对单位判处罚金，并对其直接负责的主管人员和其他直接责任人员，依照前款的规定处罚。

有前两款行为，有提起公诉前积极退赃退赔，减少损害结果发生的，可以从轻或者减轻处罚。

二、行政法规

1. 国务院办公厅《关于依法惩处非法集资有关问题的通知》

为切实做好依法惩处非法集资工作，国务院批准建立了由银监会牵头的"处置非法集资部际联席会议"制度。地方各级人民政府、有关部门务必统一思想，提高认识，共同做好工作。要把思想和行动统一到国务院的部署和要求上来，统一到维护国家经济安全、社会稳定与构建和谐社会的大局上来，充分认识非法集资的危害性，加强组织领导，周密部署，果断处置，有效遏制非法集资案件高发势头。

2. 国务院《关于进一步促进资本市场健康发展的若干意见》

20多年来，我国资本市场快速发展，初步形成了涵盖股票、债券、期货的市场体系，为促进改革开放和经济社会发展作出了重要贡献。

以市场为导向、以提高市场服务能力和效率为目的，积极鼓励和引导资本市场创新。强化风险防范，始终把风险监测、预警和处置贯穿于市场创新发展全过程，牢牢守住不发生系统性、区域性金融风险的底线。

到2020年，基本形成结构合理、功能完善、规范透明、稳健高效、开放包容的多层次资本市场体系。

3. 国务院《关于进一步做好防范和处置非法集资工作的意见》

（十一）防控重点领域、重点区域风险。各地区、各有关部门要坚决依法惩处非法集资违法犯罪活动，密切关注投资理财、非融资性担保、P2P网络借贷等新的高发重点领域，以及投资公司、农民专业合作社、民办教育机构、养老机构等新的风险点，加强风险监控。案件高发地区要把防范和处置非法集资工作放在突出重要位置，遏制案件高发态势，消化存量风险，最大限度追赃挽损，维护金融和社会秩序稳定。公安机关要积极统筹调配力量，抓住重点环节，会同有关部门综合采取措施，及时发现并快速、全面、深入侦办案件，提高打击效能。有关部门要全力配合，依法开展涉案资产查封、资金账户查询和冻结等必要的协助工作。

（十八）加快民间融资和金融新业态法规制度建设。尽快出台非存款类放贷组织条例，规范民间融资市场主体，拓宽合法融资渠道。尽快出台 P2P 网络借贷、股权众筹融资等监管规则，促进互联网金融规范发展。深入研究规范投资理财、非融资性担保等民间投融资中介机构的政策措施，及时出台与商事制度改革相配套的有关政策。

4. 国务院办公厅《互联网金融风险专项整治工作实施方案》

规范各类互联网金融业态，优化市场竞争环境，扭转互联网金融某些业态偏离正确创新方向的局面，遏制互联网金融风险案件高发频发势头，提高投资者风险防范意识，建立和完善适应互联网金融发展特点的监管长效机制，实现规范与发展并举、创新与防范风险并重，促进互联网金融健康可持续发展，切实发挥互联网金融支持大众创业、万众创新的积极作用。

P2P 网络借贷平台应守住法律底线和政策红线，落实信息中介性质，不得设立资金池，不得发放贷款，不得非法集资，不得自融自保、代替客户承诺保本保息、期限错配、期限拆分、虚假宣传、虚构标的，不得通过虚构、夸大融资项目收益前景等方法误导出借人，除信用信息采集及核实、贷后跟踪、抵质押管理等业务外，不得从事线下营销。

股权众筹平台不得发布虚假标的，不得自筹，不得"明股实债"或变相乱集资，应强化对融资者、股权众筹平台的信息披露义务和股东权益保护要求，不得进行虚假陈述和误导性宣传。

P2P 网络借贷平台和股权众筹平台未经批准不得从事资产管理、债权或股权转让、高风险证券市场配资等金融业务。P2P 网络借贷平台和股权众筹平台客户资金与自有资金应分账管理，遵循专业化运营原则，严格落实客户资金第三方存管要求，选择符合条件的银行业金融机构作为资金存管机构，保护客户资金安全，不得挪用或占用客户资金。

房地产开发企业、房地产中介机构和互联网金融从业机构等未取得相关金融资质，不得利用 P2P 网络借贷平台和股权众筹平台从事房地产金融业务；取得相关金融资质的，不得违规开展房地产金融相关业务。从事房地产金融业务的企业应遵守宏观调控政策和房地产金融管理相关规定。规范互联网"众筹买房"等行为，严禁各类机构开展"首付贷"性质的业务。

三、司法解释

1. 最高人民法院《关于审理非法集资刑事案件具体应用法律若干问题的解释》

第一条 违反国家金融管理法律规定,向社会公众(包括单位和个人)吸收资金的行为,同时具备下列四个条件的,除刑法另有规定的以外,应当认定为刑法第一百七十六条规定的"非法吸收公众存款或者变相吸收公众存款":

(一)未经有关部门依法批准或者借用合法经营的形式吸收资金;

(二)通过媒体、推介会、传单、手机短信等途径向社会公开宣传;

(三)承诺在一定期限内以货币、实物、股权等方式还本付息或者给付回报;

(四)向社会公众即社会不特定对象吸收资金。

未向社会公开宣传,在亲友或者单位内部针对特定对象吸收资金的,不属于非法吸收或者变相吸收公众存款。

第二条 实施下列行为之一,符合本解释第一条第一款规定的条件的,应当依照刑法第一百七十六条的规定,以非法吸收公众存款罪定罪处罚:

(一)不具有房产销售的真实内容或者不以房产销售为主要目的,以返本销售、售后包租、约定回购、销售房产份额等方式非法吸收资金的;

(二)以转让林权并代为管护等方式非法吸收资金的;

(三)以代种植(养殖)、租种植(养殖)、联合种植(养殖)等方式非法吸收资金的;

(四)不具有销售商品、提供服务的真实内容或者不以销售商品、提供服务为主要目的,以商品回购、寄存代售等方式非法吸收资金的;

(五)不具有发行股票、债券的真实内容,以虚假转让股权、发售虚构债券等方式非法吸收资金的;

(六)不具有募集基金的真实内容,以假借境外基金、发售虚构基金等方式非法吸收资金的；

（七）不具有销售保险的真实内容，以假冒保险公司、伪造保险单据等方式非法吸收资金的；

（八）以投资入股的方式非法吸收资金的；

（九）以委托理财的方式非法吸收资金的；

（十）利用民间"会"、"社"等组织非法吸收资金的；

（十一）其他非法吸收资金的行为。

第三条 非法吸收或者变相吸收公众存款，具有下列情形之一的，应当依法追究刑事责任：

（一）个人非法吸收或者变相吸收公众存款，数额在20万元以上的，单位非法吸收或者变相吸收公众存款，数额在100万元以上的；

（二）个人非法吸收或者变相吸收公众存款对象30人以上的，单位非法吸收或者变相吸收公众存款对象150人以上的；

（三）个人非法吸收或者变相吸收公众存款，给存款人造成直接经济损失数额在10万元以上的，单位非法吸收或者变相吸收公众存款，给存款人造成直接经济损失数额在50万元以上的；

（四）造成恶劣社会影响或者其他严重后果的。

具有下列情形之一的，属于刑法第一百七十六条规定的"数额巨大或者有其他严重情节"：

（一）个人非法吸收或者变相吸收公众存款，数额在100万元以上的，单位非法吸收或者变相吸收公众存款，数额在500万元以上的；

（二）个人非法吸收或者变相吸收公众存款对象100人以上的，单位非法吸收或者变相吸收公众存款对象500人以上的；

（三）个人非法吸收或者变相吸收公众存款，给存款人造成直接经济损失数额在50万元以上的，单位非法吸收或者变相吸收公众存款，给存款人造成直接经济损失数额在250万元以上的；

（四）造成特别恶劣社会影响或者其他特别严重后果的。

非法吸收或者变相吸收公众存款的数额，以行为人所吸收的资金全额计算。案发前后已归还的数额，可以作为量刑情节酌情考虑。

非法吸收或者变相吸收公众存款，主要用于正常的生产经营活动，能够及时清退所吸收资金，可以免予刑事处罚；情节显著轻微的，不作为犯罪处理。

2. 最高人民法院、最高人民检察院、公安部《关于办理非法集资刑事案件适用法律若干问题的意见》

一、关于行政认定的问题

行政部门对于非法集资的性质认定，不是非法集资刑事案件进入刑事诉讼程序的必经程序。行政部门未对非法集资作出性质认定的，不影响非法集资刑事案件的侦查、起诉和审判。

公安机关、人民检察院、人民法院应当依法认定案件事实的性质，对于案情复杂、性质认定疑难的案件，可参考有关部门的认定意见，根据案件事实和法律规定作出性质认定。

二、关于"向社会公开宣传"的认定问题

《最高人民法院关于审理非法集资刑事案件具体应用法律若干问题的解释》第一条第一款第二项中的"向社会公开宣传"，包括以各种途径向社会公众传播吸收资金的信息，以及明知吸收资金的信息向社会公众扩散而予以放任等情形。

三、关于"社会公众"的认定问题

下列情形不属于《最高人民法院关于审理非法集资刑事案件具体应用法律若干问题的解释》第一条第二款规定的"针对特定对象吸收资金"的行为，应当认定为向社会公众吸收资金：

（一）在向亲友或者单位内部人员吸收资金的过程中，明知亲友或者单位内部人员向不特定对象吸收资金而予以放任的；

（二）以吸收资金为目的，将社会人员吸收为单位内部人员，并向其吸收资金的。

四、关于共同犯罪的处理问题

为他人向社会公众非法吸收资金提供帮助，从中收取代理费、好处费、返点费、佣金、提成等费用，构成非法集资共同犯罪的，应当依法追究刑事责任。能够及时退缴上述费用的，可依法从轻处罚；其中情节轻微的，可以免除处罚；情节显著轻微、危害不大的，不作为犯罪处理。

五、关于涉案财物的追缴和处置问题

向社会公众非法吸收的资金属于违法所得。以吸收的资金向集资参与人支付的利息、分红等回报，以及向帮助吸收资金人员支付的代理费、好处费、返点费、佣金、提成等费用，应当依法追缴。集资参与人本金尚未归还的，所支付的回报可予折抵本金。

将非法吸收的资金及其转换财物用于清偿债务或者转让给他人，有下列情形之一的，应当依法追缴：

（一）他人明知是上述资金及财物而收取的；

（二）他人无偿取得上述资金及财物的；

（三）他人以明显低于市场的价格取得上述资金及财物的；

（四）他人取得上述资金及财物系源于非法债务或者违法犯罪活动的；

（五）其他依法应当追缴的情形。

查封、扣押、冻结的易贬值及保管、养护成本较高的涉案财物，可以在诉讼终结前依照有关规定变卖、拍卖。所得价款由查封、扣押、冻结机关予以保管，待诉讼终结后一并处置。

查封、扣押、冻结的涉案财物，一般应在诉讼终结后，返还集资参与人。涉案财物不足全部返还的，按照集资参与人的集资额比例返还。

六、关于证据的收集问题

办理非法集资刑事案件中，确因客观条件的限制无法逐一收集集资参与人的言词证据的，可结合已收集的集资参与人的言词证据和依法收集并查证属实的书面合同、银行账户交易记录、会计凭证及会计账簿、资金收付凭证、审计报告、互联网电子数据等证据，综合认定非法集资对象人数和吸收资金数额等犯罪事实。

七、关于涉及民事案件的处理问题

对于公安机关、人民检察院、人民法院正在侦查、起诉、审理的非法集资刑事案件，有关单位或者个人就同一事实向人民法院提起民事诉讼或者申请执行涉案财物的，人民法院应当不予受理，并将有关材料移送公安机关或者检察机关。

人民法院在审理民事案件或者执行过程中,发现有非法集资犯罪嫌疑的,应当裁定驳回起诉或者中止执行,并及时将有关材料移送公安机关或者检察机关。

公安机关、人民检察院、人民法院在侦查、起诉、审理非法集资刑事案件中,发现与人民法院正在审理的民事案件属同一事实,或者被申请执行的财物属于涉案财物的,应当及时通报相关人民法院。人民法院经审查认为确属涉嫌犯罪的,依照前款规定处理。

八、关于跨区域案件的处理问题

跨区域非法集资刑事案件,在查清犯罪事实的基础上,可以由不同地区的公安机关、人民检察院、人民法院分别处理。

对于分别处理的跨区域非法集资刑事案件,应当按照统一制定的方案处置涉案财物。

国家机关工作人员违反规定处置涉案财物,构成渎职等犯罪的,应当依法追究刑事责任。

3. 最高人民法院、最高人民检察院、公安部《关于办理非法集资刑事案件若干问题的意见》

一、关于非法集资的"非法性"认定依据问题

人民法院、人民检察院、公安机关认定非法集资的"非法性",应当以国家金融管理法律法规作为依据。对于国家金融管理法律法规仅作原则性规定的,可以根据法律规定的精神并参考中国人民银行、中国银行保险监督管理委员会、中国证券监督管理委员会等行政主管部门依照国家金融管理法律法规制定的部门规章或者国家有关金融管理的规定、办法、实施细则等规范性文件的规定予以认定。

二、关于单位犯罪的认定问题

单位实施非法集资犯罪活动,全部或者大部分违法所得归单位所有的,应当认定为单位犯罪。

个人为进行非法集资犯罪活动而设立的单位实施犯罪的,或者单位设立后,以实施非法集资犯罪活动为主要活动的,不以单位犯罪论处,

对单位中组织、策划、实施非法集资犯罪活动的人员应当以自然人犯罪依法追究刑事责任。

判断单位是否以实施非法集资犯罪活动为主要活动,应当根据单位实施非法集资的次数、频度、持续时间、资金规模、资金流向、投入人力物力情况、单位进行正当经营的状况以及犯罪活动的影响、后果等因素综合考虑认定。

三、关于涉案下属单位的处理问题

办理非法集资刑事案件中,人民法院、人民检察院、公安机关应当全面查清涉案单位,包括上级单位(总公司、母公司)和下属单位(分公司、子公司)的主体资格、层级、关系、地位、作用、资金流向等,区分情况依法作出处理。

上级单位已被认定为单位犯罪,下属单位实施非法集资犯罪活动,且全部或者大部分违法所得归下属单位所有的,对该下属单位也应当认定为单位犯罪。上级单位和下属单位构成共同犯罪的,应当根据犯罪单位的地位、作用,确定犯罪单位的刑事责任。

上级单位已被认定为单位犯罪,下属单位实施非法集资犯罪活动,但全部或者大部分违法所得归上级单位所有的,对下属单位不单独认定为单位犯罪。下属单位中涉嫌犯罪的人员,可以作为上级单位的其他直接责任人员依法追究刑事责任。

上级单位未被认定为单位犯罪,下属单位被认定为单位犯罪的,对上级单位中组织、策划、实施非法集资犯罪的人员,一般可以与下属单位按照自然人与单位共同犯罪处理。

上级单位与下属单位均未被认定为单位犯罪的,一般以上级单位与下属单位中承担组织、领导、管理、协调职责的主管人员和发挥主要作用的人员作为主犯,以其他积极参加非法集资犯罪的人员作为从犯,按照自然人共同犯罪处理。

四、关于主观故意的认定问题

认定犯罪嫌疑人、被告人是否具有非法吸收公众存款的犯罪故意,应当依据犯罪嫌疑人、被告人的任职情况、职业经历、专业背景、培训经历、本人因同类行为受到行政处罚或者刑事追究情况以及吸收资金方式、宣传推广、合同资料、业务流程等证据，结合其供述，进行综合分析判断。

犯罪嫌疑人、被告人使用诈骗方法非法集资，符合《最高人民法院关于审理非法集资刑事案件具体应用法律若干问题的解释》第四条规定的，可以认定为集资诈骗罪中"以非法占有为目的"。

办案机关在办理非法集资刑事案件中，应当根据案件具体情况注意收集运用涉及犯罪嫌疑人、被告人的以下证据：是否使用虚假身份信息对外开展业务；是否虚假订立合同、协议；是否虚假宣传，明显超出经营范围或者夸大经营、投资、服务项目及盈利能力；是否吸收资金后隐匿、销毁合同、协议、账目；是否传授或者接受规避法律、逃避监管的方法，等等。

五、关于犯罪数额的认定问题

非法吸收或者变相吸收公众存款构成犯罪，具有下列情形之一的，向亲友或者单位内部人员吸收的资金应当与向不特定对象吸收的资金一并计入犯罪数额：

（一）在向亲友或者单位内部人员吸收资金的过程中，明知亲友或者单位内部人员向不特定对象吸收资金而予以放任的；

（二）以吸收资金为目的，将社会人员吸收为单位内部人员，并向其吸收资金的；

（三）向社会公开宣传，同时向不特定对象、亲友或者单位内部人员吸收资金的。

非法吸收或者变相吸收公众存款的数额，以行为人所吸收的资金全额计算。集资参与人收回本金或者获得回报后又重复投资的数额不予扣除，但可以作为量刑情节酌情考虑。

六、关于宽严相济刑事政策把握问题

办理非法集资刑事案件，应当贯彻宽严相济刑事政策，依法合理把握追究刑事责任的范围，综合运用刑事手段和行政手段处置和化解风险，做到惩处少数、教育挽救大多数。要根据行为人的客观行为、主观恶性、犯罪情节及其地位、作用、层级、职务等情况，综合判断行为人的责任轻重和刑事追究的必要性，按照区别对待原则分类处理涉案人员，做到罚当其罪、罪责刑相适应。

重点惩处非法集资犯罪活动的组织者、领导者和管理人员，包括单位犯罪中的上级单位（总公司、母公司）的核心层、管理层和骨干人员，下属单位（分公司、子公司）的管理层和骨干人员，以及其他发挥主要作用的人员。

对于涉案人员积极配合调查、主动退赃退赔、真诚认罪悔罪的，可以依法从轻处罚；其中情节轻微的，可以免除处罚；情节显著轻微、危害不大的，不作为犯罪处理。

七、关于管辖问题

跨区域非法集资刑事案件按照《国务院关于进一步做好防范和处置非法集资工作的意见》（国发〔2015〕59号）确定的工作原则办理。如果合并侦查、诉讼更为适宜的，可以合并办理。

办理跨区域非法集资刑事案件，如果多个公安机关都有权立案侦查的，一般由主要犯罪地公安机关作为案件主办地，对主要犯罪嫌疑人立案侦查和移送审查起诉；由其他犯罪地公安机关作为案件分办地根据案件具体情况，对本地区犯罪嫌疑人立案侦查和移送审查起诉。

管辖不明或者有争议的，按照有利于查清犯罪事实、有利于诉讼的原则，由其共同的上级公安机关协调确定或者指定有关公安机关作为案件主办地立案侦查。需要提请批准逮捕、移送审查起诉、提起公诉的，由分别立案侦查的公安机关所在地的人民检察院、人民法院受理。

对于重大、疑难、复杂的跨区域非法集资刑事案件，公安机关应当在协调确定或者指定案件主办地立案侦查的同时，通报同级人民检察院、人民法院。人民检察院、人民法院参照前款规定，确定主要犯罪地作为案件主办地，其他犯罪地作为案件分办地，由所在地的人民检察院、人民法院负责起诉、审判。

本条规定的"主要犯罪地"，包括非法集资活动的主要组织、策划、实施地，集资行为人的注册地、主要营业地、主要办事机构所在地、集资参与人的主要所在地等。

八、关于办案工作机制问题

案件主办地和其他涉案地办案机关应当密切沟通协调，协同推进侦查、起诉、审判、资产处置工作，配合有关部门最大限度追赃挽损。

案件主办地办案机关应当统一负责主要犯罪嫌疑人、被告人涉嫌非法集资全部犯罪事实的立案侦查、起诉、审判，防止遗漏犯罪事实；并应就全案处理政策、追诉主要犯罪嫌疑人、被告人的证据要求及诉讼时限、追赃挽损、资产处置等工作要求，向其他涉案地办案机关进行通报。其他涉案地办案机关应当对本地区犯罪嫌疑人、被告人涉嫌非法集资的犯罪事实及时立案侦查、起诉、审判，积极协助主办地处置涉案资产。

案件主办地和其他涉案地办案机关应当建立和完善证据交换共享机制。对涉及主要犯罪嫌疑人、被告人的证据，一般由案件主办地办案机关负责收集，其他涉案地提供协助。案件主办地办案机关应当及时通报接收涉及主要犯罪嫌疑人、被告人的证据材料的程序及要求。其他涉案地办案机关需要案件主办地提供证据材料的，应当向案件主办地办案机关提出证据需求，由案件主办地收集并依法移送。无法移送证据原件的，应当在移送复制件的同时，按照相关规定作出说明。

九、关于涉案财物追缴处置问题

办理跨区域非法集资刑事案件，案件主办地办案机关应当及时归集涉案财物，为统一资产处置做好基础性工作。其他涉案地办案机关应当及时查明涉案财物，明确其来源、去向、用途、流转情况，依法办理查封、扣押、冻结手续，并制作详细清单，对扣押款项应当设立明细账，在扣押后立即存入办案机关唯一合规账户，并将有关情况提供案件主办地办案机关。

人民法院、人民检察院、公安机关应当严格依照刑事诉讼法和相关司法解释的规定，依法移送、审查、处理查封、扣押、冻结的涉案财物。对审判时尚未追缴到案或者尚未足额退赔的违法所得，人民法院应当判决继续追缴或者责令退赔，并由人民法院负责执行，处置非法集资职能部门、人民检察院、公安机关等应当予以配合。

人民法院对涉案财物依法作出判决后,有关地方和部门应当在处置非法集资职能部门统筹协调下,切实履行协作义务,综合运用多种手段,做好涉案财物清运、财产变现、资金归集、资金清退等工作,确保最大限度减少实际损失。

根据有关规定,查封、扣押、冻结的涉案财物,一般应在诉讼终结后返还集资参与人。涉案财物不足全部返还的,按照集资参与人的集资额比例返还。退赔集资参与人的损失一般优先于其他民事债务以及罚金、没收财产的执行。

十、关于集资参与人权利保障问题

集资参与人,是指向非法集资活动投入资金的单位和个人,为非法集资活动提供帮助并获取经济利益的单位和个人除外。

人民法院、人民检察院、公安机关应当通过及时公布案件进展、涉案资产处置情况等方式,依法保障集资参与人的合法权利。集资参与人可以推选代表人向人民法院提出相关意见和建议;推选不出代表人的,人民法院可以指定代表人。人民法院可以视案件情况决定集资参与人代表人参加或者旁听庭审,对集资参与人提起附带民事诉讼等请求不予受理。

十一、关于行政执法与刑事司法衔接问题

处置非法集资职能部门或者有关行政主管部门,在调查非法集资行为或者行政执法过程中,认为案情重大、疑难、复杂的,可以商请公安机关就追诉标准、证据固定等问题提出咨询或者参考意见;发现非法集资行为涉嫌犯罪的,应当按照《行政执法机关移送涉嫌犯罪案件的规定》等规定,履行相关手续,在规定的期限内将案件移送公安机关。

人民法院、人民检察院、公安机关在办理非法集资刑事案件过程中,可商请处置非法集资职能部门或者有关行政主管部门指派专业人员配合开展工作,协助查阅、复制有关专业资料,就案件涉及的专业问题出具认定意见。涉及需要行政处理的事项,应当及时移交处置非法集资职能部门或者有关行政主管部门依法处理。

十二、关于国家工作人员相关法律责任问题

国家工作人员具有下列行为之一，构成犯罪的，应当依法追究刑事责任：

（一）明知单位和个人所申请机构或者业务涉嫌非法集资，仍为其办理行政许可或者注册手续的；

（二）明知所主管、监管的单位有涉嫌非法集资行为，未依法及时处理或者移送处置非法集资职能部门的；

（三）查处非法集资过程中滥用职权、玩忽职守、徇私舞弊的；

（四）徇私舞弊不向司法机关移交非法集资刑事案件的；

（五）其他通过职务行为或者利用职务影响，支持、帮助、纵容非法集资的。

四、参考案例

1. 李某某非法吸收公众存款案①

【裁判要旨】

非法吸收公众存款罪构成要件的对象特征及案发后主动退赔案件的处理

【基本案情】

被告人李某某于2013年10月12日，借用他人身份在新乐市登记注册了"新乐市和谐种植专业合作社"，其为该合作社的实际出资和经营人。2013年10月至2014年4月，新乐市和谐种植专业合作社违反国家金融管理法规，在没有获得金融许可证的情况下，由其直接负责的主管人员李某某和直接责任人李某（已判刑）等人具体实施，以高额手续费奖励代办员及口口相传的方式，以高于银行利息为诱饵，以合作社股金为名，向社会不特定人员非法集资606.1891万元，其中案发时有288笔共计376.821223万元入股资金未兑付。

案发后，被告人李某某主动退赔现金200万元，从李某处扣押现金

---

① 案例来源于中国裁判文书网。

708158.5元，冻结李某农业银行账户资金1426967元，扣押被告人李某某奔驰汽车一辆。

【裁判结果】

河北省石家庄市中级人民法院认为，被告人李某某作为"新乐市和谐种植专业合作社"的实际出资和经营人，违反国家金融管理法规，在没有获得金融许可证的情况下，以高额手续费奖励代办员及口口相传的方式，以高于银行利息为诱饵，以合作社股金为名，向社会不特定人员非法集资606.1891万元，数额巨大，严重扰乱了金融秩序，其行为已构成非法吸收公众存款罪，依法应予惩处。检察机关指控被告人李某某犯非法吸收公众存款罪的事实清楚，证据确实、充分，指控罪名成立。关于被告人李某某的辩护人所提本案属于单位犯罪，应按单位直接负责主管人员身份对被告人李某某定罪量刑的辩护意见，经查属实，予以采纳。关于被告人李某某的辩护人所提李某某主动退赔，具有从轻或减轻处罚情节的辩护意见，经查，李某某到案后主动退赔200万元，至河北省新乐市人民法院（2015）新刑初字第50号刑事判决书发生法律效力后，未兑付的入股资金376.821223万元已全部退赔完毕，故辩护人的该辩护意见，经查属实，予以采纳。关于被告人李某某的辩护人所提李某某被公安机关传唤后主动到案，并如实供述犯罪事实系自首，可以从轻或减轻处罚的辩护意见，经查证属实，予以采纳。被告人李某某自愿认罪悔罪，可以酌情从轻处罚。关于被告人李某某的辩护人所提本案应并案办理却因分案审理对被告人有失公平的辩护意见，依据最高人民法院、最高人民检察院、公安部联合发布的公通字〔2014〕16号《关于办理非法集资刑事案件适用法律若干问题的意见》第八条之规定："跨区域非法集资刑事案件，在查清犯罪事实的基础上，可以由不同地区的公安机关、人民检察院、人民法院分别处理。"因此山东、河北公安机关在侦办犯罪嫌疑人李某某案件时分别处理，符合法律规定，并非违法情形，辩护人的该辩护意见缺乏法律依据，不予采纳。关于被告人李某某的辩护人所提建议对被告人判处免予刑事处罚的意见，最高人民法院《关于审理非法集资刑事案件具体应用法律若干问题的解释》

第三条第四款规定："非法吸收或者变相吸收公众存款，主要用于正常的生产经营活动，能够及时清退所吸收资金，可以免予刑事处罚；情节显著轻微的，不作为犯罪处理。"经查，被告人李某某非法吸收公众存款后未将款项用于正常的生产经营活动，故对该辩护意见不予采纳。依照《中华人民共和国刑法》第一百七十六条、第六十七条、第七十条、第五十二条之规定，以被告人李某某犯非法吸收公众存款罪，判处有期徒刑三年，并处罚金人民币十万元；与原判集资诈骗罪并罚，决定执行无期徒刑，剥夺政治权利终身，并处没收个人全部财产。

宣判后被告人李某某不服，提出上诉，向河北省高级人民法院提出上诉，并基于以下理由请求改判无罪：其构成自首并及时清退所吸收资金，没有给投资人造成经济损失，应免予刑事处罚或不作为犯罪处理。

河北省高级人民法院经审理认为，关于李某某上诉及其辩护人辩护所提李某某构成自首并及时清退所吸收资金，没有给投资人造成经济损失，应免予刑事处罚或不作为犯罪处理的理由和意见。经查，李某某使用他人名义注册成立新乐市和谐种植专业合作社，未按照核定的范围从事农作物种植、农业技术指导服务、成某内部的生产资料和产品购销业务，以合作社入股资金名义违规向社会不特定人员高息吸收资金600余万元，其行为已构成非法吸收公众存款罪。虽然李某某构成自首并退赔资金弥补损失，但其危害国家金融管理秩序犯罪数额巨大，依法不属于犯罪情节显著轻微的情形，应依法惩处。原判决综合考虑其犯罪事实、情节、数额等量刑情节，对其定罪量刑并无不当。对其上诉理由和辩护人意见，河北省高级人民法院不予采纳。所提李某某因此案被解回受审对其减刑造成严重影响的问题，检察员当庭提出，对李某某所涉及的刑罚问题根据法律规定二审程序不能解决，在刑罚执行阶段解决更为合适的意见，本院予以支持。

上诉人李某某以其登记注册的新乐市和谐合作社名义，违反国家金融管理法规，在未取得经营金融业务许可的情况下，以招收人员入社需要投入股金为由，向不特定人员高息吸收资金600余万元，数额巨大，其行为构成非法吸收公众存款罪，依法应予惩处。原判决认定李某某的犯罪事实清楚，证据确实、充分，定罪准确，量刑适当。审判程序合法。李某某及其辩护人关于应对其免予刑事处罚或者不作为犯罪处理的理由和意见不能成立。河北省高级人民法院不予采纳。河北省人民检察院建议对李某某驳回上诉，维持原判的出庭意见，河北省高级人民法院予以采纳。综上，依据《中华人民共和国刑事诉讼法》第二百三十六条第一款第（一）项、第二百四十四条之规定，裁定如下：

驳回上诉，维持原判。

【裁判理由】

本案中，李某某以登记注册的新乐市和谐合作社名义，违反国家金融管理法规，在未取得经营金融业务许可的情况下，以招收人员入社需要投入股金为由，向不特定人员高息吸收资金，其行为已经构成非法吸收公众存款罪，李某某在本案中存在自首并退赔资金弥补损失行为，但其危害国家金融管理秩序犯罪数额巨大，依法不属于犯罪情节显著轻微的情形，应当予以严惩。根据罪刑相适应原则，二审法院的裁定合情合理。

2. 罗某某非法吸收公众存款案①

【裁判要旨】

非法吸收公众存款案件中利息折抵本金、集资款项用于公司经营等问题的争议。

【基本案情】

2007年3月，沙建公司法定代表人罗某某以沙建公司及其相关联公司开发房地产项目需要资金为由，开始从公司员工、亲友、社会公众处以允诺高额利息回报为诱饵非法集资。至2011年，由于沙建公司经营不善，所开发的房产项目未产生现金流，而仍然不断新建项目，以致出现连年亏损，不能及时归还集资款及支付高额利息。从2012年12月底开始，罗某某在沙建公司负债的情况下，以开拓业务、项目开发等为由，以个人名义，由沙建公司作担保，继续向社会公众非法集资，用于

---

① 案例来源于中国裁判文书网。

归还之前的集资款本金和支付利息。经鉴定，2007年3月至2014年9月30日期间，罗某某以沙建公司进行房地产开发需要资金为由，以个人或沙建公司名义向长沙市、浏阳市的不特定对象630余人及单位非法集资共计2446182900元，其中已归还本金1447441600元，已支付利息695078900元，尚有集资款303662400元未归还。

湖南省长沙市中级人民法院认为，上述基本案情的事实有提取的书证、司法鉴定意见、证人证言和被告人供述等证据证明。据此原审法院依法作出判决：一、被告人罗某某犯非法吸收公众存款罪，判处有期徒刑九年，并处罚金五十万元；二、追缴被告人罗某某的违法所得303662400元，发还集资参与人。

湖南省长沙市人民检察院抗诉提出：一审判决对实际上未归还集资款项认定错误，属事实认定错误，罗某某尚有991141300元本金未予归还；罗某某对外非法吸收公众款项与沙建公司的财物分别列账，可以明确区分，一审判决将沙建公司财务和集资款财务等同认定，属事实认定错误，继而未予认定集资诈骗罪，法律适用错误；量刑畸轻。

湖南省人民检察院支持抗诉提出：一审判决认定尚未归还的集资款项数额的表述不明确不全面，罗某某尚欠本金余额为4.43652亿元；考虑到本案社会影响及危害后果等因素，不宜对罗某某从轻处罚。

被告人罗某某辩护提出：集资款项全部用于公司经营；案发后积极偿还债务，债务基本可以还清；公司股权代表已经出具谅解书；浏阳市人民法院已出具裁定书，债权与其没有关系；有自首情节；一审量刑偏重，请求从轻处罚。

罗某某的辩护人辩护提出：非法吸收公众存款案件中利息应该折抵本金，检察人员计算方法有误；一审量刑过重；应当认定为自首，即使不认定为自首，也应当减轻处罚。

【裁判结果】

湖南省高级人民法院认为，被告人罗某某非法吸收公众存款，扰乱金融秩序，其行为构成非法吸收公众存款罪，且犯罪数额巨大。罗某某归案后，能如实供述自己的犯罪事实，依法可以对其从轻处罚。

湖南省人民检察院抗诉提出"一审判决认定的事实与起诉及抗诉认定的事实主要分歧在于罗某某至案发时尚欠集资参与人本金数额的认定与表述的差异，罗某某尚欠本金余额应为4.43652亿元"的抗诉理由和出庭意见。经查，非法吸收公众存款罪不属于占有型犯罪，也不属于结果犯，将已归还数额计入犯罪数额可以更为全面客观地反映该犯罪的资金规模，更为准确地判断其社会危害性的轻重程度，原审法院根据这一原则并根据司法鉴定得出的尚欠集资款数额并无不当，检察机关这一意见不予采纳。罗某某的辩护人辩护提出"非法吸收公众存款案件中的利息应该折抵本金，检察机关计算方法有误"的意见应予采纳。

原审判决认定的犯罪事实清楚，证据确实、充分，定罪准确，量刑适当，审判程序合法。依照《中华人民共和国刑法》第一百七十六条第一款、第六十七条第三款、第六十四条和《中华人民共和国刑事诉讼法》第二百二十五条第一款第（一）项之规定，裁定如下：

驳回抗诉，维持原判。

【裁判理由】

上诉人罗某某辩护提出"集资款项全部用于公司经营；案发后积极偿还债务，债务基本可以还清；公司股权代表已经出具谅解书；浏阳市人民法院已出具裁定书，债权与其没有关系；有自首情节；一审量刑偏重，请求从轻处罚"。辩护人辩护提出"一审量刑过重；应当认定为自首，即使不认定为自首，也应当减轻处罚"的辩护意见，及湖南省人民检察院抗诉提出"本案其他事实清楚，证据确实、充分；一审定性基本准确，罗某某不能认定为自首，可认定为坦白；一审量刑不当，不宜对罗某某从轻处罚"的抗诉理由和出庭意见。经查，集资参与人何某于2014年10月17日报警称沙建公司罗某某在其处借款2900万元到期未还。浏阳市经侦大队接报后分别于同月25日和26日在浏阳市关口办事处归园宾馆对罗某某进行了询问，其时，罗某某已在浏阳市委、市政府的安排下清理沙建公司的账目。在这两次询问中，罗某某向办案人员陈述了沙建公司的民间借贷、资产及负债等情况。浏阳市公安局于2014年11月20日决定立案侦查，并于同月29日依法传唤罗某某，罗某某对其向社会公众非法吸收公众存款的犯罪事实供认不讳。因此，公安机关系根据报案锁定罗某某有重大犯罪嫌疑，之后对罗某某进行的两次询问不属于司法机关尚未确定犯罪嫌疑人的情况，罗某某亦不属于尚在一般性排查询问时主动交代自己罪行的自首情形，不能认定为自动投案，且立案后罗某某经传唤如实供述犯罪事实的行为也不具备自动投案的主动性和自愿性，故不能认定为自首。但罗某某归案后能如实供述自己的罪行，依法可以从轻处罚。一审考虑到本案的具体犯罪情节和社会危害后果对罗某某量刑适当。

3. 刘某某非法吸收公众存款案[①]

【裁判要旨】

关于涉案赃款的追缴及追缴不足的处理

【基本案情】

2008 年 7 月，吴某甲（已判刑）和妻子注册成立了北通公司。2011 年 5 月，北通公司股东变更为吴某甲和被告人刘某某，其中刘某某持股 2%，担任法定代表人，吴某甲实际控制该公司。自 2011 年 10 月至 2012 年 6 月，吴某甲受廉某某（已判刑）委托以西安速特电器设备有限公司速特大厦项目为名，以高息为诱饵，向社会不特定群众进行集资，集资金额共计 10695700 元。2010 年 6 月，吴某甲以北通公司的名义租赁了周至县××镇××村 127 亩土地，用于投资建设"周至农耕园项目"。后吴某甲以农耕园项目为名，雇用业务人员向社会不特定群众宣传该项目，并伙同刘某某在农耕园举办奠基、植树等活动，承诺投资半年期的收益率为 26%—30%并当场返利，诱骗群众签订借款协议，收取集资款。2012 年 6 月，速特公司无法向群众偿还集资款，为掩盖犯罪事实，吴某甲伙同刘某某将该部分集资群众转签到北通公司周至农耕园项目名下。经审计，截至案发，北通公司与投资群众共签订 383 份借款合同，涉及本金 16838750 元，已返回利息 51000 元，尚余 16787750 元不能返还。

[①] 案例来源于中国裁判文书网。

【裁判结果】

陕西省西安市中级人民法院认为，西安市人民检察院指控被告人刘某某的犯罪事实成立，罪名及适用法律正确，应予支持。依照《中华人民共和国刑法》第一百七十六条第一款、第六十四条、第五十二条、第五十三条及最高人民法院《关于审理非法集资刑事案件具体应用法律若干问题的解释》第三条第二款第（一）项、第三款之规定，判决：一、被告人刘某某犯非法吸收公众存款罪，判处有期徒刑五年六个月，并处罚金人民币二十五万元；二、涉案赃款继续予以追缴，依法按比例发还投资参与人。追缴不足部分责令被告人予以退赔。

宣判后被告人刘某某不服，提出上诉，基于以下上诉理由：刘某某只是北通公司的挂名法定代表人，从速特公司转到北通公司的1000万元集资款与刘某某没有关系，不应该认定为其犯罪金额，原判认定有误。原判量刑过重，应从轻处罚。

陕西省高级人民法院经审理认为，在被告人吴某甲以北通公司名义实施的集资诈骗犯罪中，上诉人刘某某作为北通公司的法定代表人，非法吸收公众存款，其行为已构成非法吸收公众存款罪，依法应予惩处。刘某某在共同犯罪中实施了宣传、诱骗集资参与人以及签订集资协议等行为，起次要作用，系从犯，依法应当从轻处罚。对于刘某某及其辩护人提出，原审判决认定刘某某犯罪数额有误的上诉理由和辩护意见，经查，鉴定意见和在案证据证明，吴某甲、刘某某以北通公司之名向社会不特定公众吸收资金共计16838750元，返还利息51000元，但鉴定意见未严格区分审计从速特公司转入北通公司到期集资款数额，现有证据亦不能证明刘某某参与了速特公司的集资行为，因此，刘某某的犯罪数额应为从北通公司名下的集资数额中扣除速特公司的集资数额后所剩余部分，即6143050元，原审判决认定刘某某犯罪数额为16838750元的证据不足，应予纠正，故对该上诉理由和辩护意见予以支持。对于刘某某及其辩护人提出原判量刑过重的上诉理由和辩护意见，经查，刘某某在本案中所起的作用较小，系从犯，根据其犯罪事实、性质、情节等，原审判决对刘某某量刑过重，对该上诉理由和辩护意见予以采纳。综上，原审判决定罪准确，审判程序合法，唯认定刘某某犯罪数额不当，量刑有重，应予改判。依照《中华人民共和国刑事诉讼法》第二百三十六条第一款（三）项、《中华人民共和国刑法》第一百七十六条第一款、第六十四条、第五十二条、第五十三条、第二十七条、最高人民法院《关于审理非法集资刑事案件具体应用法律若干问题的解释》第三条第二款（一）项、第三款之规定，判决如下：

一、维持西安市中级人民法院（2017）陕01刑初196号刑事判决第一项中对被告人刘某某的定罪部分和第二项，即被告人刘某某犯非法吸收公众存款罪；涉案赃款继续予以追缴，依法按比例发还投资参与人；追缴不足部分责令被告人予以退赔。

二、撤销西安市中级人民法院（2017）陕01刑初196号刑事判决第一项中对被告人刘某某的量刑部分，即被告人刘某某犯非法吸收公众存款罪，判处有期徒刑五年六个月，并处罚金人民币二十五万元。

三、上诉人（原审被告人）刘某某犯非法吸收公众存款罪，判处有期徒刑四年（刑期自判决执行之日起计算。判决执行以前先行羁押的，羁押一日折抵刑期一日，即自2016年7月5日起至2020年7月4日止），并处罚金人民币十万元（限判决生效后，三个月内缴纳）。

【裁判理由】

被告人刘某某作为北通公司的法定代表人，非法吸收公众存款，其行为已构成非法吸收公众存款罪，但刘某某在本案中所起的作用较小，系从犯，根据其犯罪事实、性质、情节等，陕西省高级人民法院认为原审判决对刘某某量刑过重，予以改判。我们认为二审法院的裁定合情合理。

对于财产执行，根据《中华人民共和国刑法》第一百七十六条规定：犯本罪，"处三年以下有期徒刑或者拘役，并处或者单处二万元以上二十万元以下罚金；数额巨大或者有其他严重情节的，处三年以上十年以下有期徒刑，并处五万元以上五十万元以下罚金。单位犯前款罪的，对单位判处罚金，并对其直接负责的主管人员和其他直接责任人员,依照前款的规定处罚"①。另外,行为人向社会公众非法吸收的资金属于违法所得。以吸收的资金向集资参与人支付的利息、分红等回报以及向帮助吸收资金人员支付的代理费、好处费、返点费、佣金、提成等费用,应依法追缴。对于涉案赃款应当予以追缴,依法按比例发还投资参与人;追缴不足部分责令被告人予以退赔。

4. 欧某非法吸收公众存款案②

【裁判要旨】

非法吸收公众存款数额巨大的认定及得到部分被害人谅解后的裁量问题

【基本案情】

2011年10月至2014年1月,被告人欧某以支付2%—3%的月息为诱饵,通过虚构其所任职的湖南兴湘创富投资有限公司投资"国有资产处置项目"需要募集资金以及其兄欧某某做生意需要资金等事实,在湖南省长沙市、株洲市直接向欧某某、左某某、"宁联基金会"等17户集资参与人非法集资187963674元。欧某将集资款中的绝大部分用于股指期货交易和归还集资参与人。至案发时止,欧某股指期货交易亏损61408508.42元,集资款项中尚有涉及16户集资参与人的62122236元未能归还。另查明,2013年12月31日,因股指期货交易巨额亏损、债务缠身,欧某与其妻子杨某某协议离婚,双方约定位于长沙市天心区××路的房屋等财产归杨某某所有,债务归欧某承担,并于2014年1月9日将上述房产过户至杨某某名下。案发后,欧某通过其前妻杨某某将上述房产过户至沈某名下偿还其所欠集资参与人沈某某的债务,并归还223000元给集资参与人左某某。2014年2月27日,欧某向公安机关主动投案。2014年12月12日,公安机关对欧某招商银行账户余额41630元以及中国建设银行账户余额10067元予以冻结。

---

① 本案中依据的量刑幅度现已被《刑法修正案(十一)》修改。
② 案例来源于中国裁判文书网。

【裁判结果】

长沙市中级人民法院判决：一、被告人欧某犯非法吸收公众存款罪，判处有期徒刑八年，并处罚金四十万元；二、追缴被告人欧某的违法所得六千一百五十二万七千二百三十六元，发还集资参与人。

宣判后被告人欧某不服，提出上诉，基于以下上诉理由：案发前后仍积极履行还款义务，部分受害人出具了谅解书，认罪态度好，有自首情节，系初犯，请求从轻处罚。

湖南省高级人民法院经审理认为，上诉人欧某非法变相吸收公众存款，扰乱金融秩序的行为，构成非法吸收公众存款罪。欧某有非法吸收公众存款数额巨大的情节。欧某犯罪后自动投案，如实供述自己的罪行，是自首，可以从轻处罚。

欧某的辩护人辩护提出"案发前后仍积极履行还款义务，部分受害人出具了谅解书，认罪态度好，有自首情节，系初犯，请求从轻处罚"的辩护意见。经查，虽然欧某案发前后仍有还款行为，部分受害人出具了谅解书，欧某认罪态度好，有自首情节，系初犯，但依照最高人民法院《关于审理非法集资刑事案件具体应用法律若干问题的解释》规定，个人非法吸收或者变相吸收公众存款，数额在100万元以上的，属于《刑法》第一百七十六条规定的"数额巨大或者有其他严重情节"。本案欧某非法吸收公众存款数额达186888674元，案发前未归还的集资款达62122236元，后果严重，一审法院对欧某判处刑罚已经考虑了上述量刑情节，量刑并无不当，二审不宜重复评价。因此，对该辩护意见不予采纳。

裁定如下：驳回上诉，维持原判。

【裁判理由】

被告人欧某非法变相吸收公众存款，扰乱金融秩序的行为，构成非法吸收公众存款罪。数额巨大的认定：依照最高人民法院《关于审理非法集资刑事案件具体应用法律若干问题的解释》规定，个人非法吸收或者变相吸收公众存款，数额在100万元以上的，属于《刑法》第一百七十六条规定的"数额巨大或者有其他严重情节"。本案欧某非法吸收公众存款数额达 186888674 元，案发前未归还的集资款达 62122236 元，后果严重，属于数额巨大的情形。

5. 上海微微爱珠宝公司、吴微微非法吸收公众存款（宣告无罪）案①

【裁判要旨】

非法吸收公众存款罪中不特定对象的认定问题

【案情简介】

上海微微爱珠宝公司（以下简称微微珠宝公司）系一家在沪经营多年的民营企业。2010 年 6 月至 2011 年 10 月间，微微珠宝公司法定代表人吴微微以投资或者经营需要资金周转等为由，通过出具借据或签订借款协议等方式，分别向涂某等向十余位借款人借款共计 1.5 亿余元，其中大多承诺较高利息，部分提供房产抵押或珠宝质押。所借款项主要用于偿还他人的借款本息、支付公司运营支出等。至案发，吴微微和微微珠宝公司对上述款项尚未完全支付本息，故被检察机关指控犯非法吸收公众存款罪。

【裁判理由】

首先，从宣传手段上看，吴微微借款方式为或当面或通过电话一对一向借款人提出借款，并约定利息和期限，既不存在通过媒体、推介会、传单、手机短信等途径向社会公开宣传的情形，亦无证据显示其要求借款对象为其募集、吸收资金或明知他人将其吸收资金的信息向社会公众扩散而予以放任的情形。其次，从借款对象上看，吴微微的借款对象绝大部分与其有特定的社会关系基础，范围相对固定、封闭，不具有开放性，并非随机选择或者随时可能变化的不特定对象。对于查明的出资中确有部分资金并非亲友自有而系转借而来的情况，但现有证据难以认定吴微微系明知亲友向他人吸收资金而予以放任，此外，其个别亲友转借的对象亦是个别特定对象，而非社会公众。最后，吴微微在向他人借款的过程中，存在并未约定利息或回报的情况，对部分借款还提供了

---

① 案例来源于最高人民法院发布的依法平等保护民营企业家人身财产安全十大典型案例。

房产、珠宝抵押，故吴微微的上述行为并不符合非法吸收公众存款罪的特征。

【裁判结果】

检察机关指控被告单位上海微微爱珠宝有限公司及被告人吴微微犯非法吸收公众存款罪的证据不足，指控罪名不能成立。依照《中华人民共和国刑事诉讼法》第一百九十五条第（三）项之规定，判决：一、被告单位上海微微爱珠宝有限公司无罪；二、被告人吴微微无罪。一审宣判后，检察机关提起抗诉。上海市第二中级人民法院经审理认为，原判认定事实和适用法律正确，所作的判决并无不当，且诉讼程序合法，裁定驳回抗诉，维持原判。

【典型意义】

民间融资作为民营企业重要的融资渠道，在解决民营企业资金短缺困境的同时，也增加了民营企业经营和法律风险。司法实践中要严格把握民间融资与非法集资的界限，审慎对待由于民间融资引发的经济纠纷，防止刑事手段过度干预民营企业生产经营。本案通过审理依法认定被告人既未向社会公开宣传，借款对象亦非不特定人员，其借款融资行为不符合非法吸收公众存款罪的构成要件，依法应宣告无罪。当然，吴微微及微微爱珠宝公司的借款行为虽未构成犯罪，但依法要承担相应的民事责任。借款人陆续通过诉讼、协商等方式，确保其债权的实现。

第三章 集资诈骗罪

第一节 集资诈骗罪概述

一、概念

根据《刑法》第192条规定:"以非法占有为目的,使用诈骗方法非法集资,数额较大的,处三年以上七年以下有期徒刑,并处罚金;数额巨大或者有其他严重情节的,处七年以上有期徒刑或者无期徒刑,并处罚金或者没收财产。单位犯前款罪的,对单位判处罚金,并对其直接负责的主管人员和其他直接责任人员,依照前款的规定处罚。"

集资诈骗,是指以非法占有为目的,以诈骗的方法非法集资,并非法占有巨额集资款的犯罪行为。该罪具有涉案人员多、金额大、社会影响恶劣等形式特征。

近年来非法集资案件数量可谓相当之高,尤其是非法吸收公众存款案件数量居高不下,也侧面反映了目前非法吸收公众存款罪的"口袋罪"的发展态势。因此,无论是从立法角度还是司法实践角度,非法集资犯罪的研究应以非法吸收公众存款罪以及集资诈骗罪两罪为重点开展。两罪在行为方式上较为相似,如均侵犯了国家金融管理制度,采取了非法向社会公众募集资金的行为,但在主观故意及客观行为方式方面还是存在较为明显的区别。

一是主观上是否具有非法占有目的,是区分非法吸收公众存款罪与集资诈骗罪的主要方面。对于无论是在非法集资过程中产生了非法占有他人资金的故意,还是从非法集资着手开始就具备有非法占有他人资金的故意，均成立集资诈骗罪。但是在此需要注意不能单纯以客观结果来认定，即客观上存在较大数额的非法集资款不能返还的结果，就倒推行为人具有非法占有的目的；与此同时还应当注意行为人虽然采取非法集资的手段向社会不特定人员募集资金，但是若所募集资金大部分用于投资或生产经营活动，而仅仅将少量资金用于个人消费或挥霍的，不能据此简单套用规定认定具有非法占有目的，还需要结合相关案情综合分析，对于投资非高风险行业，且相关资金损失也非恶意造成的，需要客观审慎的分析行为时的主观方面是否存在非法占有目的。

二是客观上是否采取了诈骗的方法，也是主要的区别点。对于客观行为的甄别往往被司法实务所忽略，可以说正是基于行为人的主观上所具有的非法占有目的，客观上必然会采取一系列的诈骗方法来实现其主观故意与目的。如通过采取向集资参与人表示虚假的现实，或者向集资参与人传递不真实的咨询，使其陷入或者强化错误认识，并参与集资的情况。这方面一般会存在大量的虚假宣传、集资文件、公募文件、传单等，鉴于行为人采取了欺骗的行为方式向社会不特定公众募集资金，客观上也加剧了资金的风险性及社会的风险。

集资诈骗与非法吸收公众存款的区别是实务中的难点问题，而区别点又集中体现于由于非法集资的延续性，存在多个时间节点与犯罪行为，是否存在前后的犯意转化及非法吸收公众存款与集资诈骗的转化犯意临界点的问题，以及如何把握非法集资共同犯罪中，财务人员、中介人员以及相关涉案人员何种情形下成立集资诈骗的共同犯罪，而另外的人员则成立非法吸收公众存款的共同犯罪的问题。

1. 是否存在犯意转化的临界点。一般来说，涉众型非法集资行为应在同一个犯意的主导下进行，要么是集资诈骗的犯意，要么是非法吸收公众存款的犯意。现实中，也存在非法吸收公众存款罪与集资诈骗罪之间产生犯意转化的情形，同一个案件之中，对于集资诈骗罪和非法吸收公众存款罪而言，可以同时认定，也可以分别认定。最高人民检察院《关于办理涉互联网金融犯罪座谈会纪要》中规定，应当对犯罪目的转变之时这一时间节点作特别的留意区分。犯罪嫌疑人在开始之时可能只具有非法吸收公众存款的意思，还并没有产生非法占有的目的，但是，在经营失败和资本链断裂之后，知道自己没有能力返还，仍然继续吸收公众存款，对后行为认定为集资诈骗罪，以往的行为应被视为非法吸收公众存款罪。核心是在两罪属于数罪的基础上对两罪区分处理，对于行为进行过程之中产生了非法占有的目的这一状况，应当在罪刑法定原则的指导之下，对存在两罪交叉关系的案件定罪量刑。

首先，对于单一的非法吸收公众存款罪或者集资诈骗罪，在界定明确后，应按单纯的一罪处理，如犯罪嫌疑人违反法律规定，非法吸收社会公众的存款，用作日常的经营活动，而且自始至终并无非法占有的目的，应按照非法吸收公众存款罪来论处，犯罪嫌疑人以非法占有为目的，使用欺诈的手段来非法集资的，以集资诈骗罪处理。

其次，构成非法吸收公众存款罪后，另起非法占有的目的的，应按照"行为与责任同时存在"原则，认定前面的行为依旧构成非法吸收公众存款罪，而不应该将它视为非法吸收公众存款罪转化而来的集资诈骗罪。如犯罪嫌疑人在未产生非法占有之目的前，非法集资了100万元用于日常经营，其后面采取欺诈的手段，以非法占有为目的，吸收存款100万元，前面集资行为的100万元应该评价为非法吸收公众存款罪，而不是评价为集资诈骗罪。

最后，涉众型非法集资同时构成了非法吸收公众存款罪与集资诈骗罪的，按照另起犯意来处理，实行数罪并罚。如之前犯罪嫌疑人的行为应最终评价为集资诈骗和非法吸收公众存款，数罪并罚。

2. 如何把握诈骗共犯认定的问题。实务中对于集资诈骗的共同犯罪中，尤其是单位犯罪中的财务人员及中介人员，哪些属于集资诈骗犯罪的共犯，哪些仅仅是属于非法吸收公众存款的共犯，存在较大争议。有观点认为只要是获得集资奖励费就成立共犯，有观点认为参与了非法集资资金管理的就是集资诈骗人，也有观点从借贷风险的归属出发认为实施了招揽资金的行为就成立共犯。上述观点都有一定道理但也都失之偏颇，认定犯罪应当从构成要件出发，结合主客观两个方面来进行分析才能做出合乎逻辑与规律的判断。

根据最高人民法院、最高人民检察院、公安部《关于办理非法集资刑事案件若干问题的意见》规定："四、关于主观故意的认定问题 认定犯罪嫌疑人、被告人是否具有非法吸收公众存款的犯罪故意，应当依据犯罪嫌疑人、被告人的任职情况、职业经历、专业背景、培训经历、本人因同类行为受到行政处罚或者刑事追究情况以及吸收资金方式、宣传推广、合同资料、业务流程等证据，结合其供述，进行综合分析判断。犯罪嫌疑人、被告人使用诈骗方法非法集资，符合《最高人民法院关于审理非法集资刑事案件具体应用法律若干问题的解释》第四条规定的，可以认定为集资诈骗罪中'以非法占有为目的'。办案机关在办理非法集资刑事案件中，应当根据案件具体情况注意收集运用涉及犯罪嫌疑人、被告人的以下证据：是否使用虚假身份信息对外开展业务；是否虚假订立合同、协议；是否虚假宣传，明显超出经营范围或者夸大经营、投资、服务项目及盈利能力；是否吸收资金后隐匿、销毁合同、协议、账目；是否传授或者接受规避法律、逃避监管的方法，等等。"

对于集资诈骗共犯的认定应当严格把握共同犯罪的认定意见，依照共同犯罪的处断原则来处理，避免单纯的客观归罪，不能简单以形式上的名义将借款人简单的视为集资诈骗人，而应当从资金的归属权、支配权的角度做出实质的把握。故前面引述的三种观点均不可参考，而应当从案情出发结合实际案情做出合理的分析判断。一是对于单纯的财务人员仅仅经手相关集资资金，但是对于资金并无实际支配权，也并不清楚整个资金的运作情况，即便存在少量的融资行为并获得集资奖励款的人员也不宜认定为诈骗的共犯。二是对于中介人员的招揽融资活动，若是主观上与诈骗主犯没有共谋，也没有参与整个犯罪的策划且对于整个公司的经营状况不是明知的，应当区别认定为非法吸收公众存款的共犯，不宜作为集资诈骗共犯追究。

二、立法沿革

本罪在1979年刑法中没有规定,1993年4月,国务院发布了《关于坚决制止乱集资和加强债券发行管理的通知》,该《通知》明确表示,禁止任何地区、部门、企事业单位和个人,在规定之外以各种名义并利用债券、股票等任何形式进行非法集资。

1995年6月30日全国人大常委会通过了《关于惩治破坏金融秩序犯罪的决定》,其中第8条规定了集资诈骗罪,这一单行刑法和1997年刑法都明确规定了严重的非法集资行为构成犯罪。最高人民法院《关于执行〈中华人民共和国刑法〉确定罪名的规定》中,将本罪定为集资诈骗罪。

1996年最高人民法院《关于审理诈骗案件具体应用法律的若干问题的解释》(现已失效)的规定,细分了四种情形;1999年1月27日中国人民银行发布的《关于取缔非法金融机构和非法金融业务活动中有关问题的通知》,该《通知》主要明确了,集资诈骗罪与欺诈发行股票、债券罪以及非法吸收公共存款罪之间区别的关键是行为人是否有非法占有的目的;并对非法集资作了明确界定:"单位或个人未依照法定程序经有关部门批准,以发行股票、债券、彩票、投资基金证券或其他债券凭证的方式向社会公众筹集资金,并承诺在一定期限内以货币、实物及其他方式向出资人还本付息或给予回报的行为。"2001年最高人民法院《关于印发〈全国法院审理金融犯罪案件工作座谈会纪要〉的通知》中列举了七种情形;2010年11月22日,最高人民法院审判委员会通过最高人民法院《关于审理非法集资刑事案件具体应用法律若干问题的解释》,于2011年1月4日起实施,为实践中一直存在争议的非法集资刑事案件的审理工作提供了明确指导。2015年8月29日,全国人大常委会表决通过了《刑法修正案(九)》,对我国现行刑法作出修改。根据修正案,集资诈骗罪死刑罪名被取消。2019年1月30日,最高人民法院、最高人民检察院、公安部联合下发了《关于办理非法集资刑事案件若干问题的意见》自印发日起实施,再次就司法实务过程中存在的争议问题进行了明确。2020年12月26日,全国人大常委会表决通过了《刑法修正案（十一）》，再次对集资诈骗罪作出修改，调整了该罪的刑罚结构，从严惩处非法集资犯罪。

三、案发趋势

通过 ALPHA 智能检索系统中抽取了案由为集资诈骗罪的裁判文书，由于裁判文书上网是从 2014 年 1 月才开始正式实施，为了数据的准确性仅挑选了 2014 年 1 月 1 日至 2020 年 3 月 31 日 6 年间的判决书，另通过 2014 年 1 月 1 日至 2019 年 12 月 31 日集资诈骗罪的判决书共 4113 篇，整体趋势为逐年递增，2017 年达高峰值。在地域分布上，当前刑事案例主要集中在浙江省（567 件）、河南省（396 件）、广东省（304 件）、湖南省（278 件）和江苏省（255 件），分别占比 14%、10%、7%、7%、6%，其中浙江省的案件量最多，达到 567 件。

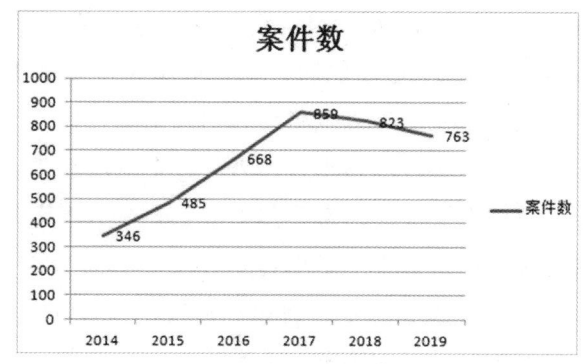

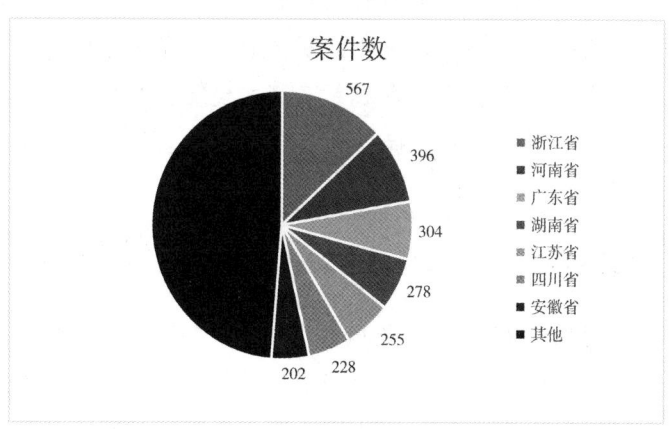

在裁判结果上，其中一审判决有 3694 件，二审判决有 398 件，再审案件有 20 件。通过对二审裁判结果可以看到，当前条件下维持原判的裁定有 1663 件，改判的有 398 件，占比为 19%；并能够推算出一审上诉率约为 56%。这里与非法吸收公众存款罪有一共同的特点，即该罪的改判率相当之高。在刑罚处罚上，当前条件下包含有期徒刑的案件有 2468 件，其中 10 年以上 1148 件，3 年以上 10 年以下 883 件，3 年以下 437 件；无期徒刑的案件有 1252 件。在这些案件之中，包含拘役的案件有 1165 件，缓刑的案件有 460 件；免予刑事处罚的案件有 14 件。通过对附加刑数据的分析，当前条件下包含罚金的案件有 3715 件，剥夺政治权利的案件有 601 件，没收财产的案件有 292 件。

结合案例数据分析以及对于个案裁判文书的研判，集资诈骗罪总体发展趋势：

一是高发态势，规模巨大。2014 年以来非法集资犯罪案件井喷式上升，其中发展至 2017 年达峰值后，一直居高位徘徊不下；且涉案金额超亿元，涉及人员过千余者案例众多，遍及全国各地。

二是手段翻新，欺骗性和迷惑性增强。以金融创新为名实施违法犯罪；P2P 网贷、私募股权投资、互助合作、会员制养老新名词新概念层出，具有金融专业背景的涉案人员明显增多。

三是利用互联网实施犯罪更为普遍。从线下集资向线上集资转变；跨地域性、便捷性增强，涉案金额及人数庞大，社会危害性迅速放大。

四是追赃挽损难度加大，资金链断裂成为常态；集资金额被用于还本付息、支付广告营销、业务提成、工资奖金等犯罪成本，进行高风险投资，个人肆意挥霍、占有、挪用。资金流水异常复杂，向境外流转及洗钱迹象明显。

四、追诉标准

为准确适用刑罚有效打击集资诈骗犯罪，最高人民法院《关于审理非法集资刑事案件具体应用法律若干问题的解释》明确规定，"集资诈骗的数额以行为人实际骗取的数额计算，案发前已归还的数额应予扣除。行为人为实施集资诈骗活动而支付的广告费、中介费、手续费、回扣，或者用于行贿、赠与等费用，不予扣除。行为人为实施集资诈骗活动而支付的利息，除本金未归还可予折抵本金以外，应当计入诈骗数额"。具体适用本规定，需注意以下两个问题：

第一，诈骗数额的理解。实践中在该问题上存在多种理解：一种意见认为诈骗数额是指犯罪行为获取的全部数额；另一种意见认为诈骗数额包括犯罪行为所指向的数额。我们认为，该两种意见均存在偏颇。集资诈骗罪属于目的犯，应当从非法占有目的实现的角度来认定诈骗数额。司法实践中，非法集资的规模或者非法集资标的数额可以作为量刑情节适当予以考虑，但是，"诈骗数额"应以行为人实际骗取的数额计算。据此，集资诈骗犯罪中已返还部分不应计入诈骗数额。

第二，利息的计算。最高人民法院《关于审理非法集资刑事案件具体应用法律若干问题的解释》起草过程中对于计算诈骗数额时利息是否扣除及如何扣除存在不同意见。经研究，与返还本金不同，支付利息本质上属于对其实际骗取资金的处分，而且，利息是否计入诈骗数额还涉及赃款的认定、追缴以及其他受害人的公平受偿问题，故原则上应当计入诈骗数额。同时规定"本金未归还可予折抵本金"，主要是出于实践可操作性和避免矛盾激化的考虑。因为集资诈骗案发后能够追回的案款毕竟有限，很难要求本金尚未得到偿付的集资群众先将利息退出后再按比例统一偿付。而且，实践中支付本金时往往已经扣除了利息部分，比如，名义上支付了100万元的本金，扣除高息20万元，仅实际支付80万元，对此实事求是地认定本金80万元也更为可取。

第二节 集资诈骗罪的犯罪构成要件

一、犯罪客体

本罪侵犯的客体是复杂客体。这类犯罪一方面将公众的资金作为犯罪的直接侵害对象，严重地侵犯了公众财产的所有权；另一方面还严重地扰乱了国家正常的金融秩序，因此，刑法将这一犯罪规定在破坏金融管理秩序罪中。

二、犯罪客观方面

在本罪的客观方面，行为人必须实施了使用诈骗方法非法集资，数额较大的行为。根据刑法的规定，行为人在客观方面，应当符合以下两个条件：一是行为人必须实施了虚构事实、隐瞒真相等欺骗他人的行为；二是这种欺骗行为具体体现在违反法律、法规在社会上进行非法集资的活动中。缺少其中任何一个条件都不符合该罪的行为特征。

（一）关于"使用诈骗方法"

"使用诈骗方法"，是指行为人采取虚构集资用途，以虚假的证明文件和高回报率为诱饵，骗取集资款的一种手段。"非法集资"，是指法人、其他组织或者个人，未经有权机关批准，向社会公众募集资金的行为。根据 2010 年 12 月 13 日最高人民法院《关于审理非法集资刑事案件具体应用法律若干问题的解释》第 4 条规定，以非法占有为目的，使用诈骗方法，具有下列行为之一的，以集资诈骗罪定罪处罚：（1）不具有房产销售的真实内容或者不以房产销售为主要目的，以返本销售、售后包租、约定回购、销售房产份额等方式非法吸收资金的；（2）以转让林权并代为管护等方式非法吸收资金的；（3）以代种植（养殖）、租种植（养殖）、联合种植（养殖）等方式非法吸收资金的；（4）不具有销售商品、提供服务的真实内容或者不以销售商品、提供服务为主要目的，以商品回购、寄存代售等方式非法吸收资金的；（5）不具有发行股票、债券的真实内容，以虚假转让股权、发售虚构债券等方式非法吸收资金的；（6）不具有募集基金的真实内容，以假借境外基金、发售虚构基金等方式非法吸收资金的；（7）不具有销售保险的真实内容，以假冒保险公司、伪造保险单据等方式非法吸收资金的；（8）以投资入股的方式非法吸收资金的；（9）以委托理财的方式非法吸收资金的；（10）利用民间"会""社"等组织非法吸收资金的；（11）其他非法吸收资金的行为。

由上可知，对于诈骗的定义不仅存在着不全面的问题，而且存在着指代不明的情况。现实生活中诈骗的方法错综复杂、司法解释的示例或界定都难以全面，这里需要明确一点，即区别非法集资中非法占有目的的诱饵和正常借款中的高许诺带来的诱惑，从解释中的"以高额利息或高额回报为诱饵来看"判定一个行为是否属于诈骗不在于是否采用高额利息或高额回报，而在于行为的欺骗性本质。正如现实生活或商业活动中，当某公司或个人以承诺每万元每日50元等高息或每季度分红30%的高投资回报作为借款的策略时，需要具体分析，到底是"借鸡生蛋"还是以此为诱饵"骗鸡生蛋"并最终达成骗取集资款的非法占有目的。

（二）关于"非法集资"

关于非法集资的行为特征 2010 年最高人民法院《关于审理非法集资刑事案件具体应用法律若干问题的解释》及 2019 年最高人民检察院、最高人民法院、公安部《关于办理非法集资刑事案件若干问题的意见》，明确了四个方面的特性即非法性、公开性、利诱性、社会性。

1. 关于非法性特征。非法性特征，是指违反国家金融管理法律规定吸收资金，具体表现为未经有关部门依法批准吸收资金和借用合法经营的形式吸收资金两种。借用合法经营的形式吸收资金的具体表现形式多种多样，实践中应注意根据非法集资的行为实质进行具体认定。

2. 关于公开性特征。公开性特征，是指通过媒体、推介会、传单、手机短信等途径向社会公开宣传。对于通过口口相传进行宣传的行为，需要根据主客观相一致的原则进行具体分析，区别对待，实践中可以结合"集资人"对此是否知情、对此态度如何、有无具体参与、是否设法加以阻止等主客观因素，认定是否符合公开性特征要件。

3. 关于利诱性特征。利诱性特征，是指集资人向集资群众承诺在一定期限内以货币、实物、股权等方式还本付息或者给付回报。对于非经济领域的公益性集资，不宜纳入非法集资的范畴。

4. 关于社会性待征。社会性特征，是指向社会公众即社会不特定对象吸收资金。社会性是非法集资的本质特征，禁止非法集资的集资活动重要目的在于保护公众投资者的利益。法律干预非法集资的主要原因是社会公众缺乏投资知识，且难以承受损失风险。集资对象是否特定，应当以此为基础进行分析判断。如果集资人所实施行为的辐射面连集资人自己都难以预料、控制，或者在蔓延至社会后听之任之，不设法加以阻止的，同样应当认定为向社会不特定对象进行非法集资。

三、犯罪主体

本罪的犯罪主体为一般主体，既可以是自然人，也可以是公司、企业等单位。从实际发生的案例来看，在自然人作为犯罪主体时，一般都是借由以公司、企业或其他组织的名义进行这一犯罪。

该类案件与普通刑事犯罪案件不同的是，往往涉案人员众多，单纯从涉案人员的主体身份来说，达到刑事责任年龄具有刑事责任能力的涉案人员均符合犯罪主体规定。但在对具体案件处理时，需要着重审查涉案人员所在单位的相关资料，查明涉案人员的行为性质系单位行为还是个人行为，并严格按照《刑法》第30条及最高人民法院《关于审理单位犯罪案件具体应用法律有关问题的解释》等相关司法解释的规定来做出认定与区分。

办理集资诈骗刑事案件中，人民法院、人民检察院、公安机关应当全面查清涉案单位，包括上级单位（总公司、母公司）和下属单位（分公司、子公司）的主体资格、层级、关系、地位、作用、资金流向等，区分情况依法作出处理。对于以单位名义，单位的分支机构或者内设机构、部门的名义实施的犯罪符合以下三个条件的，可以以单位犯罪追究：犯罪活动经单位决策实施；单位的员工主要按照单位的决策实施具体犯罪活动；违法所得归单位所有，经单位决策使用，收益亦归单位所有。但是，需要注意的是单位设立后专门从事违法犯罪活动的，应以自然人犯罪追究刑事责任。

上级单位已被认定为单位犯罪，下属单位实施非法集资犯罪活动，且全部或者大部分违法所得归下属单位所有的，对该下属单位也应当认定为单位犯罪。上级单位和下属单位构成共同犯罪的，应当根据犯罪单位的地位、作用，确定犯罪单位的刑事责任。上级单位已被认定为单位犯罪，下属单位实施非法集资犯罪活动，但全部或者大部分违法所得归上级单位所有的，对下属单位不单独认定为单位犯罪。下属单位中涉嫌犯罪的人员，可以作为上级单位的其他直接责任人员依法追究刑事责任。上级单位未被认定为单位犯罪，下属单位被认定为单位犯罪的，对上级单位中组织、策划、实施非法集资犯罪的人员，一般可以与下属单位按照自然人与单位共同犯罪处理。上级单位与下属单位均未被认定为单位犯罪的，一般以上级单位与下属单位中承担组织、领导、管理、协调职责的主管人员和发挥主要作用的人员作为主犯，以其他积极参加非法集资犯罪的人员作为从犯，按照自然人共同犯罪处理。

四、犯罪主观方面

集资诈骗罪主观方面由直接故意构成，且具有非法占有的目的。即犯罪嫌疑人明知或应当明知其所从事非法集资行为的非法性，且对该行为的违法后果持积极追求的态度。但原则上认定主观故意并不要求以明知法律的禁止性规定为要件，即行为人可能并不明确行为本身所违背的具体法律法规，但对行为的违法性具有概括认知。非法占有目的是成立集资诈骗罪的法定要件，是区分集资诈骗罪与其他非法集资犯罪的关键所在，同时又是集资诈骗罪司法认定当中的难点。为此，最高人民法院《关于审理非法集资刑事案件具体应用法律若干问题的解释》第4条在最高人民法院《关于审理诈骗案件具体应用法律的若干问题的解释》《全国法院审理金融犯罪案件工作座谈会纪要》等相关规定的基础上，结合当前审判工作实际规定了七种可以认定为"以非法占有为目的"的具体情形。适用本条规定时，应注意以下几个问题：

（一）非法占有目的的认定原则

认定是否具有以非法占有为目的，应当坚持主客观相一致的原则，既要避免以诈骗方法的认定替代非法占有目的的认定，又要避免单纯根据损失结果客观归罪，同时也不能仅凭行为人自己的供述，而是应当根据案件具体情况具体分析。对于因经营不善、市场风险等意志以外的原因，造成较大数额的集资款不能返还的，不应当认定为集资诈骗罪；对于行为人使用诈骗方法非法集资，具有最高人民法院《关于审理非法集资刑事案件具体应用法律若干问题的解释》第2条规定情形之一，致使数额较大集资款不能返还或者逃避返还，即使行为人不予供认的，也可以认定为集资诈骗罪。

(二)"明知没有归还能力"的理解

鉴于实践中反映《全国法院审理金融犯罪案件工作座谈会纪要》规定中的"明知没有归还能力"不易掌握，最高人民法院《关于审理非法集资刑事案件具体应用法律若干问题的解释》第4条第2款第1项将之修改规定为"集资后不用于生产经营活动或者用于生产经营活动与筹集资金规模明显不成比例"，故该项规定实际上是对"明知没有归还能力"的具体化。对于本项规定中的"生产经营活动与筹集资金规模明显不成比例"，起草过程中有意见指出该表述不够明确，操作上仍有困难，建议修改为"仅将少量资金（或者小部分资金）用于生产经营活动"。经研究，实践中的情况较为复杂，修改建议的表述较为具体，更为便于实践操作，但也不要过于绝对；现在的表述稍显原则，但将集资规模与生产规模联系起来，通过比例关系进行分析判断更具科学性和包容性。此外，另有意见提出，将后期所集资金主要用于支付前期本金和高额回报的情形，可以直接推定为以非法占有为目的。经研究，"以新还旧""以后还前"确实可以初步断定最终不具有归还能力，但其不具有归还能力的根本原因不在于是否支付本息，而是没有具体的生产经营活动，对此，完全可以适用本项规定认定为以非法占有为目的。同时，支付本息是非法集资的一个基本特征，在一定意义上，按期支付本金和高额回报反而有可能说明行为人主观上没有非法占有目的，为了防止不必要的误解，故未采纳。

(三)"肆意挥霍"的理解

首先，这里有一个"度"的把握问题。行为人将大部分资金用于投资或生产经营活动，而将少量资金用于个人消费或挥霍的，不应仅以此认定具有非法占有目的。这也是最高人民法院《关于审理非法集资刑事案件具体应用法律若干问题的解释》强调"肆意"二字的本意所在。其次，"挥霍"通常指的是消费性支出。实践中存在一些"挥霍性投资"的情形，对此需要具体情况具体分析。如行为人仅将投资行为作为对外宣传等行骗手段，投资行为纯属消耗性的，行为人也不指望从该投资行为获取收益的，可以视为"挥霍"。

（四）"携带集资款逃匿"的理解

首先，逃匿包含逃跑和藏匿的双重蕴义。以往司法文件中均表述为"逃跑"，最高人民法院《关于审理非法集资刑事案件具体应用法律若干问题的解释》现修改为"逃匿"，意在突出行为人逃避刑事追究的一面，避免不加区分地将各种逃跑的情形一概作集资诈骗处理。其次，逃匿必须与携款联系起来进行综合分析。逃匿可能出于躲债、筹资等多种原因，只有携款潜逃的，才足以说明行为人具有拒绝返还集资款的主观目的。

（五）"将集资款用于违法犯罪活动"的理解

最高人民法院《关于审理非法集资刑事案件具体应用法律若干问题的解释》起草过程中有意见指出，"用于违法犯罪活动"与非法占有目的没有必然联系，建议删去。经研究，将"用于违法犯罪活动"作为认定非法占有目的的一种情形，主要是基于政策考虑所作出的一种法律上的拟制，以体现从严打击的需要，故未采纳。此外，有意见建议增加从事高风险行业的情形，与用于违法犯罪活动一并规定。我们认为，风险高低取决于多方面因素，不易泛泛而谈，故未采纳。

（六）"拒不交代资金去向"的理解

鉴于实践中行为人拒不交代资金去向的情形较为突出，此种情形已经明显反映出非法占有的主观故意，为了从严打击此类犯罪分子，尽可能地挽回集资群众的经济损失，故最高人民法院《关于审理非法集资刑事案件具体应用法律若干问题的解释》增加规定了这一情形。

此外，考虑到集资诈骗犯罪活动往往时间较长，犯罪分子在集资之初不一定具有非法占有目的；集资诈骗犯罪活动参与实施人员众多，部分共犯不一定具有非法占有目的的犯意联络，为避免客观归罪，最高人民法院《关于审理非法集资刑事案件具体应用法律若干问题的解释》第4条第3款明确规定："集资诈骗罪中的非法占有目的，应当区分情形进行具体认定。行为人部分非法集资行为具有非法占有目的的，对该部分非法集资行为所涉集资款以集资诈骗罪定罪处罚；非法集资共同犯罪中部分行为人具有非法占有目的，其他行为人没有非法占有集资款的共同故意和行为的，对具有非法占有目的的行为人以集资诈骗罪定罪处罚。"据此，对于非法占有目的产生于非法集资过程当中的，应当只对非法占有目的支配下实施的非法集资犯罪以集资诈骗罪处理，对于之前实施的行为，应以其他非法集资犯罪处理，实行数罪并罚；对于共同非法集资犯罪案件，应当只对具有非法占有目的的犯罪人以集资诈骗罪处理；对于不具有非法占有目的犯意联络的犯罪人，应对其参与实施的全部事实以其他非法集资犯罪处理。

第三节　集资诈骗罪的证据要求

集资诈骗犯罪尤其是新型的通过利用网络、新兴金融业态P2P作为平台的证据种类复杂、数量庞大，且证据所处时间跨度长，分散众多地域，收集、审查、运用证据的难度大。

检察机关应紧紧围绕证据的真实性、合法性、关联性，结合近年来出台的各类证据规范性文件要求，引导公安机关依法全面、客观、及时收集固定证据，加强证据的审查、运用。现就个罪中证据收集的名种、要求、规格做出如下索引示例。

一、犯罪客体方面的证据

（一）证明其侵犯国家金融管理制度的证据

1. 犯罪嫌疑人的供述与辩解。证实其募集资金的行为未经国家有关机关批准,属擅自非法募集行为。

2. 证人证言。证实集资行为未经国家有关机关批准,违反了国家有关规定。

3. 有关集资诈骗活动所使用的虚假合同、协议、广告、批准文件及其查证材料等,证明违反国家有关规定,弄虚作假,非法募集等。

(二) 侵犯公私财产所有权的证据

1. 报案记录,举报、控告记录及信件等。证明公私财产所有权遭受侵害的情况。

2. 犯罪嫌疑人的供述和辩解。证明其使用诈骗方法非法集资,集资数额、集资款的去向等。

3. 证人证言及被害人陈述。证明公私财产受到犯罪行为侵犯的情况。

4. 物证、书证(包括集资账、表、卡、簿等),评估等鉴定意见,扣押、追赃记录等。证明被骗数额及实际损失数额情况。

通过上述证据并结合犯罪构成的其他相关证据,证明行为人的行为侵犯了国家对金融管理制度和公私财产所有权。

二、犯罪客观方面的证据

(一) 关于认定"诈骗方法"的主要证据

1. 犯罪嫌疑人、被告人的供述和辩解。证实其采取向受骗者表示虚假的事项,或者向受骗人传递不真实的资讯,使受骗者陷入或者继续维持(或强化)认识错误,骗取集资款的行为过程、方法、手段、目的及结果等情况。

2. 被害人陈述。证实行为人采取何种手段使其信以为真,诱惑其作出集资决定的。如"行为人属合法募集资金""行为人属正当募集资金""行为人的集资获得了有权机关的批准""出资后会有回报"等诈骗方法。

3. 证人证言(包括被害单位知情人)。证实行为人如何采取欺骗的方法诱骗被害人参与集资的情况。

4. 物证、书证。如非法集资的货币、财务账册、给投资者开具的收据等书面凭证，用于诱骗投资者的动产、不动产、集资证件、集资文件、集资说明书等，用于向社会公开宣传的"传单"等材料（包括广告、启示、通知、喜讯等）、会议记录等，证实行为人采取了欺骗的方法诱骗他人投资的情况。

5. 鉴定意见。如对集资证件、集资文件的文检鉴定，对其资产状况的司法会计鉴定或审计报告，证实行为人采用了虚构事实、隐瞒真相等欺骗方法骗取他人投资的情况。

6. 其他能够证明采用诈骗方法的证据或材料，如视听资料、电子数据、举报控告材料等。

（二）关于认定"非法集资"的主要证据

1. 犯罪嫌疑人、被告人的供述和辩解。证实其向社会公众募集资金的行为违反相关法律、法规。

2. 被害人陈述。证实被害人认为"行为人属合法募集资金""行为人属正当募集资金""行为人的集资获得了有权机关的批准""出资后会有回报"，而自愿"出资"情况、"出资"金额、是否有回报等。

3. 证人证言。主要是通过行为人雇用、聘用的人或其单位、身边了解情况的人的证言，证实行为人的集资行为属非法集资。

4. 物证、书证。如用于骗取集资的证件、文件等，证实行为人的集资行为系非法的。

5. 有关部门出具的证明。证明其集资行为违反相关法律、法规，属非法集资。

6. 鉴定意见。如对集资证件、文件的文检鉴定等，证实其集资的行为是非法的。

（三）关于认定非法集资的行为、结果以及其他严重情节等方面的主要证据

1. 犯罪嫌疑人、被告人的供述和辩解。证实其何时、何地、通过

何种渠道非法募集的资金，募集资金的数额情况，被骗人员的数量和地域分布情况，资金的去向，是否按约定返还，能否返还以及不能返还的原因，是否给被害人造成了损失，是否造成了人员的伤亡、精神失常或其他恶劣的社会影响。共同犯罪的应详细讯问预谋、策划、分工以及具体实施情况，赃款、赃物的分配情况，行为人各自在共同犯罪中的地位和作用情况。

2. 被害人陈述。证实被骗的时间、地点和经过情况以及财产损失情况，由于被骗对其生产、生活的影响以及对案件的处理意见。

3. 证人证言。重点收集关系人、知情人、中间人、参与人、发现人、工作人员以及社会公众、宣传部门、主管银行或其他金融机构、担保单位等有关人员的证言。证明自己所知悉的非法集资的时间、地点、经过情况，募集资金的数额情况，被骗人员的数量和地域分布情况，资金的去向，被害人的损失及所遭受的打击情况，社会影响等。

4. 物证、书证。非法集资的货币，用于诱骗投资者的动产、不动产，用于集资的证件、文件、集资说明书，用于向社会公开宣传的"传单"等材料（包括广告、启示、通知、喜讯等），会议记录，非法集资的骗"据"（包括债券、存单、收据、借据），集资协议、合同、各种账册，与案件有关的信件、电报、传真等。证实行为人采取欺骗的方法非法募集资金的事实经过、非法募集资金的数额及所造成的损失和社会影响情况。

5. 鉴定意见。包括文检鉴定、指纹鉴定、印鉴等痕检鉴定、审计报告、司法会计鉴定、资产评估报告等。证实其是否弄虚作假、隐瞒真相，进行非法募集资金，以及集资诈骗数额，资金的去向，是否已无力偿还等。

6. 其他证据和证明材料。包括收缴、扣押、返还赃款、赃物笔录，辨认笔录，视听资料、电子数据，现场、物证及尸体、伤情等照片，勘验、检查、辨认、侦查实验等笔录，检举、控告材料，集体上访情况报告等。证明与案件有关的事实、情节及危害程度等情况。

通过上述证据，证明行为人为实现非法占有集资款的目的，实施了集资诈骗的行为，并达到了数额较大的程度。

三、犯罪主体方面的证据

本罪的主体是一般主体。既可以是年满16周岁、具有刑事责任能力的自然人，也可以是单位。

（一）证明自然人犯罪主体的公诉证据

1. 个人身份证据

（1）居民身份证、临时居住证、工作证、护照、港澳居民来往内地通行证、台湾居民来往大陆通行证、中华人民共和国旅行证以及边民证。

（2）户口簿、微机户口卡或公安部门出具的户籍证明等。

（3）个人履历表或入学、入伍、招工、招干等登记表。

（4）医院出生证明。

（5）犯罪嫌疑人、被告人的供述。

（6）有关人员（如亲属、邻居等）关于犯罪嫌疑人、被告人情况的证言。

通过以上证据证明：自然人的姓名（曾用名）、性别、出生年月日、居民身份证号码、民族、籍贯、出生地、职业、住所地等情况。

2. 前科证据

（1）刑事判决书、裁定书。

（2）释放证明书、假释证明书。

（3）不起诉决定书。

（4）行政处罚决定书。

（5）其他证明材料。

（二）收集、审查、判断自然人犯罪主体证据需要注意的问题

1. 居民身份证、工作证等身份证明文件的核实。对居民身份证、临时居住证、工作证、护照、港澳居民来往内地通行证、台湾居民来往大陆通行证、中华人民共和国旅行证以及边民证的真实性存在疑问，如

有其他证据能够证明犯罪嫌疑人、被告人真实情况的，可根据其他证据予以证明；现有证据无法证明的，应向证明身份文件上标明的原出具机关予以核实；原机关已撤销或者变更导致无法核实的，应向有权主管机关核查。经核查证明材料不真实的，应当向犯罪嫌疑人、被告人户籍所在地的公安机关、原用人单位调取证据。犯罪嫌疑人、被告人的真实姓名、住址无法查清的，应按其绰号或自报情况起诉，并在起诉书中注明。被告人自报姓名可能造成损害他人名誉、败坏道德风俗等不良影响的，可以对被告人进行编号并按编号制作起诉书，同时在起诉书中附具被告人的照片。犯罪嫌疑人、被告人认为公安机关提取的法定书证（户口簿、身份证等）所记载的个人情况不真实，但没有证据证明的，应以法定书证为准。

对于年龄有争议的，一般以户籍登记文件为准；出生原始记录证明户籍登记确有错误的，可以根据原始记录等有效证据予以认定；对年龄有争议，又缺乏证据的情况下，可以采用"骨龄鉴定法"，并结合其他证据予以认定。其他证据包括：能够证明犯罪嫌疑人、被告人出生时间、年龄的证言，如接生人、邻居、亲友等；个人履历表或入学、入伍、招工、招干等登记表中有关年龄的证明；犯罪嫌疑人、被告人供述和辩解等。

通过上述证据的收集和固定，证明犯罪嫌疑人、被告人行为时系年满16周岁（或14周岁，如果罪行严重可能判处死刑的要收集其行为时是否年满18周岁）、具有相应刑事责任能力的自然人，符合犯罪的主体要件。

司法实践中，经常发生犯罪嫌疑人、被告人或其亲友通过伪造、变造身份证明以减少犯罪嫌疑人、被告人实际年龄的情况，可能影响罪与非罪、罪轻与罪重的认定。对此要努力收集上述各项证据，由此判明其真实年龄。同时，要注意发现身份证明上是否有涂改的痕迹，必要时进行文证痕迹鉴定以甄别真伪。

2. 国籍的认定。审查起诉犯罪案件时，应当查明犯罪嫌疑人、被告人的国籍。外国人的国籍，以其入境时的有效证件证明。对于没有护照的，可根据边民证认定其国籍。此外，根据有关国家有权管理机关出具的证明材料（同时附有我国司法机关的《委托函》或者能够证明该证据取证合法的证明材料），也可以认定其国籍。国籍不明的，可商请我国出入境管理部门或者我国驻外使领馆予以协助查明。无法查明国籍的，以无国籍人论。无国籍人，按外国人对待。

3. 刑事责任能力的确定。犯罪嫌疑人、被告人的言行举止反映其可能患有精神性疾病的，应当尽量收集能够证明其精神状况的证据。证人证言可作为证明犯罪嫌疑人、被告人刑事责任能力的证据。经查，不能排除犯罪嫌疑人、被告人具有精神性疾病可能性的，应当作司法精神病鉴定。

（三）证明单位犯罪主体应主要提供证明单位性质的证据

1. 证明国家机关、事业单位、社会团体性质的相应法律文件，机关、团体法人代码。

2. 企业法人营业执照、法人工商注册登记证明、法人设立证明、税务登记证、享受税收减免优惠政策的有关证明，办公地和主要营业地证明、法定代表人等。从事特殊行业的，应当有相应的批文或"许可证"。

3. 单位内部组织的有关合同、章程及协议书等，证明单位的组织形式、直接负责主管人员和其他直接责任人员的证据。

4. 银行账号证明、注册资料、年检情况、审计或清理证明等，证明单位管理情况及资产收益、流向、处分等情况的证据。

5. 单位已经被撤销的，应有其主管单位出具的证明。

6. 其他证明单位的相关材料。

（四）收集、审查、判断单位犯罪主体证据需要注意的问题

1. 我国刑法中规定的单位，包括国有、集体所有的公司、企业、事业单位，依法设立的合资经营、合作经营企业和具有法人资格的独资、私营等公司、企业、事业单位，还包括社会团体、村民委员会、居民委员会、村民小组等常设性的组织，以及为组织体育赛事、文艺演出

或者其他正当活动而成立的组委会、筹委会、工程承包队等非常设性的组织。以单位的分支机构或者内设机构、部门的名义实施犯罪，违法所得亦归分支机构或者内设机构、部门所有的，应认定为单位犯罪。

2. 个人为进行违法犯罪活动而设立的公司、企业、事业单位实施犯罪的，或者公司、企业、事业单位设立后，以实施犯罪为主要活动的，以自然人犯罪论处。

3. 盗用单位名义实施犯罪，违法所得由实施犯罪的个人私分的，依照刑法有关自然人犯罪的规定定罪处刑。

司法实践中，集资诈骗行为多是以单位的名义实施的，但以单位名义实施犯罪，不一定都是单位犯罪，因此必须正确认定案件主体要件。应注意收集、审查和判断其犯罪行为所体现出的是个人意志还是单位意志方面的证据。

四、犯罪主观方面的证据

（一）证明自然人犯罪主观方面的证据

1. 犯罪嫌疑人、被告人的供述和辩解。证实其使用诈骗方法募集资金的作案动机、犯罪目的，以及非法集资的起意、策划、分工、实施的过程、赃款去向、是否有偿还能力等。

2. 被害人陈述。通过被骗经过的陈述及追讨被骗集资款的过程，证实犯罪嫌疑人、被告人主观上具有非法占有的故意。

3. 证人证言。证实其实施集资诈骗的过程及不偿还、不想偿还或无法偿还的有关情况等。

4. 物证、书证。证实赃款去向，包括是否大量挥霍集资款、进行违法犯罪活动、携款潜逃、未用于集资项目等。证明其主观上具有非法占有的目的，客观上无法偿还或不想偿还等情况。

5. 有关鉴定意见。如司法会计鉴定、文检痕检鉴定等，证明其虚构事实、隐瞒真相、弄虚作假，骗取他人财物，且无法归还等情况。

6. 其他能够证明其主观上具有非法占有故意的证据。如勘验检查笔录、视听资料、电子数据、起赃收缴笔录、有关物证书证等。

（二）证明单位犯罪主观方面的证据

证明单位犯本罪的主观故意时，还需要通过收集和提取单位的法定代表人、直接主管人员和其他直接负责人员的供述、单位集体讨论记录、有关负责人签署的文件、单位的财务账目等书证及相关证人证言等证据材料。证明非法集资的行为系由单位集体研究决定，或者由单位的负责人或被授权的其他人员决定、同意的，收取的集资款大部分归单位所有，同时通过有关证据证明未用于集资项目、挥霍集资款、携款潜逃，而用于非法活动或集体私分等，致使集资款不能返还或不想返还的非法占有的主观心态。

通过上述证据并结合客观方面的有关证据，证明本罪的主观方面由直接故意构成，且以非法占有为目的。

（三）需要注意的问题

认定行为人是否具有非法占有目的，应当坚持主客观相一致的原则，既要避免单纯根据损失的结果客观归罪，也不能仅凭犯罪嫌疑人的供述，应结合案件的具体情况作出分析和判断。实践中，行为人通过诈骗方法募集到资金后，一旦案发往往会辩称"不具有非法占有目的"。对此，我们可以通过行为人的一系列客观行为及所造成的后果综合加以分析判定。根据相关司法解释规定，使用诈骗方法非法集资，具有下列情形之一的，可以认定为"以非法占有为目的"：集资后不用于生产经营活动或者用于生产经营活动与筹集资金规模明显不成比例，致使集资款不能返还的；肆意挥霍集资款，致使集资款不能返还的；携带集资款逃匿的；将集资款用于违法犯罪活动的；抽逃、转移资金、隐匿财产，逃避返还资金的；隐匿、销毁账目，或者搞假破产、假倒闭，逃避返还资金的；拒不交代资金去向，逃避返还资金的；其他可以认定非法占有目的的情形。

集资诈骗罪中的非法占有目的，应当区分情形进行具体认定。行为人部分非法集资行为具有非法占有目的的，对该部分非法集资行为所涉集资款以集资诈骗罪定罪处罚；非法集资共同犯罪中部分行为人具有非法占有目的，其他行为人没有非法占有集资款的故意和行为的，对具有非法占有目的的行为人以集资诈骗罪定罪处罚。

第四节 集资诈骗案审查逮捕要点

明确逮捕的三个要件：有证据证明发生了集资诈骗犯罪事实；有证据证明集资诈骗行为是犯罪嫌疑人实施的；有证据证明犯罪嫌疑人具有集资诈骗的主观故意。

一、有证据证明发生了集资诈骗犯罪事实

（一）证明集资诈骗案件发生的证据

这方面的证据主要包括公安机关发案立案破案经过，如相关行政机关移送案件材料、报警接警记录，报案登记、受案登记、立案决定书及破案经过说明等。

（二）证明集资行为系非法的证据

1. 证明犯罪嫌疑人未经有关部门依法批准或者借用合法经营的形式吸收资金的证据。关键证据是书证，主要包括中国人民银行（证券业、保险业）监督管理委员会出具的行政认定书、批准文件，金融机构经营许可证，营业执照、行政处罚决定书等，须综合运用予以证实。未经有关部门批准在司法实践中主要表现为四种情形：未经有关部门批准；骗取批准欺诈发行；具有主体资格，但具体业务未经批准；具有主体资格，但经营行为违法。因此，在证据审查过程中应结合犯罪嫌疑人的具体情况进行审查判断。

司法实践中，非法集资的具体表现形式多种多样，绝不仅仅表现为最高人民法院《关于审理非法集资刑事案件具体应用法律若干问题的解释》第2条所列举的十一种行为方式，应重点审查以下证据：各类变相存款合同、销售合同、股权转让合同、委托理财合同、保险单据等，客观地证明犯罪嫌疑人以合法的经营方式为形式，其实质是吸收公众存

款；存款凭证、记账凭证、票据、账簿、广告、说明书、宣传单、银行存单等，证明经营运作的方式和资金的性质；各类视听资料电子数据，包括规定经营流程的文件、统计表格、考核办法、会议通知、记录；经营过程中形成的各类宣传、会议、讲话的录音、录像资料等。通过上述证据的综合运用，证实行为的实质是非法集资。

2. 证明犯罪嫌疑人通过媒体、推介会、传单、手机短信等途径向社会公开宣传吸收公众存款的证据。公开宣传方式通常包括宣传单、宣传会的录音或视频、媒体上的广告以及手机或电脑等载体上的微信、短信、QQ等发送的讯息材料等证据，以此证明犯罪嫌疑人通过不同的途径和方式公开宣传。审查中要注意"公开"与"非公开"的区别是相对的，即便采取上述方式进行宣传，但针对的对象很少，也难以认定公开宣传。

3. 证明犯罪嫌疑人承诺在一定期限内以货币、实物、股权等方式还本付息或者给予回报的证据。主要注意审查各类合同、协议、宣传资料、会议纪要、宣传广告等物证、书证、视听资料、电子数据等证据材料所载明的具体内容，证明犯罪嫌疑人承诺以不同的方式还本付息或者给予回报。对于已经兑现承诺的，还可通过审查记账凭证、转账凭证等各类票据、账目记录等客观证据，辅以被害人陈述、证人证言、犯罪嫌疑人供述予以证实。

4. 证明犯罪对象系面向社会公众资金的证据。证明向社会不特定对象吸收资金，既可以从宣传所针对的对象范围予以证明，还可以通过审查被害人陈述、证人证言、犯罪嫌疑人供述对存借双方的关系进行审查判断。司法实践中，对于宣传没有公开性，针对的对象很少，只是在亲友或者单位内部针对特定对象吸收资金的，则不属于面向社会公众的集资诈骗，仅属于普通诈骗。

（三）证明集资诈骗危害后果的证据

这方面的证据主要包括：各类书面协议、入股协议、合同、转账记录、资金收条，发放本金、分红、利息的单位账目记录、账单、汇款记录、借条等书证；司法审计、估价意见书等鉴定意见；犯罪嫌疑人供述、被害人陈述、证人证言以及电子数据等。

二、有证据证明集资诈骗行为是犯罪嫌疑人实施的

司法实践中，集资诈骗犯罪一般为共同犯罪，且参与人数众多，因此通过证据准确查明共同犯罪中犯意的提起、组织策划、职责分工、具体实施等情况，界定各行为人在共同犯罪中的地位、作用，从而确定应当追究刑事责任的犯罪嫌疑人至关重要。

（一）证明犯罪嫌疑人参与实施了集资诈骗行为的证据

这方面的证据主要包括：（1）各类合同协议、会议记录、各种票据、单据等物证、书证、视听资料、电子数据等所反映的信息内容，客观直接指向犯罪嫌疑人组织、策划、参与了犯罪行为。（2）银行汇款、转账单据、财务鉴定意见等证据，确认资金最终流向犯罪嫌疑人或其指定、认可的账户。（3）犯罪嫌疑人供述和辩解、被害人陈述、证人证言及辨认笔录。一般而言，集资诈骗的被害人人数较多，要结合各被害人的陈述及辨认笔录，对共同指向的对象进行排查，从而确认犯罪嫌疑人。

（二）证明单位犯罪还是自然人犯罪的证据

司法实践中，集资诈骗的行为多是以单位的名义实施的，因此在审查证据过程中要注重对单位主体身份、经营范围、经营情况相关证据的审查。重点审查所谓的单位是否真实存在、是否为了实施犯罪而设立，单位设立后是否以实施非法吸收公众存款为主要业务，所吸收资金是否进入单位所有、控制的账户，非法行为是单位意志还是个人意志，从而准确区分单位犯罪和自然人犯罪。特别是在数额达不到单位犯罪入罪标准的情况下，准确区分单位犯罪和自然人犯罪在审查逮捕环节至关重要。

（三）证明犯罪嫌疑人诈骗手段的证据

这方面的证据主要包括：犯罪嫌疑人的供述与辩解、被害人陈述、证人证言，非法集资的货币、财务账册，给投资者开具的收款收据等书面凭证，用于诱骗投资者的动产、不动产，集资证件、集资文件、集资

说明书，钱款用途、去向及鉴定意见等。

三、有证据证明犯罪嫌疑人具有集资诈骗的主观故意

本罪的主观心态为故意，且要具有非法占有的目的。司法实践中，集资诈骗案件往往是单位犯罪、共同犯罪，犯罪嫌疑人之间的地位、职责、具体行为、参与的程度各不相同，各犯罪嫌疑人对行为的非法性、运作方式的主观认知度也各有不同。特别是某些实施具体行为的犯罪嫌疑人，如公司的业务员、经办员，甚至一些中层管理人员，往往辩解不明知诈骗的事实，没有共同犯罪故意。因此，对部分犯罪嫌疑人主观故意的审查判断是司法实践中的难点。

一般来说，应当根据犯罪嫌疑人的供述和辩解并结合证明其参与实施的具体行为的其他证据综合判断犯罪嫌疑人的主观故意。但是当部分犯罪嫌疑人辩解主观不明知时，应当结合以下证据进行审查判断：

1. 各类会议记录、会议纪要、视听资料、相关工作制度、业务培训文件等证据，并结合其他犯罪嫌疑人口供和被害人陈述，证实是否参与组织、策划。

2. 各类合同、协议、宣传资料、视听资料并结合证人证言，通过证实犯罪嫌疑人参与合同签订公开宣传、游说存款人等活动，从而证实犯罪嫌疑人是否明知合同承诺内容、资金运作模式、分成比例、钱款去向及有无偿还能力。

3. 单位犯本罪的，审查单位的法定代表人、直接负责的主管人员和其他直接责任人员的供述、单位集体讨论记录、有关负责人签署的文件、单位的财务账目、钱款归属与去向等书证以及相关证人证言等证据材料。

四、对社会危险性条件的把握

根据《刑法》第192条的规定，集资诈骗罪是指以非法占有为目的，使用诈骗方法非法集资，数额较大的行为。集资诈骗案件审查逮捕中要注意把握以下几个方面的问题：一是集资诈骗是一种非法集资行

为，具备非法性、公开性、利诱性和社会性四个特征，这也是构成集资诈骗罪的前提条件。二是对部分犯罪嫌疑人主观故意审查判断时，应当通过对客观行为的认定推断，这是司法实践中的难点所在。三是从行为方式的公开性和行为对象的社会公众性两个方面区分正常民间借贷与集资诈骗，准确适用法律。四是正确区分共同犯罪中，各犯罪嫌疑人的主观故意及主观故意产生的时间，从而准确界定应当适用的罪名。五是正确区分各犯罪嫌疑人在犯罪中所起的作用和涉案金额，准确适用强制措施。

五、完善捕后跟踪

非法集资刑事案件，检察机关批准逮捕后，根据具体案件要求向公安机关制发继续侦查取证意见书，引导捕后侦查取证。公安机关提请批准延长侦查羁押期限的，检察机关应当及时审查对继续侦查取证意见的落实情况，加强与公安机关沟通督促，促使及时补充和固定证据。检察机关办案部门应贯彻以审判为中心的诉讼模式的要求，协助做好侦查和公诉环节的衔接工作，对于重特大案件和疑难案件，对公诉环节需要的证据，在继续侦查取证意见书中予以列明。上级检察机关办案部门应加强对非法集资案件的业务指导，对重特大案件加强督办，对办案中的困难及时协调予以解决，对办案中的疑难问题及时调研出台指导性意见。

公安机关追缴的涉案财物，由查封、扣押、冻结机关予以保管，一般应在诉讼终结后返还集资参与人；涉及跨区域非法集资刑事案件，分别处理的，应当按照统一制定的方案处置涉案财物。办案部门应当注意审查是否按照《刑事诉讼法》、2008年9月27日处置非法集资部际联席会议印发的《处置非法集资工作流程（试行）》、《人民检察院刑事诉讼涉案财物管理规定》、最高人民法院《关于刑事裁判涉财产部分执行的若干规定》等法律、司法解释及有关规定依法处置涉案财物。国家机关工作人员违反规定处置涉案财物，构成渎职犯罪的，应当依法追究刑事责任。检察机关办案部门应加强对涉案财物追缴和处置的监督，依法提出建议，防止因为处置不当而引发不稳定因素。

第五节　集资诈骗案审查起诉要点

明确审查起诉的证据要求把握：对于犯罪主体的审查认定；对于集资中介人的审查认定；对于"非法占有目的"的审查认定；对于特殊类型证据的收集与审查认定；对于犯罪数额的审查认定；对于主从犯的审查认定。

一、对于犯罪主体的审查认定

根据 2001 年 1 月《全国法院审理金融犯罪案件工作座谈会纪要》关于单位犯罪的规定，2014 年 3 月最高人民法院、最高人民检察院、公安部《关于办理非法集资刑事案件适用法律若干问题的意见》第 4 条关于共同犯罪的处理问题的规定，2019 年 1 月最高人民法院、最高人民检察院、公安部《关于办理非法集资刑事案件若干问题的意见》明确关于涉案下属单位的处理问题，以及 1999 年 7 月最高人民法院《关于审理单位犯罪案件具体应用法律有关问题的解释》等相关司法解释的规定，对以单位名义实施非法集资的，应当坚持依法认定区分单位犯罪与自然人犯罪，并合理划定单位及相关责任人的追诉范围。

（一）坚持依法认定单位犯罪和自然人犯罪

根据刑法以及相关司法解释规定，以单位名义实施犯罪，违法所得归单位所有的，是单位犯罪。在非法集资类刑事案件中，要坚持依法认定单位犯罪和自然人犯罪。（1）以单位的分支机构或者内设机构、部门的名义非法集资，全部或者大部分违法所得归分支机构或者内设机构、部门所有的，应当认定分支机构或者内设机构、部门为单位犯罪。不能因为单位的分支机构或者内设机构、部门没有可供执行罚金的财产，就不将其认定为单位犯罪，而按照个人犯罪处理。（2）以单位的分支机构或者内设机构、部门的名义非法集资，全部或者大部分违法所得归上级单位所有的，应当认定上级单位为单位犯罪，分支机构或者内设机构、部门中涉嫌犯罪的人员，可以作为上级单位的其他直接责任人员依法追究刑事责任。（3）个人为进行非法集资犯罪活动而设立的公司、企业、分公司等实施犯罪的，或者公司、企业、分公司设立后，以实施非法集资犯罪为主要活动的，不以单位犯罪论处。（4）以单位、单位的分支机构或者内设机构、部门的名义实施犯罪，部分违法所得归单位、单位的分支机构或者内设机构、部门所有，部分归自然人所有，难以区分单位犯罪和自然人犯罪的，可认定为单位、单位的分支机构或者内设机构、部门与自然人成立共同犯罪。（5）对于应当认定为单位犯罪的案件，人民检察院应当以单位犯罪起诉，只作为自然人犯罪案件起诉的，人民法院应当及时与人民检察院协商，建议对犯罪单位补充起诉。

（二）对于分支机构相关涉案人员区分情形处理

最高人民检察院《关于办理涉互联网金融犯罪案件有关问题座谈会纪要》规定，对符合追诉条件的分支机构（包括具有独立法人资格和不具有独立法人资格）及其所属单位，公安机关均没有作为犯罪嫌疑单位移送审查起诉，仅将其所属单位的上级单位作为犯罪嫌疑单位移送审查起诉的，对相关分支机构涉案人员可以区分以下情形处理：（1）有证据证明被立案的上级单位（比如总公司）在业务、财务、人事等方面对下属单位及其分支机构进行实际控制，下属单位及其分支机构涉案人员可以作为被移送审查起诉的上级单位的"其他直接责任人员"追究刑事责任。在证明实际控制关系时，应当收集、运用公司决策、管理、考核等相关文件，OA系统等电子数据，资金往来记录等证据。对不同地区同一单位的分支机构涉案人员起诉时，证明实际控制关系的证据体系、证明标准应基本一致。（2）据现有证据无法证明被立案的上级单位与下属单位及其分支机构之间存在实际控制关系的，对符合单位犯罪构成要件的下属单位或分支机构应当补充起诉，下属单位及其分支机构已不具备补充起诉条件的，可以将下属单位及其分支机构的涉案犯罪嫌疑人直接起诉。

结合百雄堂熊某甲、彭某某、熊某乙、熊某丙等集资诈骗、非法吸收公众存款一案阐释集资诈骗案中对于追诉范围的标准把握及运用。检察机关对涉案人员处理：根据百雄堂控股公司的组织机构可知，熊某甲、彭某某、熊某乙、熊某丙为集团公司股东，熊某甲为总裁，彭某某主管财务、餐饮，熊某乙主管房地产，熊某丙主管高科技农业，集团通过股东会、董事会、监事会进行议事、决策机构，上述几人均参与股东会、董事会或监事会，对公司的重大决策，包括融资计划、融资奖励、对子公司考核等具有决定、重要作用。四人对集团融资主观上是明知的，客观上实施集资决策的行为，系共同犯罪，对犯罪嫌疑人熊某甲、彭某某、熊某乙、熊某丙以集资诈骗罪追究刑事责任，对百雄堂控股公司及其下属子公司、关联公司的集资总额负责，认定熊某甲、彭某某为主犯，熊某乙、熊某丙为从犯。

同时鉴于该案系共同犯罪，在审查起诉期间提出了建议公安机关对彭某某等24人依法追究其刑事责任。具体情形：一是彭某某作为集团公司财务总监，负责集团公司财务，鉴于百雄堂集团公司及其子集团、子公司、关联公司财务属于双重领导，彭某某所起作用大。二是邹某某作为集团公司法律顾问，据犯罪嫌疑人熊某甲、熊某乙、熊某丙等人供述证实集团及其子集团、子公司、关联公司集资均有听取邹某某的意见，且其也提出了"为规避法律，将集资款计入股东名下"的建议，百雄堂的集资模式也采纳了邹某某的建议。另外，根据百雄堂集团公司会议纪要等书证证实邹某某作为列席代表出席会议，对百雄堂集资是明知的。三是刘某等人作为集团公司高管，其中刘某、马某为董事会成员，王某为监事会成员，集团集资的决议是通过董事会予以确定的，几人作为董事会或监事会成员对集团集资决议未持异议，且在集资过程中起了帮助作用，应当予以追诉。四是郭某等公司管理人员任职期间，担任公司总经理或副总经理职务，在明知公司不具有吸收公众存款的资质的情况下，采用保本付息，以月息1.5%至2%的高额利息作为诱饵，安排公司进行非法集资活动，领取了股东分红及集资奖励，对其所任职公司的非法集资行为起了主要作用，建议予以追诉。五是梁某等公司职员或财务人员作为集团公司或子公司的财务人员或为熊某甲的私人会计、出纳,负责集团公司财务和熊某甲个人财务的管理,对非法集资起了帮助作用,应当予以追诉。六是朱某等公司股东人员在查清事实的基础上,建议一并追诉。

二、对于集资中介人员的审查认定

根据最高人民法院、最高人民检察院、公安部《关于办理非法集资刑事案件适用法律若干问题的意见》第4条关于共同犯罪的处理问题的规定,为他人向社会公众非法吸收资金提供帮助,从中收取代理费、好处费、返点费、佣金、提成等费用,构成非法集资共同犯罪的,应当依法追究刑事责任。对于非法集资犯罪中,实施了在集资人与集资参与人之间居间介绍、代理集资人向社会人员集资、帮助集资人招揽集资等行为,通过促成双方集资行为来获取代理费、好处费、返点费、佣金、提成等费用的中介人员,如何追诉按如下方面把握:

1. 实施了介绍、招揽集资户等帮助集资人向社会公众非法吸收资金的行为,并获取了代理费、好处费、返点费、佣金、提成等费用,达到最高人民法院《关于审理非法集资刑事案件具体应用法律若干问题的解释》规定的立案标准的,应作为非法集资犯罪的共犯追究刑事责任。

2. 单位非法集资犯罪中,受非法集资单位聘任或雇用专门从事介绍、招揽集资等中介工作的人员,当其作用达到直接责任人员的程度时,以单位犯罪中的直接责任人员论处。

3. 以自己的名义向多人或单位吸收资金后,又以自己名义提供给集资人,赚取利息差等利益的,一般不作为非法集资犯罪的共犯定罪处罚,但与非法集资犯罪的主犯有共谋的,应作为非法集资共同犯罪追究刑事责任;虽与非法集资主犯无共谋,但其吸收资金行为本身属非法吸收公众存款或变相吸收公众存款,达到最高人民法院《关于审理非法集资刑事案件具体应用法律若干问题的解释》规定的立案标准的,应单独作为非法集资犯罪追究刑事责任。

4. 对于参与协助他人或单位非法吸收公众存款的中介人员,个人参与犯罪金额在100万元以下(含本数),如实交代自己涉案行为,全部退缴其收取的代理费、好处费、返点费、佣金、提成等费用,积极协助司法机关调查和挽回其涉案行为涉及的损失,配合对涉及的集资参与人进行稳控工作且效果好的,可不予追诉。

三、对于"以非法占有为目的"的审查认定

非法占有目的是区分集资诈骗罪与非法吸收公众存款罪的关键。办案机关要全面收集行为人是否具有非法占有目的的证据,要特别注重对集资款的来源、用途和去向的调查取证。在认定行为人是否具有非法占有为目的时,应当坚持主客观相一致的原则,要避免单纯根据损失结果客观归罪,不能仅凭较大数额的集资款不能返还的结果,推定行为人具有非法占有目的,也不能仅凭行为人自己的供述进行认定,而应当根据具体情况具体分析。

1. 对于行为人出于生产经营需要非法集资,将全部或者大部分集资款用于生产经营活动,因经营亏损而丧失返还集资款能力后,为筹措资金,以生产经营为幌子,虚构经营事实、隐瞒经营真相,继续非法集资的,对于后期行为,可以认定行为人具有非法占有目的。

2. 对于行为人没有实际的生产经营活动,或者生产经营活动收益明显不能支付本息,或者不能保障生产经营活动正常支出,采取"以新还旧""以后还前"等方式非法集资,致使集资款不能返还的,可以认定为行为人具有非法占有目的。

3. 对于行为人将全部或者大部分集资款用于期货、股票、彩票等高风险投资,或者用于国家禁止投资或已经提示有高风险的行业、领域的,不能认定为用于生产经营活动。在此种情形下,能否认定具有非法占有目的,应当结合行为人的抗风险能力和受损后果综合分析认定。对于行为人明知自己没有偿还能力仍将集资款项投资到上述风险行业和领域,因投资亏损而导致集资款无法返还的,应当认定行为人具有非法占有目的。

4. 对于行为人出于生产经营需要,采取一定程度夸大事实甚至欺诈手段进行集资,将全部或者大部分集资款用于生产经营活动的,不应

仅以此认定具有非法占有目的；即使最终因生产经营不善而导致集资款无法返还，也不能仅凭该客观结果推定行为人具有非法占有目的。

具体可以参考下列情形来分析案件的当事人主观上是否具有非法占有目的：(1) 以支付中间人高额回扣、介绍费、提成的方式非法获取资金，并由此造成大部分资金不能返还的；(2) 将资金大部分用于弥补亏空、归还债务的；(3) 没有经营、归还能力而大量骗取资金的；(4) 将资金大量用于挥霍、行贿、赠与的；(5) 将资金用于高风险营利活动造成亏损的；(6) 将资金用于违法犯罪活动的；(7) 携带资金潜逃的；(8) 抽逃、转移、隐匿资金，有条件归还而拒不归还的；(9) 隐匿、销毁财务账目或搞假破产、假倒闭逃避返还资金的；(10) 为继续骗取资金，将资金用于亏损或不营利的生产经营项目的；(11) 其他非法占有资金的行为。

以湘西集资诈骗系列案之——金某某、谢某某、谢某、金某虚假出资、非法吸收公众存款、集资诈骗一案为例，该案基本案情如下：2004年3月为增加金鑫公司的注册资本，金某某与谢某某以金鑫公司的名义向吉首市信用联社人民路信用社贷款600万用于验资，验资后即由金鑫公司归还该笔贷款的本息。

从2002年开始，金某某向唐某某、杨某某等人借款高达1906.49万元，无力归还。2005年12月金某某、谢某某以开发项目的名义，隐瞒公司年年亏损的实际状况，以人传人的形式对外宣传，广泛向社会进行非法集资。谢某某于2008年3月开始担任投资部经理，负责非法集资的具体工作；金某某于2007年10月开始负责古丈非法集资点的工作。从2005年12月至2008年9月，非法集资35396.44万元，4781人，集资期间月利率最高为6%，最低为3%。其中谢某经手13308万元，金某经手1692万元。

金某某、谢某某利用银行贷款增加注册资本，构成虚假出资罪，在非法集资期间，故意隐瞒公司实际经营状况，大肆宣传公司效益，为获取集资户的信任而投资购买项目，积极组织、策划、指挥进行非法集资，主观上有非法占有的目的，构成集资诈骗罪，谢某、金某分别担任投资部经理、古丈集资点负责人，帮助金某某、谢某某进行非法集资，但没有与金某某、谢某某以非法占有为目的的共同犯罪故意，构成非法吸收公众存款罪。

审查结论，金某某、谢某某构成集资诈骗罪的理由：

1. 金某某、谢某某二人对非法集资本息无偿还能力。（1）从大连非法集资时的资产状况来看，在2007年5月，金鑫公司共有四处资产：古丈项目第一期工程投入770.32万元，获得销售收入911.6764万元，剩余门面没有销售出去，用于向银行贷款160万元，评估价值为269.84万元，州物资公司总投入为392.19万元，没有开发，但以其中8个门面用于抵债520万元，剩余资产评估价值为312.47万元；2007年1月以600万元买受的州政府第十栋土地使用权和2007年5月以3612万元买受州五交化站整体项目中的4个标的，当时这只是未开发项目，还需要大量的投入。当时金鑫公司的资产总额为3053.1万元，而非法集资金额已经达3300余万元，资不抵债，且古丈第一期工程的盈利不足以支付2007年五六月份的集资款利息。（2）从大量非法集资期间项目及项目预期来看。在大量非法集资期间，其项目有四个，古丈项目的二期工程、州政府第十栋商住楼、州五交化和州百货站。该四个项目的实际投入约8605.78万元（含买受项目款）。从项目现实的收益来看：古丈项目二期没有开发完，预收购房款525.3万元；州政府第十栋项目在2008年8月完工，可获得的资产在案发时市场估价为1695.6万元，而金鑫公司实际投入该项目共计1537.4万元，利润为58.2万元，如加上政府补贴390万元，可获得利润548.2万元，州五交化和百货站没有开发，仅获得租金收入256.68万元。以上收入共计1330.18万元，支出远大于收入。从预期收益来看，金鑫公司对项目没有做到预期效益评估。根据金某某的供述和古丈二期施工方证言，二期工程还需投入500余万元，五交化和百货站拟投入2.8亿元，周期为两年。房地产开发最炙手可热的时期，按照北京市房地产开发最高利润60%去计算，一些公司开发该两个项目最高可获得利润1.77亿元，尚不够支付案发时所欠的集资款本息1.95亿元。（3）从开发项目的成本来看。仅就集资等来讲，至案发时其未还集资本金1.95亿，按月息3%半年计算需要支付利息0.7亿，在继续投入开发取得其预期利润之前，金某某、谢某某即有2.3亿的债务。而要取得其所为预期利润还需要2.05个亿的投入以及由此而带来的资金成本。即便在最理想的状况下开发成功，其收入已无法支付其开发的成本。

2. 金某某、谢某某明知公司没有能力归还高额集资款本息。根据金某某、谢某某的供述和扣押到的大量借条、借据、借款凭证来看，从购买东方饭店开始金某某有大量借款，为偿还借款公司无资金经营，所以才决定向社会集资。而在项目开发过程中周期长、已开发完成的项目利润不高，公司年年亏损。金某某的讯问材料中向侦查人员算了一笔账，用集资款开发项目，按集资的月息3%计算，开发周期为一年的工程，利润需要36%才能支付集资款本息。如果月息在3%以下，有可能归还本息，但是房地产的年平均利润为20%，所以如果高于3%的话，利润是肯定不能支付本息的。谢某某的供述也对此予以了印证，认为月息达到3%以上的话，都不可能到达支付集资款本息的利润。金某某、谢某某对于以公司的经营无法归还集资款本息是明知的。

3. 金某某、谢某某明知没有偿还能力的情况下，仍采取欺骗的手段大量骗取集资款。（1）在金鑫公司负债越来越严重的情况下，为保证资金链不断，金鑫公司不断提高投资回报率，从3分逐步增加到6分。在集资协议上，都明确约定了"专款专用，保证投资无风险"，对集资户都约定每月可按投资额获得的"分红"。但所有用于投入项目的费用仅占集资款总额的26%，显然金鑫公司并没有将集资户支付的集资款集中投入到项目开发上，金鑫公司向集资户所支付的"分红"均来源于其他集资户的投资款，是虚假利润。不断提高利率也是为了能够不断吸引集资户来集资，掩盖公司无力偿还本息的事实，以免资金链断裂。（2）金某某、谢某某主要靠非法集资维持公司经营。但在集资户询问公司经营状况时，金某某要求员工隐瞒公司的实际经营状况，对外宣传公司"有实力、效益好"系利用虚假的宣传骗取集资户信任。（3）金某某、谢某某二人通过报纸和网络，对金鑫公司和金某某个人进行宣传，以扩大公司影响，虚张公司实力，吸引集资户参与集资。
(4) 实际没有财产了，是通过后集资款来偿还前面的集资款本息。

如何准确理解用于生产经营活动与筹集资金规模明显不成比例？《全国法院审理金融犯罪案件工作座谈会纪要》关于金融诈骗犯罪的部分，规定"明知没有归还能力而大量骗取资金的"可以认定为具有非法占有的目的；最高人民法院《关于审理非法集资刑事案件具体应用法律若干问题的解释》第4条第2款规定了八种可以认定"以非法占有为目的"的情形。具体到鑫美格公司肖某某、罗某涉嫌集资诈骗一案中，可以从以下情形认定肖某某、罗某具有非法占有的目的。

1. 自有资金不足，资不抵债、经营持续严重亏损，明显没有偿还能力。本案中，虽然鑫美格成立初期，尚具有一定的归还能力，但其经营持续亏损，集资规模不断膨胀，2009年以后明显资不抵债，明显没有偿还能力，但肖某某、罗某仍持续集资，可以推断其具有非法占有的目的。

2. 将集资款主要用于还本付息，而用于生产经营活动与筹集资金规模明显不成比例，致使集资款不能返还。对于"集资后不用于生产经营活动或者用于生产经营活动与筹集资金规模明显不成比例"的理解问题，司法解释提出的是用于生产经营活动的资金与所筹集的资金的规模的比例，所筹集的资金的规模是指整个筹集的所有本金的规模，而不是没有归还的本金的规模，没有归还的本金是诈骗金额，辩护人将筹集资金规模错误理解为诈骗金额。

集资诈骗案件中，犯罪的手法主要是虚构和夸大事实，承诺高额回报，非法集资。由于根本无法实现承诺的投资回报，因此对于老客户的投资回报，只能依靠新客户的加入或其他融资安排来实现，拆东墙补西墙的手法，使资金始终存在缺口，并使得缺口像滚雪球一样越滚越大，最终导致资金链断裂，致使集资款不能偿还。

而非法占有，既包括行为人自己不法所有他人财物，也包括行为人通过自己的行为使第三人占有他人财物。行为人随意处置集资款的行为实质上是以所有人的身份非法处分被害人集资款，使其归第三人所有，仍属于非法占有。本案中，肖某某、罗某累计集资 12 亿余元，绝大部分用于拆东墙补西墙、支付集资款利息，仅有 1.8 亿余元用于生产经营及填补经营亏损，用于生产经营活动的集资款与筹集资金规模明显不成比例，从表面上看，肖某某、罗某将绝大部分集资款用于维持资金链，而非自己占有，但实质上是将骗取的集资款中的绝大部分用于归还其他集资对象的本息，无异于以所有人的身份处分了被害人的集资款，使之归其他集资对象所有。

同时，也正是由于肖某某、罗某将集资款的小部分用于经营，大部分用于支付高额利息及归还本金，这就决定了经营活动产生的利润难以弥补高额的利息，并且在本案中公司非但没有产生利润，还年年亏损，其结果必然是不可能偿还。因此其主观上仍具有非法占有目的。

3. 肖某某、罗某挥霍了部分集资款。现有证据显示，肖某某、罗某将部分集资款用于购买高档消费品，如肖某某买衣服花 100 多万元，买个手机 5 万多元，手表 8 万多元。此外，还分别花约 190 万元、100 多万元购买、装修别墅，罗某花 30 万购买保险，肖某某开一台 70 多万元宝马车。

4. 罗某携款 33 万余元潜逃。

以红太阳集团周某某、张某某集资诈骗，肖某、李某某等非法吸收公众存款一案为例，犯罪嫌疑人周某某、张某某的非法集资行为认定为集资诈骗罪。理由：（1）主观上具有非法占有目的。第一，明知没有归还能力。周某某、张某某在明知红太阳公司的正常经营无法达到上市要求的情况下，依然采取虚假交易的方式来提高账面上的生产总值和利润的增长率，但虚假交易需要大量资金进行运作，因此红太阳公司开始进行大量民间融资，在资金无法周转时，甚至将利息提高到 3 分、5 分、7 分，导致公司一直处于亏损状态。第二，非法集资款只有少部分用于公司经营，大部分用于还本付息或者进行虚假交易运作上市。（2）由于公司常年亏损，又要支付高额融资利息，同时公司进行虚假交易，需要大量资金周转，周某某、张某某不仅个人融资，还以赚取利息差为诱饵，鼓励集资中介人共 18 人向社会公众进行集资宣传，吸收公众存款，同时还专门成立了鑫阳投资公司、成长无限投资公司，专门为红太阳公司向社会非法集资，符合公开宣传和向社会不特定公众非法集资的特征。（3）使用了诈骗方法。体现在：第一，隐瞒公司亏损的事实，通过虚假交易，让社会公众误认为红太阳公司效益良好；第二，以高额利息为诱饵，承诺按时付息、归还本金。（4）非法集资数额特别巨大，给人民利益造成特别重大损失。

红太阳公司在经营期间，非法集资28亿多元，大部分用于还本付息和进行虚假交易，用于生产经营活动与筹集资金规模明显不成比例，致使集资款不能归还。同时，通过资产评估，红太阳现已无归还能力，给人民群众经济利益造成特别重大的损失。犯罪嫌疑人周某某系红太阳公司组织实施非法集资的实施者和法定代表人，犯罪嫌疑人张某某系红太阳公司管理、操作非法集资款的直接责任人和董事会董事，两人在共同犯罪中均起了主要作用，均应认定主犯。

犯罪嫌疑人肖某、李某某的行为应当认定为非法吸收公众存款罪，理由：犯罪嫌疑人肖某作为红太阳公司的销售部副总经理，李某某作为红太阳公司的财务总监，在周某某、张某某进行非法集资期间，在明知非法吸收的资金用于公司虚假交易的情况下，肖某仍为公司虚假交易提供帮助，李某某则将回流进公司的融资款进行正常财务账目处理，为周某某、张某某隐瞒公司亏损，进行虚假交易的真相，为红太阳公司非法集资提供帮助，两人应当对任职期间的集资金额负责，因两人对非法集资款没有非法占有的目的，故认定为非法吸收公众存款罪。肖某、李某某两人没有积极主动地向社会公众进行虚假宣传，大量非法集资，仅是为周某某、张某某隐瞒真相，为周某某、张某某两人的非法集资提供帮助，且两人的帮助行为来源于两人的工作职责，因此可认定为非法吸收公众存款共同犯罪中的从犯。

四、对于特殊类型证据的收集与审查认定

集资诈骗案中对于集资参与人的证据收集与审查，以及相关电子数据收集、司法会计鉴定的认定等问题均具有特殊性，不同于普通案件的

审查要求，在此我们结合案件办理的经验与司法实务，阐释我们的分析与意见。

（一）补充公告告知、全面收集集资参与人信息

通过公告，补充以告知诉讼代表的方式全面保障集资参与人的诉讼权益。为了全面掌握涉案人员的基础数据，立案后，可以采用在电台、电视台等媒体发布公告的方式，通知被害人持有效证件和购买凭证、交款收据到当地派出所或其他指定地点进行登记；也可以选择更加便利的方式即公安机关在互联网上建立集资参与人登记平台，在发布公告时，告知集资参与人在规定时间内登录该平台并登记信息。与此同时，及时联系告知涉案的集资参与人的诉讼代表人，通知其群发信息告知各集资债权人，以切实保障诉讼参与人的各项权益。若集资参与人在审查起诉后判决前表达诉求的，检察机关也可以采取补充起诉等方式对被告人增加认定的事实，合并处罚。

（二）对于集资参与人证言取证范围的把握问题

一般情况下，公安机关应当逐一收集的集资参与人的言词证据，检察机关应当进行全面审查，并结合有关书证、审计或会计报告、电子数据认定。但是在实践中由于存在各种因素难以全面取证，客观条件限制无法逐一收集的情况有：（1）网络犯罪案件中吸收不特定多数人的资金，逐一查证集资参与人困难的，如芙蓉区院办理的利用 P2P 平台吸收资金的案件涉及人数 1700 余人。（2）集资参与人跨区域且人数众多，逐一查证集资参与人困难的，如雨花区院办理的集资参与人跨区域案件涉及人数 400 余人的。（3）其他客观条件限制无法逐一收集集资参与人的言词证据的。在实务中，为了保证各类集资参与人的代表性，有选取各类身份人员的特定数额，如 30 人—50 人，如办理湘西非法集资系列案件；有选取诉讼代表人的操作模式，如湖南鸿冠集团集资诈骗案；有采取不同集资代理人名下选取特定数额集资参与人等各种操作方式也保证取证的点与面相结合等。结合《关于办理非法集资刑事案件适用法律若干问题的意见》第 6 条中"确因客观条件的限制无法

逐一收集集资参与人言词证据的",可结合已收集的集资参与人的言词证据和依法收集并查证属实的书面合同、银行账户交易记录、会计凭证及会计账簿、资金收付凭证、审计报告、互联网电子数据等证据,综合认定非法集资数额、人数和损失。集资参与人自行书写报案材料的,还应提交参与集资的合同、收据、银行转账资料等书证,与侦查机关收集的其他书证等证据能相互印证的,可以作为认定集资数额、人数、损失的证据,以保证取证体系的完整性。

(三)对于电子数据的收集把握问题

审查集资诈骗案件要特别重视审查电子数据的取证,严格按照《关于办理网络犯罪案件适用刑事诉讼程序若干问题的意见》中"关于电子数据的取证与审查"第13条至第18条及《湖南省检察机关电子数据收集、鉴定、审查工作指南》的规定进行审查,提前介入时要加强依法引导。电子数据的收集主体、方法和程序应当符合法律规定。重点注意侦查机关对于能够证明非法集资案件真实情况的网站页面、上网记录、电子邮件、电子合同、电子交易记录、电子账册等电子数据,是否作为刑事证据予以提取、复制、固定,在提取、固定电子数据过程中是否严格执行公安部制发的《计算机犯罪现场勘验与电子证物检查规则》《公安机关电子数据鉴定规则》等规章制度,制作笔录,详细说明电子数据调取、封存、打印、鉴定等全面情况。还要注意侦查机关向第三方取证,包括网络服务提供商、电子数据交换机构、电子证据鉴定机构、案外第三人等中立第三方取证,取证程序是否符合法律、法规的规定。

(四)对于司法鉴定的审查认定问题

集资诈骗罪的司法鉴定,往往涉及犯罪认定的关键性问题,有必要予以高度重视,在审查时,我们认为应当规范司法会计鉴定意见,条理清晰、分类准确、有理有据。一是鉴定意见除了常规的司法鉴定原则等共有项目外,还应包含非法集资时账目是否齐全、记账凭证编号是否连续等内容。二是对以不同手段获得的集资款进行详细分类。有些集资行为最初的目的是非法吸收公众存款,随后可能转化为集资诈骗,最终变成合同诈骗，这是一个心理与其行为之间相互作用的过程。对这些事实的认定，不仅需要对涉案数额的证据进行鉴定并区别不同的犯罪阶段，也需要对各个犯罪阶段的犯罪数额进行详细分类，才能对认定犯罪事实起到很好的帮助作用。三是对资金去向作出明确分类鉴定。在非法集资犯罪案件中，资金去向往往影响罪名的认定，尤其在区别非法吸收公众存款罪与集资诈骗罪时，资金去向对资金追回、追缴也具有重要作用，所以对资金去向一定要认真核实鉴定。需要强调的是，在鉴定资金去向时，要注意对同一个用款方的用款额及还款额进行鉴定，以防止犯罪嫌疑人隐匿其回收款项，或利用投资、出借形式掩盖其非法占有的目的，并注重对能掌控资金去向的个人用款进行专项司法会计鉴定。

五、对于犯罪数额的审查认定

一般而言，公安机关立案后，要及时委托专业机构对集资数额、集资参与人人数、本人、亲友、单位内部职工投资数额、"转单"重复投资数额、归还本息数额、损失数额、集资款用途和去向等影响定罪量刑的重要事实进行审计。依据2017年6月最高人民检察院《关于办理涉互联网金融犯罪案件有关问题座谈会纪要》第11条，负责或从事吸收资金行为的犯罪嫌疑人非法吸收公众存款金额，根据其实际参与吸收的全部金额认定。但以下金额不应计入该犯罪嫌疑人的吸收金额：（1）犯罪嫌疑人自身及其近亲属所投资的资金金额；（2）记录在犯罪嫌疑人名下，但其未实际参与吸收且未从中收取任何形式好处的资金。吸收金额经过司法会计鉴定的，可以将前述不计入部分直接扣除。但是，前述两项所涉金额仍应计入相对应的上一级负责人及所在单位的吸收金额。办案机关要依法准确认定非法集资犯罪数额。集资诈骗罪评价的不仅是行为人的非法集资行为，还包括集资参与人的损失，集资诈骗的数额以行为人实际骗取的数额计算。行为人非本人及近亲属外的其他亲友、单位内部人员投资的数额，应计入犯罪数额。案发前归还的数额，应从犯罪数额中扣除。集资参与人一笔投资款到期后，因受骗而继续就同一笔款项重复投资的，一般不累计计算犯罪数额。在办理集资诈骗犯罪案件中,行为人及其辩护人提出扣除重复投资数额,不能查证属实的,不予扣除。

六、对于主从犯的审查认定

认定非法集资类刑事案件的主从犯,不能仅以行为人的职务高低作为评判标准,应根据行为人在共同犯罪中的实际地位和作用作出具体判断。对积极参与谋划决策、组织、领导、指挥、管理以及主动实施非法集资行为等起主要作用的行为人,应当认定为主犯。对处于从属于主犯的地位,对主犯的犯罪意图表示赞成、附和、服从,没有参与犯罪的谋划决策,在主犯的领导、指挥下实施非法集资行为的行为人,在共同犯罪起次要作用的,可以认定为从犯。

在单位犯罪案件中,主管人员与分公司经理、负责人等其他直接责任人员,不是当然的主从犯关系。主管人员与其他直接责任人员在实施犯罪行为过程中,主从关系不明显的,可以不区分主从犯。但是,具体案件可以分清主从犯,且不分清主从犯,在同一法定刑档次、幅度内无法做到罪刑相适应的,应当分清主从犯,依法处罚。

第六节 集资诈骗案出庭公诉要点

涉众案件的出庭公诉压力大、时间紧、节奏强,需要练就"铁人三项"的功夫,非亲身全情投入,不可完成于一时之间。

一、开好庭前会议

对于该类涉众型经济案件,往往由于涉案人员多、事实多、罪名多、社会影响大等因素,法院会组织进行庭前会议,以解决案件管辖、回避、出庭证人、鉴定人、有专门知识的人的名单、辩护人提供的无罪证据、非法证据排除、不公开审理、延期审理、适用简易程序、庭审方案等与审判相关的问题。公诉人应当积极主动对接庭前会议要求,主动参与开好庭前会议,通过庭前会议了解案件事实、证据和法律适用的争

议和不同意见,解决有关程序问题,为开庭做好准备打好基础。具体就庭前会议中常见问题做如下回应:

(一) 证据合法性的问题

证据合法性的问题往往集中于主犯的审讯材料取证合法性的问题、司法会计鉴定的合法性问题。

1. 对于口供的审查。根据刑事诉讼法及两个证据规定即排除非法证据和死刑案件证据标准,需要对于取证主体、取证地点、取证人员、取证过程等进行全面审查,并结合在卷的相关法律文书如侦查机关提解手续,入所体检表,及侦查人员署名的情况说明,用以说明相关手续及侦查行为的合法性,同时要及时审查侦查机关提供的同步审讯资料,从现有的同录视频中可以看出被告人接受审讯时的情绪是否正常、表达是否流畅、是否能够趋利避害,用以证明被告人庭前供述自愿性。同时结合检察人员在审查起诉阶段的提审,被告人侦查终结直至提起公诉环节整个诉讼过程中的供述是否稳定,是否提出过取证违法的问题,在案同案人的供述情况等综合分析。

2. 对于司法会计鉴定的审查。对于司法会计鉴定的委托鉴定程序是否合法,鉴定的过程和方法是否科学规范进行全面审查。集资诈骗案件往往由于涉案时间久远、账目复杂需要进行较长时间的鉴定,故此在实践中存在初稿、征求意见稿等多种形式。但是需要注意在侦查终结移送审查起诉环节出具的正式稿要及时依法履行告知程序,将该份定案依据鉴定意见书的结论——告知各当事人及其辩护人,并将上述情况以鉴定意见告知书、送达书证等法律文书形式入卷。

(二) 庭审举证的方式等问题

由于此类案件的特殊复杂性与证据众多的问题,一般情况下建议采取综合举证质证的方式,但是也有采取一罪一证,甚至一事一证的方式,具体情形不一而论,但是要保证辩护方充分的质证权利,在阅卷提审等方面提供必要的便利条件,庭审中,对于当事人提出的证据问题在答辩时予以针对性地应答。

二、做好庭前预案

出庭预案的准备需要精心谋划，从宣读起诉书做好出庭人员的分工衔接，到庭审审讯方案的敲定、举证提纲的谋划、答辩质证的对应等细节，皆为不可忽视的环节。但是在这里尤为着重关注于庭前举证提纲的归纳与分析，好的举证示证将极其有利于指控效果。

以鸿冠集团石某某、杨某某等集资诈骗案为例，办案组还制作了简要的出庭证据提纲供庭前会议证据交流使用。该案基本案情如下：被告人石某某、杨某某隐瞒公司连年亏损、巨额负债的实际情况，通过电视、报纸、广告牌等媒介大规模向社会公开宣传鸿冠集团资产雄厚、经营状况良好的虚假事实，骗取集资参与人的信任，以鸿冠集团或个人名义公开向社会大量非法集资。为了吸收更多的资金，石某某、杨某某于2011年4月制定了集资流程模式和奖励提成制度，在鸿冠集团财务部下设立资金部专门进行非法集资，并发展了被告人周某、叶某某、黄某某、付某某等人进行非法集资。截至2015年9月29日，鸿冠集团名下累计筹集自己债权资金11亿余元，至案发仍有3.5亿余元自己未返还集资参与人。同时，被告人石某某、杨某某使用虚假的经济合同、证明文件、产权担保做担保等，诈骗银行贷款9000余万元，被告人石某某、胡某某诈骗公共财物金额为153万元；被告人石某某违反信用卡管理法规，恶意透支，共计诈骗所得190余万元；被告人石某某、杨某某为谋取不正当利益，给予国家工作人员以财物，行贿金额26.9万元。

办案组制作的鸿冠集团石某某、杨某某案举证提纲目录如下：

首先向法庭宣读并出示第一大组证据，以证明本院起诉书所指控的石某某、杨某某涉嫌集资诈骗罪和胡某某、周某、叶某某、付某某、黄某某涉嫌非法吸收公众存款罪的犯罪事实，本组证据包括：

第一组：证明鸿冠集团及其所属、关联企业以及被告人石某某、杨某某集资非法性的证据

第1小组：证明鸿冠食品公司、鸿冠集团及其他关联公司成立情况、管理模式、集资非法性的相关证据

1. 以上公司的企业注册登记资料、公司章程、股东协议等书证

2. 中国银监会娄底监管分局《关于石某某、杨某某及湖南鸿冠集团等是否具有吸收公众存款资质的复函》（娄银监函〔2016〕5号）

……

第2小组：证明石某某、杨某某等人身份、职责的相关证据

第3小组：证明石某某、杨某某等人以鸿冠集团为平台，向社会公开虚假宣传、非法集资的证据

第4小组：证明石某某、杨某某个人集资的证据

1. 鉴定意见：根据集资债权人申报登记的资料，经核查石某某、杨某某以个人名义集资情况如下：

……

第5小组：证明周某、叶某某、付某某、胡某某介绍他人借款给鸿冠集团的证据

第二组：证明石某某、杨某某"非法占有目的"的证据

第1小组：证明鸿冠集团及其关联公司的经营不善、盲目扩张、持续亏损的证据（即没有归还能力）

第2小组：证明石某某、杨某某个人消费的证据（即肆意挥霍）

第3小组：证明石某某、杨某某现有资产的证据（即严重资不抵债）

（1）资产、负债价值评估报告书

（2）司法鉴定意见书

……

第三组：证明石某某、杨某某虚构事实、隐瞒真相的证据

第四组：其他证据

第一大组证据宣读、出示完毕，请法庭予以质证。

三、明确争点主动应对

如果出现涉案当事人不认罪的情况，办案组在开庭前再次就主要事实进行全面复核提审，了解当事人心态做好庭前审讯的应对工作。与此同时积极结合庭前会议明确的争议问题及该案涉及的共性问题进行详细

分析与推敲，制作完善有针对性的答辩质证提纲。

以鸿冠集团石某某、杨某某等集资诈骗案涉及的司法会计鉴定争议问题的说明答辩进行附列展示如下：

就本案的司法会计鉴定的鉴定程序合法，鉴定的过程和方法科学规范的说明：一是鉴定文书作为本案定案依据，在侦查终结移送审查起诉环节曾出具一份初稿即征求意见稿，后经审查完善后最终形成了正式稿，相关修改内容及依据，均已当庭由鉴定人做出了详细解释，基本数据没有太大调整，个别修正也是有利于被告人的。同时，在最终定稿后依法履行了告知程序，将该份定案依据鉴定意见书的结论一一告知了各当事人及其辩护人，上述情况有在卷的鉴定意见告知书、送达书证等法律文书佐证。二是鉴定意见内容明确，结论客观真实。根据本案鉴定文书，并结合出庭鉴定人证言，已经明确了：（1）鉴定材料客观真实、全面完整。相关财务资料均系由鸿冠集团及其管理层提供，且司法鉴定人员还根据鸿冠集团提供的财务资料，对有联系方式的债权（债务）人发出询证函，对鸿冠集团各公司的债权及债务进行了解；还根据鸿冠集团提供的财务资料，由鸿冠集团相关管理人员陪同，及在鸿冠政府工作组的监督下进行实物资产（包括存货、固定资产）清点盘查，对鸿冠集团的实物资产进行全面了解；综合汇总分析、整理的基础上，形成公司经营情况鉴定意见。（2）鉴定的过程和方法科学规范。依照相关财会制度规范，就原始本金、转存本金、利转本、付现本金等不同方式的融资形式进行了相关财务统计处理，不存在辩护人提出的重复或错误计入的情况，相反当事人依据现有鉴定文书的基础数据个人提出的一套所谓的计算方法原本就无科学依据，且违背了基本会计规则与统计原理，建议法庭不予采信。（3）集资款大部分用于生产经营的说法并不成立。结合鉴定人当庭对于相关鉴定数据的分析及计算依据的解释，辩护人单方面仅以现有账面上登记的资产直接计算为公司经营投入，并以此数据除以现有集资净额，并不科学。首先，现有资产并不是等同于生产经营投入。其次，计算投入率也有应当用整个非法吸收资金的总数作为分母，而不是以现有未归还净额数为分母。最后，非法集资是一个延期的活动过程,对于这期间所产生的犯罪数额是累计计算的,故统计其资金利用也应当结合鉴定意见中的鸿冠集团集资余额统计表,进行综合数据分析而非笼而统之的概率论。

根据鉴定意见表明,有关鸿冠集资金额使用情况已经明确了 3.7 亿余元中近 2.5 亿元是用于非法集资的付现利息,另有近 6000 万元用于其夫妇的个人挥霍,据鉴定公司用于生产经营性投入仅不到融资比例 30%,而大部分融资款用于还本付息开支,即便在如此前提下,石某某、杨某某个人还从公司资金中挥霍了近 6000 万元用于炒股、包养情人等违法或个人高额消费活动。据此足以认定,石某某、杨某某不计条件、不计后果、根本不考虑自身偿还能力,在巨额负债的情况下,仍刻意隐瞒公司巨额亏损及个人大量负债的实情,对外大肆虚夸盈利,并将社会集资款完全置于个人控制之下,随意投资、肆意挥霍。

四、充分释法说理

由于涉众型犯罪的特殊性,不少被告人当庭对于自身行为的性质及作用的大小认定均不同程度存在辩解或否认,尤其是主犯往往对于自身的非法占有目的存在异议,从犯则对自身的责任范围即作用大小存在异议,对此检察机关在对应时要充分利用法庭公开审理的条件,进行充分的释法说理,以正视听、明晓是非。

以牧羊人集团曾某集资诈骗、信用卡诈骗,陈某某、曾某某、袁某某非法吸收公众存款案为例,办案组制作的公诉意见书详细论证各被告人的犯罪行为及量刑情节,并深刻阐述危害与教训。

该案基本案情如下:某市牧羊人工贸有限公司成立于 2010 年 6 月 25 日,犯罪嫌疑人曾某系法定代表人,2011 年 4 月 26 日更名为牧羊人集团有限公司,2013 年 7 月 26 日变更后股东为曾某、曾某某,注册资本为人民币 5000 万元。牧羊人集团通过收购或设立的方式成立了牧羊人集团、某市天和科技有限公司、某市水羊化工经贸有限公司、某市火羊建筑机械租赁有限公司等 15 家公司。牧羊人集团及附属子公司从成立开始如果不计投资成本,仅有某市火羊建筑机械租赁有限公司和某市水羊化工经贸有限公司有收益，能基本保持公司收支平衡外，其余全部处于亏损状况。牧羊人公司成立后，先后购买了某地汽车制造三分厂33亩土地、原某市八小"羊泰御园"13亩地、某市政府西侧"羊泰华府"73亩地、某经济开发区"天河科技"23亩地，但所购土地因各种原因没能开发，无法产生收益，投入资金也无法收回，公司从成立以来一直处于亏损状态。

被告人曾某在担任牧羊人集团有限公司董事长期间，从2010年始向社会群众非法集资，后因投资成本加大和需支付高额集资利息，曾某便组织公司成员向社会群众公开非法集资。在集团内部，曾某制定"年度目标责任状"，通过对公司员工给予提成奖励发动公司成员积极向社会群众非法集资，同时通过夸大、虚假宣传和高额利息诱惑吸引社会群众借钱给公司。集资款本金一般由债权人直接打入曾某在各专业银行开立的个人账号，所有非法进行的民间融资活动及收取的集资款在公司财务账上没有反映。曾某在公司没有稳定收益，一直亏损的状况下，明知继续投资，投入生产产生的利润不足以支付集资本金及利息，仍以2%—5%/月的高额利息向社会群众非法集资，所集资金大部分用于支付集资利息。截至2014年11月14日，牧羊人集团曾某等人在2010年10月至2014年5月期间累计非法集资总金额达124309.50万元，参与集资3349人次，本息两清形成的集资额为49079.95万元，参与集资总人数1234人次，尚未退本金总金额75229.550万元，涉及参与集资总人数2461人次，牧羊人集团有限公司现负债总额达89153.99万元。并在"羊泰御园""羊泰华府"两项目未动工和取得房屋预售许可的情况下，以发行VIP卡名义非法集资2592.50万元，参与集资总人数154人次。

……

该案公诉意见书如下：

审判长、审判员：

今天，娄底市中级人民法院在这里依法公开审理由本院提起公诉的被告人曾某集资诈骗、信用卡诈骗，陈某某、曾某某、袁某某非法吸收公众存款一案。根据《中华人民共和国刑事诉讼法》第一百八十九条、第一百九十八条和第二百零九条等规定，我（们）受×××人民检察院的指派，代表本院，以国家公诉人的身份，出席法庭支持公诉，并依法对刑事诉讼实行法律监督。现对本案证据和案件情况发表如下意见，请法庭注意。

一、全案事实清楚，证据确实、充分

在刚才结束的法庭调查中，公诉人就本院起诉书所指控的犯罪事实依法讯问了被告人，4名被告人除对行为性质和数额认定有异议外，对起诉书指控的非法集资事实基本予以认可；举证阶段，公诉人围绕起诉书指控事实，向法庭提交了大量证据：出示了中国银监会娄底监管分局关于曾某及牧羊人集团不具有吸收公众存款资质的复函，证明曾某及牧羊人集团未经依法批准吸收资金的事实；出示了牧羊人集团及所属公司宣传册、××日报对羊泰华府、羊泰御园项目接待中心开业的宣传报道及宣传光碟及牧羊人集团员工和集资参与人的证言，证实曾某以房地产开发为名，通过登报、发放宣传册、光碟及员工口口相传等途径向社会公开宣传，向社会不特定对象吸收公众存款；出示了曾某、曾某某、牧羊人集团及其子公司与集资参与人签订的借款合同、协议、借款进账及利息支付的银行流水、记账凭证，出示了牧羊人集团VIP卡申购协议、《牧羊人集团俱乐部会员权益》升级申请须知、羊泰御园及羊泰华府销售代理服务合同等书证及大量证人证言，证明曾某等人承诺在一定期限内以货币、实物等方式还本付息或给付回报，具有利诱性；宣读了被告人供述、证人证言，出示了相关的司法会计鉴定资产评估意见，证明曾某等人非法集资的数额、人数、还本付息及经营情况及资产与负债的情况。上述证据均系侦查机关依法收集，内容客观真实，与本案关联紧密，证据之间相互印证，形成了完整的证据链条，充分证明起诉书指控事实清楚，证据确实、充分。

二、被告人曾某的行为构成集资诈骗罪、信用卡诈骗罪，被告人陈某某、曾某某、袁某某的行为构成非法吸收公众存款罪

本案曾某采取借款、发放VIP卡的形式向社会筹集资金，具有非法

性、公开性、利诱性和社会性的特性,系非法吸收公众存款或变相吸收公众存款的行为,且非法集资11亿元,数额特别巨大;曾某某在明知曾某非法集资的情况下,为其负责打点融资事务,进行融资登记、资金保管、办理借款及利息支付手续,为曾某的非法集资行为提供了不可或缺的帮助,系曾某非法集资过程的重要一环;被告人陈某某、袁某某根据曾某、曾某某要求,宣传牧羊人集团的实力,游说亲戚朋友借款给曾某或牵线搭桥,从中引荐、担保,使集资参与人基于对引荐人的信赖而坚定借款决心,促成双方达成借款协议,并从中获取融资奖励费和利息差,陈某某、袁某某系非法集资揽资中介人,与曾某、曾某某在非法集资层面构成共同犯罪,其中曾某系主犯,曾某某、陈某某、袁某某系从犯。鉴于本案的集资行为未经牧羊人集团决策,系曾某个人操纵实施,集资款始终处于曾某个人控制支配之下,公司财务对集资款无收支保管控制权,集资款部分归还了曾某个人信用卡或用于个人开支,借款凭据有的加盖牧羊人集团公章,有的由曾某、曾某某个人签字,我们认为本案应认定为自然人犯罪。

牧羊人集团从成立以来至案发连年亏损,被告人曾某在所属公司无收益来源的情况下,选择前期投入大,开发周期长,效益产生慢的房地产项目进行投资,并以2分至6分的高额月利率借款筹资,且在房地产开发项目因经营不善,较长时间未盈利,公司已经没有能力进行大笔资金的经营活动,公司运转和融资利息支付主要靠继续融资来维持的情况下,仍继续加大集资力度,拆东墙补西墙,尤其是缴纳完1个亿的保证金后,曾某在没有能力缴纳余款,不可能获得羊泰华府土地开发使用权的情况下,仍对外宣传牧羊人集团实力雄厚,以售卖羊泰御园和羊泰华府房产为名,发行还本付息的VIP卡,主观上明知没有偿还能力,客观上使用了欺诈手段;集资过程中,曾某将所集资金主要用于支付前期本金和高额回报,投入生产经营的资金规模仅占集资规模的1/3不到,最终因资不抵债,集资收款大于退还本金和支付利息的差额达4个多亿,不能归还的数额特别巨大,给人民利益造成特别重大损失。

非法集资过程中,曾某在资金链断裂,无法偿还集资本息的情况下,仍不管不顾地大额透支信用卡,经发卡银行两次催收后超过3个月仍不归还,可以认定其明知无归还能力而予以透支,系恶意透支,数额特别巨大。

综上,被告人陈某某、曾某某、袁某某构成非法吸收公众存款罪,被告人曾某构成集资诈骗罪、信用卡诈骗罪,应数罪并罚。

三、各被告人的量刑情节

本案被告人陈某某、曾某某、袁某某非法吸收公众存款,数额巨大,应处三年以上十年以下有期徒刑,并处五万元以上五十万元以下罚金;被告人曾某涉嫌集资诈骗和信用卡诈骗,均数额特别巨大,应数罪并罚,其中集资诈骗和信用卡诈骗均应处十年以上有期徒刑或者无期徒刑,并处五万元以上五十万元以下罚金或者没收财产。

在此基础上,提请法庭综合考虑各被告人的以下犯罪情节:

1.4名被告人均系自首。被告人曾某、陈某某、曾某某、袁某某均系自动投案,到案后均如实供述了自己的犯罪事实,在今天的法庭审理中,基本上如实供述了自己的犯罪事实,根据《中华人民共和国刑法》第六十七条第一款的规定,应当认定为自首,可以从轻或减轻处罚,其中,犯罪较轻的,可以免除处罚。

2. 案发后袁某某积极退赔所获奖励费6.4万余元,认罪态度好,对袁某某还可以酌定从轻处罚。

四、本案的危害与教训

近年来,非法集资现象高发,非法集资行为作为一种涉众型经济犯罪,不但严重扰乱了国家的金融管理秩序,使得大量的资金游离于国家的监管范围之外,打破了整个社会诚信为本的公序良俗,侵害了广大被害人的财产权益,关系到经济的健康发展和社会的长治久安。

与其他的非法集资案件一样,本案呈现出集资时间长、涉案金额大,集资参与人人数众多,案情复杂,影响恶劣,社会矛盾尖锐等特点。办案过程中,公诉人讯问了被告人,也听取了部分被害人的意见,了解到为了赚取高额利息,有的集资人倾其所有,结果一夜之间变得一穷二白;有的集资人借款融资,被逼还债,妻离子散,生活变得面目全非；有的集资人医药费被骗，疾病缠身却无钱医治，饱受病痛折磨……所有的集资参与人都追悔莫及，没有理性投资，不该贪图小利，四名被告人也表示不该作奸犯科，攫取不义之财，导致今天站在被告席上，受到法律惩处。

综观全案，带给我们的教训是深刻的。古语云：君子爱财，取之有道。然而，在市场经济的大潮中，4名被告人三观不正，价值扭曲，在一味贪图享乐、追求一夜暴富的心理支配下，弃中华民族诚信交易、守法经营、勤俭节约的传统美德于不顾，为了实现轻松发财、快速致富的目的，走上了非法吸收公众存款的不归之路，在经营不善，资金链断裂，明知无法归还的情况下，仍进行虚假宣传，拆东墙补西墙，甚至到了见钱就收，对借款条件不管不顾的地步，既严重损害了集资人的利益，也让自己陷于无底深渊，难以自拔；对广大集资参与人而言，应面对现实，相信政府，不要轻易丧失对生活的信心，在追讨欠款的过程中，要理性平和，不能采取非法拘禁、故意伤害等过激行为，触犯法律，让自己也走上违法犯罪的道路，同时要以此为鉴，在今后的经济交往中，提高风险防范意识，合法投资，科学理财；对各监管部门而言，要加强对各类经济行为的监管，及时提醒广大民众识别风险，远离陷阱，同时拓展资金投资渠道，合理引导资金流向。

审判长、审判员，综上所述，本院指控被告人曾某犯集资诈骗罪、信用卡诈骗罪，陈某某、曾某某、袁某某犯非法吸收公众存款罪的事实清楚，证据确实、充分，请法庭综合考虑其犯罪情节、悔罪态度、退赃情况及法庭表现，依法公正判处。公诉意见发表完毕。

五、主导庭审讯问

作为该类涉案事实复杂、人员众多的案件，如何在庭审中打好出庭公诉战役，可以说庭审讯问是关键，而在被告人不认罪的情况下如何铺陈好庭审讯问，如何做好庭审问答的功课是需要公诉人不断深入思考总结的。我们认为有三个方面因素可以作为经验参考。

(一) 主体因素

作为审讯对象的被告人无疑是庭审的重点,要想把握好庭审讯问的节奏必须要做好准备工作,在庭审前再次复核被告人对于起诉指控的事实的看法与意见,尤其是重点听取并详细记录其辩解理由以做好庭审应对的准备。

(二) 环境因素

因为整个庭审是公开实时的,有的还是全程同录直播,出庭人员要做好充分的心理准备和对庭审现场的把控了解,对于可能参与旁听人员的心理需求也要有一定的了解,避免被辩护律师牵着鼻子走,始终要牢牢把握庭审先发问的主动权。如在团伙案件的开庭审理过程中,旁听人员大多数系被告人亲属,对于其家人所参与的违法犯罪活动认识不清,在辩护律师的鼓动下纷纷为"法不责众"的辩护观点鼓掌喧哗。在此情形下,公诉人首先应当提起法庭注意,维持庭审秩序;其次应正面回应辩护观点中的谬误点,刑法处罚的标准是否符合构罪要件,是否存在法定的免责事由,而不是法外施法,滥用道德评价来代替法律的审判。最后也要提醒涉案当事人的家属,对于其家人的行为在同情其不知法的前提下,结合法定与酌定的情节,依法予以其公正评判。

(三) 偶发因素

对于预案中准备的问题检察官应对起来一般问题不大,但是要有充分的准备灵活应对当庭出现的新问题,敏锐把握住审讯中被告人流露出来的破绽或矛盾点,出其不意攻其不备给予翻供狡辩者狠狠的回击,赢取庭审讯问的主动权。如在鸿冠集团石某某、杨某某等集资诈骗案的公审过程中,当事人对于自身的非法占有一直否认,但是在问及单位的资金去向,尤其是问及其家庭的日常开销,包括购车、购房甚至于子女教育、请保姆的开支都从单位财务支出的时候,对于当事人所辩解的没有非法占有非法融资款的辩解就显得苍白无力,不攻自破了。

六、开展庭后监督

集资诈骗案件因为属于涉众型经济案件,同时又是侵财型犯罪,故庭后工作主要围绕财物处置、涉案债权人权益维护等经济问题展开。

(一) 关于涉案资产处置的问题

各级公安机关、人民检察院、人民法院要本着追赃挽损利益最大化原则,切实做好资产处置相关工作,减少集资参与人损失,实现良好办案效果。(1) 公安机关在侦查案件过程中,要及时查封、扣押、冻结涉案资产,全面收集证明资产权属的相关证据,确保查封、扣押、冻结在案的资产权属明确,并制作查扣资产清单。(2) 人民检察院在提起公诉前,要认真审查证明资产权属的在案证据,对于查扣了涉案资产,但在案证据不足以证明资产权属的,可退回公安机关补充侦查。(3) 人民检察院在提起公诉时,应当在起诉书中载明涉案资产查扣情况,在庭审中应当对涉案资产权属进行举证证明。人民法院查明查扣在案的资产属于行为人违法所得或者依法应当追缴的其他涉案财物,应当依法作出判决。(4) 积极开展保护性追赃挽损措施,对查扣的不宜保存的涉案资产,在查明资产权属的前提下,如果能够证明确属赃款、赃物或者系使用赃款、赃物购买或者置换的其他财物,可以提前启动资产处置程序。公安机关查封、扣押的房产、车辆、电脑、家具、家电、股票、基金等财产或者财产性权利等,有些财产随着时间推移价值必然贬损,如车辆、船只、电脑等;有些财产或财产性权利的价格随市场波动很大,如房产、股票、基金等,如果对这些财产或者财产性权利长期保存,等到诉讼终结后再行处置,会导致财产价值贬损,不利于追赃挽损利益最大化。对这些长期保存会导致价值贬损的财产或者财产性权利,可以认定为司法解释所规定的"不宜保存的物品",公安机关在查扣相关资产后,可及时商请人民检察院、人民法院共同研究会商,提前启动处置程序。

(二) 关于违法所得的追缴及退赔问题

根据刑法规定,犯罪分子违法所得的一切财物,应当予以追缴或者责令退赔。追缴和退赔是两个不同的概念，对于违法所得应当予以追缴，尚未追缴在案的可以继续追缴，对于无法追缴的财物，可以责令退赔，退赔既包括退还财物，也包括赔偿财物。人民法院判决认定的事实中，对继续追缴财物可以表述为"其他资产追缴及权属确定工作仍在进一步进行中，继续追缴的涉案资产将移送执行机关，变价后与已追缴资产按同等原则发还集资参与人"。本着追赃挽损利益最大化原则及持续性追赃的现实要求，人民法院在判项中可以表述为"在案扣押、冻结款分别按比例发还集资参与人；在案查封、扣押的房产、车辆、股权、物品等变价后分别按比例发还集资参与人，不足部分责令继续退赔并按照同等原则分别发还"。对于追缴或者责令退赔财物的范围问题，追缴或者责令退赔违法所得与民事诉讼中共同被告对集资参与人的损失承担连带赔偿责任有所区别，追缴或者退赔违法所得不属于民事赔偿诉讼，不涉及民事连带责任的问题，应以行为人实际的违法所得为限，尚未追缴或者无法追缴的，可以依法责令退赔，退赔亦应以实际违法所得为限。查封、扣押、冻结的涉案赃款、赃物不足以退清全部集资款的，法院应判决继续追缴并执行扣押在案的行为人合法财产。对于行为人主动退缴的数额超过其实际违法所得的，可以在量刑时予以充分考虑。退缴的款项应当与其他涉案资产一并进入资产清退程序，不得判决没收上缴国库或自行处理。

（三）关于集资参与人的权利保护问题

公安机关、人民检察院、人民法院要根据最高人民法院、最高人民检察院、公安部《关于办理非法集资类刑事案件适用法律若干问题的意见》相关规定，注重保护集资参与人的合法权利。对集资参与人的知情权、旁听庭审、集资款返还等请求，可通过及时公布案件进展、涉案资产处置情况等方式释明。集资参与人可以推举代表向司法机关提出意见和建议。要加大追赃挽损力度，最大限度地挽回集资参与人遭受的损失。

第七节 相关法律规范及案例

一、法律

《中华人民共和国刑法》

第一百九十二条 以非法占有为目的，使用诈骗方法非法集资，数额较大的，处三年以上七年以下有期徒刑，并处罚金；数额巨大或者有其他严重情节的，处七年以上有期徒刑或者无期徒刑，并处罚金或者没收财产。

单位犯前款罪的，对单位判处罚金，并对其直接负责的主管人员和其他直接责任人员，依照前款的规定处罚。

二、行政法规

1. **《金融违法行为处罚办法》**

第二十八条 信托投资公司不得以办理委托、信托业务名义吸收公众存款、发放贷款，不得违反国家规定办理委托、信托业务。

信托投资公司违反前款规定的，给予警告，没收违法所得，并处违法所得1倍以上5倍以下的罚款，没有违法所得的，处10万元以上50万元以下的罚款；对该信托投资公司直接负责的高级管理人员、其他直接负责的主管人员和直接责任人员，给予记大过直至开除的纪律处分；情节严重的，暂停或者停止该项业务，对直接负责的高级管理人员给予撤职直至开除的纪律处分；构成非法吸收公众存款罪、集资诈骗罪或者其他罪的，依法追究刑事责任。

2. 国务院办公厅《关于严厉打击以证券期货投资为名进行违法犯罪活动的通知》

三、正确适用法律，把握政策界限

（一）对超出核准的经营范围，非法从事或变相非法从事证券期货交易活动，非法经营境外期货、外汇期货业务的，以涉嫌非法经营罪立案查处。

（二）对未经证券监管部门批准和工商行政管理部门登记注册，擅自设立证券期货机构的，以涉嫌擅自设立金融机构罪立案查处。

（三）对以"投资咨询"、"代客理财"等为招牌，以高额回报、赠送礼品、虚假融资、减免手续费、提供"免费午餐"等为诱饵吸纳客户资金，采用内部模拟证券期货交易等手法，非法侵占他人财产的，以涉嫌集资诈骗罪立案查处。

（四）非法证券期货经营者对受害人有暴力、威胁、非法拘禁等侵犯公民人身权利的行为，或以暴力、威胁手段阻碍国家机关工作人员依法执行公务，情节严重，构成犯罪的，依法追究刑事责任。

（五）对以证券期货投资为名进行违法犯罪活动的机构，由证券监管部门、工商行政管理部门依法取缔、吊销其营业执照。

三、司法解释

1.《全国法院审理金融犯罪案件工作座谈会纪要》

3. 集资诈骗罪的认定和处理：集资诈骗罪和欺诈发行股票、债券罪、非法吸收公众存款罪在客观上均表现为向社会公众非法募集资金。区别的关键在于行为人是否具有非法占有的目的。对于以非法占有为目的而非法集资，或者在非法集资过程中产生了非法占有他人资金的故意，均构成集资诈骗罪。但是，在处理具体案件时要注意以下两点：一是不能仅凭较大数额的非法集资款不能返还的结果，推定行为人具有非法占有的目的；二是行为人将大部分资金用于投资或生产经营活动，而将少量资金用于个人消费或挥霍的，不应仅以此便认定具有非法占有的目的。

2. 最高人民检察院、公安部《关于公安机关管辖的刑事案件立案追诉标准的规定（二）》

第四十九条　[集资诈骗案（刑法第一百九十二条）] 以非法占有为目的，使用诈骗方法非法集资，涉嫌下列情形之一的，应予立案追诉：

（一）个人集资诈骗，数额在十万元以上的；

（二）单位集资诈骗，数额在五十万元以上的。

3. 最高人民法院《关于审理非法集资刑事案件具体应用法律若干问题的解释》

第四条 以非法占有为目的，使用诈骗方法实施本解释第二条规定所列行为的，应当依照刑法第一百九十二条的规定，以集资诈骗罪定罪处罚。

使用诈骗方法非法集资，具有下列情形之一的，可以认定为"以非法占有为目的"：

（一）集资后不用于生产经营活动或者用于生产经营活动与筹集资金规模明显不成比例，致使集资款不能返还的；

（二）肆意挥霍集资款，致使集资款不能返还的；

（三）携带集资款逃匿的；

（四）将集资款用于违法犯罪活动的；

（五）抽逃、转移资金、隐匿财产，逃避返还资金的；

（六）隐匿、销毁账目，或者搞假破产、假倒闭，逃避返还资金的；

（七）拒不交代资金去向，逃避返还资金的；

（八）其他可以认定非法占有目的的情形。

集资诈骗罪中的非法占有目的，应当区分情形进行具体认定。行为人部分非法集资行为具有非法占有目的的，对该部分非法集资行为所涉集资款以集资诈骗罪定罪处罚；非法集资共同犯罪中部分行为人具有非法占有目的，其他行为人没有非法占有集资款的共同故意和行为的，对具有非法占有目的的行为人以集资诈骗罪定罪处罚。

第五条 个人进行集资诈骗，数额在10万元以上的，应当认定为"数额较大"；数额在30万元以上的，应当认定为"数额巨大"；数额在100万元以上的，应当认定为"数额特别巨大"。

单位进行集资诈骗，数额在50万元以上的，应当认定为"数额较大"；数额在150万元以上的，应当认定为"数额巨大"；数额在500万元以上的，应当认定为"数额特别巨大"。

集资诈骗的数额以行为人实际骗取的数额计算，案发前已归还的数额应予扣除。行为人为实施集资诈骗活动而支付的广告费、中介费、手续费、回扣，或者用于行贿、赠与等费用，不予扣除。行为人为实施集资诈骗活动而支付的利息，除本金未归还可予折抵本金以外，应当计入诈骗数额。

4. 最高人民法院《关于常见犯罪的量刑指导意见（二）（试行）》

（三）集资诈骗罪

1. 构成集资诈骗罪的，可以根据下列不同情形在相应的幅度内确定量刑起点：

（1）达到数额较大起点的，可以在二年以下有期徒刑、拘役幅度内确定量刑起点。

（2）达到数额巨大起点或者有其他严重情节的，可以在五年至六年有期徒刑幅度内确定量刑起点。

（3）达到数额特别巨大起点或者有其他特别严重情节的，可以在十年至十二年有期徒刑幅度内确定量刑起点。依法应当判处无期徒刑的除外。

2. 在量刑起点的基础上，根据集资诈骗数额等其他影响犯罪构成的犯罪事实增加刑罚量，确定基准刑。

5. 最高人民检察院《关于办理涉互联网金融犯罪案件有关问题座谈会纪要》

（二）集资诈骗行为的认定

14. 以非法占有为目的，使用诈骗方法非法集资，是集资诈骗罪的本质特征。是否具有非法占有目的，是区分非法吸收公众存款罪和集资诈骗罪的关键要件，对此要重点围绕融资项目真实性、资金去向、归还能力等事实进行综合判断。犯罪嫌疑人存在以下情形之一的，原则上可以认定具有非法占有目的：

（1）大部分资金未用于生产经营活动，或名义上投入生产经营但又通过各种方式抽逃转移资金的；

（2）资金使用成本过高，生产经营活动的盈利能力不具有支付全

部本息的现实可能性的;

（3）对资金使用的决策极度不负责任或肆意挥霍造成资金缺口较大的;

（4）归还本息主要通过借新还旧来实现的;

（5）其他依照有关司法解释可以认定为非法占有目的的情形。

15. 对于共同犯罪或单位犯罪案件中，不同层级的犯罪嫌疑人之间存在犯罪目的发生转化或者犯罪目的明显不同的，应当根据犯罪嫌疑人的犯罪目的分别认定。

（1）注意区分犯罪目的发生转变的时间节点。犯罪嫌疑人在初始阶段仅具有非法吸收公众存款的故意，不具有非法占有目的，但在发生经营失败、资金链断裂等问题后，明知没有归还能力仍然继续吸收公众存款的，这一时间节点之后的行为应当认定为集资诈骗罪，此前的行为应当认定为非法吸收公众存款罪。

（2）注意区分犯罪嫌疑人的犯罪目的的差异。在共同犯罪或单位犯罪中，犯罪嫌疑人由于层级、职责分工、获取收益方式、对全部犯罪事实的知情程度等不同，其犯罪目的也存在不同。在非法集资犯罪中，有的犯罪嫌疑人具有非法占有的目的，有的则不具有非法占有目的，对此，应当分别认定为集资诈骗罪和非法吸收公众存款罪。

16. 证明主观上是否具有非法占有目的，可以重点收集、运用以下客观证据：

（1）与实施集资诈骗整体行为模式相关的证据：投资合同、宣传资料、培训内容等;

（2）与资金使用相关的证据：资金往来记录、会计账簿和会计凭证、资金使用成本（包括利息和佣金等）、资金决策使用过程、资金主要用途、财产转移情况等;

（3）与归还能力相关的证据：吸收资金所投资项目内容、投资实际经营情况、盈利能力、归还本息资金的主要来源、负债情况、是否存在虚构业绩等虚假宣传行为等;

（4）其他涉及欺诈等方面的证据：虚构融资项目进行宣传、隐瞒资金实际用途、隐匿销毁账簿；等等。司法会计鉴定机构对相关数据进行鉴定时，办案部门可以根据查证犯罪事实的需要提出重点鉴定的项目，保证司法会计鉴定意见与待证的构成要件事实之间的关联性。

17. 集资诈骗的数额，应当以犯罪嫌疑人实际骗取的金额计算。犯罪嫌疑人为吸收公众资金制造还本付息的假象，在诈骗的同时对部分投资人还本付息的，集资诈骗的金额以案发时实际未兑付的金额计算。案发后，犯罪嫌疑人主动退还集资款项的，不能从集资诈骗的金额中扣除，但可以作为量刑情节考虑。

四、参考案例

1. 周某集资诈骗案[①]

基本案情：被告人周某，男，1982年2月出生，原系浙江省衢州市中宝投资有限公司（以下简称中宝投资公司）法定代表人。

2011年2月，被告人周某注册成立中宝投资公司，担任法定代表人。公司上线运营"中宝投资"网络平台，借款人（发标人）在网络平台注册、缴纳会费后，可发布各种招标信息，吸引投资人投资。投资人在网络平台注册成为会员后可参与投标，通过银行汇款、支付宝、财付通等方式将投资款汇至周某公布在网站上的8个其个人账户或第三方支付平台账户。借款人可直接从周某处取得所融资金。项目完成后，借款人返还资金，周某将收益给予投标人。

运行前期，周某通过网络平台为13个借款人提供总金额约170万余元的融资服务，因部分借款人未能还清借款造成公司亏损。此后，周某除用本人真实身份信息在公司网络平台注册2个会员外，自2011年5月至2013年12月陆续虚构34个借款人，并利用上述虚假身份自行发布大量虚假抵押标、宝石标等，以支付投资人约20%的年化收益率及额外奖励等为诱饵，向社会不特定公众募集资金。所募资金未进入公司账户，全部由周某个人掌控和支配。除部分用于归还投资人到期的本金

[①] 案例来源于最高人民检察院公报。

及收益外，其余主要用于购买房产、高档车辆、首饰等。这些资产绝大部分登记在周某名下或供周某个人使用。2011 年 5 月至案发，周某通过中宝投资网络平台累计向全国 1586 名不特定对象非法集资共计 10.3 亿余元，除支付本金及收益回报 6.91 亿余元外，尚有 3.56 亿余元无法归还。案发后，公安机关从周某控制的银行账户内扣押现金 1.80 亿余元。

该案利用互联网从事 P2P 借贷融资，是否不构成集资诈骗罪，而构成非法吸收公众存款罪？

检察机关认为：P2P 网络借贷，是指个人利用中介机构的网络平台，将自己的资金出借给资金短缺者的商业模式。根据中国银行业监管委员会、工业和信息化部、公安部、国家互联网信息办公室制定的《网络借贷信息中介机构业务活动管理暂行办法》等监管规定，P2P 作为新兴金融业态，必须明确其信息中介性质，平台本身不得提供担保，不得归集资金搞资金池，不得非法吸收公众资金。周某吸收资金建资金池，不属于合法的 P2P 网络借贷。非法吸收公众存款罪与集资诈骗罪的区别，关键在于行为人对吸收的资金是否具有非法占有的目的。利用网络平台发布虚假高利借款募集资金，采取借新还旧的手段，短期内募集大量资金，不用于生产经营活动，或者用于生产经营活动与筹集资金规模明显不成比例，致使集资款不能返还的，是典型的利用网络中介平台实施集资诈骗行为。本案中，周某采用编造虚假借款人、虚假投标项目等欺骗手段集资，所融资金未投入生产经营，大量集资款被其个人肆意挥霍，具有明显的非法占有目的，其行为构成集资诈骗罪。

综上所述，不难看出对于集资诈骗犯罪的认定还应当引起注意的是，集资诈骗罪与非法吸收公众存款罪的区别点，虽然两个罪名均涉嫌扰乱金融秩序，且均存在涉案人员众多、涉案资金巨大、涉案法律关系复杂等相似点，但是作为不同的罪责形式还是存在区别，主要表现在：第一，犯罪的目的不同。用诈骗方法非法集资罪的行为人的目的是非法占有所募集的资金；而非法吸收公众存款罪的行为人在主观上不具有非法占有的目的。第二，犯罪的行为不同。非法集资的犯罪行为人必须使用诈骗的方法；而非法吸收公众存款或者变相吸收公众存款的犯罪行为则不以使用诈骗方法作为构成犯罪的要件。第三，侵犯的客体不同。非法集资罪侵犯的是双重客体；而非法吸收公众存款犯罪侵犯的客体在一般情况下主要是国家的金融管理秩序。当然，在有些情况下由于行为人经营不善等原因造成亏损，无法兑现其在吸收公众存款时的承诺，甚至给投资人、存款人造成了经济损失。但是，这种损失与直接侵犯公私财物的所有权是不同的。

2. 曾某某集资诈骗案①

基本案情：自2003年11月15日至2008年9月30日，被告人曾某某、曾某、陈某某、宋某某、邓某某、张某某、陈某某等人以某市建筑安装工程公司驻吉首开发部、三馆公司的名义面向不特定社会公众非法集资345286.45万元，集资涉及人数24238人，集资累计57759人次。其中，被告人宋某某任职期间，集资累计金额345286.42万元，集资累计57746人次；被告人邓某某任职期间，集资累计金额336033.43万元，集资累计57581人次；被告人张某某任职期间，集资累计金额177261.95万元，集资累计34508人次；被告人陈某某任职期间，集资累计金额76413.65万元；被告人陈某某经办集资累计金额13280.30万元，集资累计2769人次。至案发时止，被告人曾某某、曾某等以三馆公司名义已归还集资户集资本金168179.20万元，仍有177107.25万元的集资本金没有归还，剔除已经支付的集资利息共计94123.58万元，被告人曾某某、曾某集资诈骗的金额为82983.67万元，造成集资户经济损失共计6.2亿元。被告人曾某某等人非法集资获取的集资款282581.14万元（已剔除集资转存金额），除退本付息及付集资奖励共计211119.83万元，余款71461.31万元中的55657.10万元用于"三馆项目"的工程支出，其余款项被曾某某用于其作为股东在三馆公司注册资金中的出资、以他人名义投资注册成立湖南新林酒店管理有限公司、丹东湘东矿业有限公司、湖南京宝房地产开发有限公司、铜仁市湘黔锌业开发有限责任公司等，以其妻邓某某的名义购买房产等。

---

① 案例来源于最高人民检察院公报。

该案对于参与非法集资共同犯罪的各被告人的地位、作用,应当适用的刑罚量刑幅度是什么?

检察机关认为:一审对被告人曾某某、曾某、陈某某、宋某某、张某某、陈某某量刑适当。

被告人曾某某以非法占有为目的,使用诈骗方法非法集资,骗取社会公众集资款近8.3亿元,数额特别巨大;曾某某实施集资诈骗,造成集资户经济损失6.2亿余元,与吉首市其他进行非法集资的公司相继不能兑付到期的集资款本息,引发了吉首市万余名群众围堵铁路及火车站事件、数千名集资群众围堵湘西州人民政府并进行"打砸"的事件、集资户吴某某在集资款兑付无望的情况下当众自焚并造成七级伤残的严重后果,给国家和人民利益造成特别重大损失;在集资诈骗共同犯罪中,曾某某起组织、指挥的主要作用,系主犯。一审判处曾某某死刑,罚当其罪。

被告人曾某以非法占有为目的,使用诈骗方法非法集资,骗取社会公众集资款近8.3亿元,数额特别巨大,造成集资户经济损失6.2亿余元,后果极其严重;鉴于曾某在共同集资诈骗犯罪中起辅助作用,系从犯,依法应当从轻、减轻或者免除处罚,且其犯罪后认罪态度较好,有悔罪表现,可酌情从轻处罚。故一审判处曾某有期徒刑十年,并无不当。

被告人陈某某利用在三馆公司认筹部工作的职务便利,非法将本应交单位入账的集资款125万元占为己有,数额巨大;陈某某在曾某某的组织、指挥下,未经金融管理部门批准,非法吸收公众存款13280.30万元,扰乱金融秩序,数额巨大;在非法吸收公众存款共同犯罪中,陈某某起辅助作用,系从犯,依法应当从轻、减轻或者免除处罚,且犯罪后认罪态度较好,有悔罪表现,可酌情从轻处罚。一审以职务侵占罪判处陈某某有期徒刑五年六个月;以非法吸收公众存款罪判处其有期徒刑一年,决定执行有期徒刑六年,罚当其罪。

被告人宋某某、张某某、陈某某在被告人曾某某的组织、指挥下,未经金融管理部门批准,非法吸收公众存款,扰乱金融秩序,其中宋某某任职期间集资累计金额 345286.42 万元，集资累计 57746 人次，张某某任职期间集资累计金额 177261.95 万元，集资累计 34508 人次，陈某某任职期间，集资累计金额 76413.65 万元，均数额巨大；在非法吸收公众存款共同犯罪中，宋某某、张某某、陈某某起辅助作用，均系从犯，依法应当从轻、减轻或者免除处罚，且犯罪后均认罪态度较好，有悔罪表现，可酌情从轻处罚；被告人张某某到案后，协助公安机关清理三馆公司的债权债务，为挽回经济损失起了较大作用，可酌情从轻处罚；退还犯罪所得是被告人的法定义务，宋某某上诉称"积极退清非法所得，依法应当减轻处罚"的理由不能成立，只能作为酌情从轻处罚的情节。一审根据三被告人在共同非法吸收公众存款犯罪中所起的作用以及犯罪后的表现，分别判处宋某某有期徒刑四年六个月，张某某、陈某某有期徒刑各四年，罚当其罪，并无不当。

一审对被告人邓某某量刑畸重。被告人邓某某在其丈夫曾某某依法不能担任法人代表的情况下，出任三馆公司董事长、法人代表，同时授权曾某某负责三馆公司一切事务，放任曾某某组织、指挥他人未经金融管理部门批准，非法集资，扰乱金融秩序。邓某某任职期间，集资累计 57581 人次，累计金额 336033.43 万元，数额巨大，其行为无疑已构成非法吸收公众存款罪。但是，邓某某并未实际履行董事长职责，对三馆公司的经营管理参与极少，三馆公司集资决定的作出、采取的方式、利率的高低、集资款项的保管使用均由曾某某决定，并组织他人实施。因此，在共同非法吸收公众存款犯罪中，邓某某既不是犯意的提出者，也不是犯罪行为的积极实施者，在共同犯罪中只起了辅助作用，应当认定为从犯，依法应当从轻、减轻或者免除处罚。起诉指控邓某某系从犯恰当，一审认定邓某某系主犯与客观事实不符，因而导致以非法吸收公众存款罪顶格判处邓某某有期徒刑十年量刑畸重。

综合上述分析，不难看出根据《刑法》第一百九十二条的规定，对集资诈骗罪规定了三个档次的处刑："处五年以下有期徒刑或者拘役，并处二万元以上二十万元以下罚金；数额巨大或者有其他严重情节的，处五年以上十年以下有期徒刑，并处五万元以上五十万元以下罚金；数额特别巨大或者有其他特别严重情节的，处十年以上有期徒刑或者无期徒刑，并处五万元以上五十万元以下罚金或者没收财产。"① 而根据最高人民法院《关于审理非法集资刑事案件具体应用法律若干问题的解释》第五条规定：个人进行集资诈骗，数额在10万元以上的，应当认定为"数额较大"；数额在30万元以上的，应当认定为"数额巨大"；数额在100万元以上的，应当认定为"数额特别巨大"。单位进行集资诈骗，数额在50万元以上的，应当认定为"数额较大"；数额在150万元以上的，应当认定为"数额巨大"；数额在500万元以上的，应当认定为"数额特别巨大"。集资诈骗的数额以行为人实际骗取的数额计算，案发前已归还的数额应予扣除。行为人为实施集资诈骗活动而支付的广告费、中介费、手续费、回扣，或者用于行贿、赠与等费用，不予扣除。行为人为实施集资诈骗活动而支付的利息，除本金未归还可予折抵本金以外，应当计入诈骗数额。

由于这类犯罪案件情况较为复杂，从实际发生的案例来看，诈骗的数额一般都很大，有的数额在百万元、千万元以上，有的甚至达到数亿元、数十亿元。在量刑时需要综合考虑全案的社会影响，各犯罪人的地位、作用等予以综合分析与评判而不能简单地采取用金额做"一刀切"的机械划线模式。

---

① 本案中依据的量刑幅度现已被《刑法修正案（十一）》修改。

第四章 组织、领导传销活动罪

第一节 组织、领导传销活动罪概述

一、概念

根据《刑法》第224条之一规定:"组织、领导以推销商品、提供服务等经营活动为名,要求参加者以缴纳费用或者购买商品、服务等方式获得加入资格,并按照一定顺序组成层级,直接或者间接以发展人员的数量作为计酬或者返利依据,引诱、胁迫参加者继续发展他人参加,骗取财物,扰乱经济社会秩序的传销活动的,处五年以下有期徒刑或者拘役,并处罚金;情节严重的,处五年以上有期徒刑,并处罚金。"

组织、领导传销活动罪,是指组织、领导以推销商品、提供服务等经营活动为名,要求参加者以缴纳费用或者购买商品、服务等方式获得加入资格,并按照一定顺序组成层级,直接或者间接以发展人员的数量作为计酬或者返利依据,引诱、胁迫参加者继续发展他人参加,骗取财物,扰乱经济社会秩序的传销活动的行为。[①] 组织、领导传销活动罪于2009年《刑法修正案(七)》才明确写入《刑法》,作为《刑法》第224条之一。

本罪处罚的是传销活动的"组织"和"领导"行为。所谓"组织"是指以召集人为首发起或者实施招募、雇用、拉拢、鼓动多人成

[①] 张明楷:《刑法学》(第五版),法律出版社2016年版,第836页。

立某种组织的行为；所谓"领导"是指对组织的成立以及组织的活动实施策划、指挥和布置的行为。① 最高人民法院、最高人民检察院、公安部《关于办理组织领导传销活动刑事案件适用法律若干问题的意见》明确列举了五类人员为传销活动的组织者、领导者：（1）在传销活动中起发起、策划、操纵作用的人员；（2）在传销活动中承担管理、协调等职责的人员；（3）在传销活动中承担宣传、培训等职责的人员；（4）曾因组织、领导传销活动受过刑事处罚，或者1年以内因组织、领导传销活动受过行政处罚，又直接或者间接发展参与传销活动人员在15人以上且层级在3级以上的人员；（5）其他对传销活动的实施、传销组织的建立、扩大等起关键作用的人员。《刑法》第224条之一对本罪处罚的"传销"行为的内涵进行了明确的界定，是以推销商品、提供服务等经营活动为名，要求参加者以缴纳费用或者购买商品、服务等方式获得加入资格，并按照一定顺序组成层级，直接或者间接以发展人员的数量作为计酬或者返利依据，引诱、胁迫参加者继续发展他人参加，骗取财物的行为。

这里的层级指的是行为人本人或与其共同犯罪人实际发展的层级数，与传销本质特征中"按照一定顺序组成层级"中的"层级"含义不同。前者反映行为的危害性，后者反映传销活动的结构特征。法律、司法解释对组织、领导传销活动罪的认定逻辑是：先界定是否符合传销组织的特征，再界定是否应被刑法处罚。即首先确定从事的是传销行为，再根据组织结构是否达到三层级30人的条件，来认定是否对该传销组织和人员进行刑事追诉。对于虽系传销组织，但参与传销活动的人数没有达到30人以上且层级在3级以上的，就不能对该组织和人员追究刑事责任。

---

① 高铭暄、马克昌：《刑法学》，北京大学出版社、高等教育出版社2007年版，第390页。

二、立法沿革

"传销"这个词早期主要在我国台湾地区和香港特别行政区使用，其含义与"直销"没有区别，两者都翻译自"Direct selling"，指的是以面对面非定点的方式销售产品或服务的销售模式。

20世纪90年代初，传销这种经营方式传入中国大陆。① 当时，中国正处于经济转型期，法制不够健全，为规范这种新的销售模式，1997年1月10日，国家工商行政管理局颁布《传销管理办法》，《传销管理办法》第2条规定：传销是生产企业不通过店铺销售，而由传销员将本企业产品直接销售给消费者的经营方式。它包括多层次传销和单层次传销。多层次传销，是指生产企业不通过店铺销售，而通过发展两个层次以上的传销员并由传销员将本企业的产品直接销售给消费者的一种经营方式。单层次传销，是指生产企业不通过店铺销售，而通过发展一个层次的传销员并由传销员将本企业的产品直接销售给消费者的一种经营方式。第3条规定：企业从事传销活动必须经工商行政管理机关核准登记。工商行政管理机关对传销活动进行监督管理。从《传销管理办法》可以看出，在这一时期，传销是合法的，其含义与现今具有本质的不同，实际上它还是国际营销学意义上的直销（包括单层次直销和多层次直销），这个时期传销可以进行登记、经营，只是对其采取严格限制和监控措施。

但是，"传销作为一种经营方式，由于其具有组织上的封闭性、交易上的隐蔽性、传销人员的分散性等特点"，加之当时"我国市场发育程度低，管理手段比较落后，群众消费心理尚不成熟，不法分子利用传销进行邪教、帮会和迷信、流氓等活动，严重背离精神文明建设的要求，影响我国社会稳定；利用传销吸收党政机关干部、现役军人、全日制在校学生参与经商，严重破坏正常的工作和教学秩序；利用传销进行价格欺诈、骗取钱财，推销假冒伪劣产品、走私产品，牟取暴利，偷逃

---

① 标志性事件是1990年，美国雅芳广州公司在中国成立。

税收,严重损害消费者的利益,干扰正常的经济秩序"。① 1998年4月18日国务院颁布《关于禁止传销经营活动的通知》,全面禁止任何形式的传销经营活动,要求此前已经批准登记从事传销经营的企业,一律停止传销经营活动,认真做好传销人员的善后处理工作,自行清理债权债务,转为其他经营方式,② 逾期不办理的,由工商行政管理机关吊销其营业执照。自通知发布之日起,已经发现有下列行为之一的,各级人民政府和工商行政管理、公安等有关部门,要采取有力措施、坚决取缔、严肃处理:(1)将传销由公开转入地下的;(2)以双赢制、电脑排网、框架营销等形式进行传销的;(3)假借专卖、代理、特许加盟经营、直销、连锁、网络销售等名义进行变相传销的;(4)采取会员卡、储蓄卡、彩票、职业培训等手段进行传销和变相传销,骗取入会费、加盟费、许可费、培训费的;(5)其他传销和变相传销行为。对于传销和变相传销行为,由工商行政管理机关依据国家有关规定予以认定并进行处罚。对利用传销进行诈骗,推销假冒伪劣产品、走私产品以及进行邪教、帮会、迷信、流氓等活动的,由有关部门予以查处;构成犯罪的,移送司法机关依法追究刑事责任。由于当时刑法并未规定专门的传销犯罪,这一时期对传销活动情节严重的,以非法经营来定罪处罚。2001年4月10日,最高人民法院《关于情节严重的传销或者变相传销行为如何定性问题的批复》(已失效)明确规定,对于1998年4月18日国务院《关于禁止传销经营活动的通知》发布以后,仍然从事传销或者从事变相传销活动,扰乱市场秩序,情节严重的,应当依照《刑法》第225条第4项的规定,以非法经营罪定罪处罚。对于实施上述犯罪,

---

① 《关于禁止传销经营活动的通知》第1条(国发〔1998〕10号)。

② 为了贯彻落实国务院《关于禁止传销经营活动的通知》,对外经贸部、工商行政管理总局、国家国内贸易局于1998年6月18日发布《关于外商投资传销企业转变销售方式有关问题的通知》(已失效),规定了申请转型企业必须符合"企业必须是生产性企业,只能销售本企业生产的产品"的条件。同时规定"对转型企业设立的销售分支机构需要重新审核。分支机构是非独立法人的机构,必须自开店铺推销本企业自产产品"。

同时构成刑法规定的其他犯罪的,依照处罚较重的规定定罪处罚。从《关于情节严重的传销或者变相传销行为如何定性问题的批复》的内容可以看出,对于《关于禁止传销经营活动的通知》发布以前的传销或者变相传销行为,不宜以非法经营罪追究刑事责任。《关于禁止传销经营活动的通知》发布后,传销活动被全面禁止,"传销"本身就包含了非法的含义。

此后,为了实现2001年加入WTO时做出的承诺(三年内解除"无固定地点的批发或零售服务"的市场准入限制),国务院第101次常务会议通过了《禁止传销条例》和《直销管理条例》(2017年修订),并分别于2005年11月1日、12月1日起施行。① 其中《禁止传销条例》第2条规定,"本条例所称传销,是指组织者或者经营者发展人员,通过对被发展人员以其直接或者间接发展的人员数量或者销售业绩为依据计算和给付报酬,或者要求被发展人员以交纳一定费用为条件取得加入资格等方式牟取非法利益,扰乱经济秩序,影响社会稳定的行为"。该规定以行政法规的形式明确了传销的概念。同时,第7条列举了传销的三种方式:(1)组织者或者经营者通过发展人员,要求被发展人员发展其他人员加入,对发展的人员以其直接或者间接滚动发展的人员数量为依据计算和给付报酬(包括物质奖励和其他经济利益,下同),牟取非法利益的;(2)组织者或者经营者通过发展人员,要求被发展人员交纳费用或者以认购商品等方式变相交纳费用,取得加入或者发展其他人员加入的资格,牟取非法利益的;(3)组织者或者经营者通过发展人员,要求被发展人员发展其他人员加入,形成上下线关系,并以下线的销售业绩为依据计算和给付上线报酬,牟取非法利益的。由此可见,此时的传销包含了三种方式:"拉人头""收取入门费"和"团队

---

① 《禁止传销条例》和《直销管理条例》施行前,2004年,国家商务部和工商总局牵头召开了第八届中国投资贸易洽谈会直销论坛,该论坛重点讨论了直销企业的准入门槛,其后2005年国家商务部和工商总局批准雅芳(中国)有限公司成为第一家直销试点企业。

计酬"。而单层次直销已经从传销范围之内分离出来作为合法的经营模式由《直销管理条例》来规范。

2001年的《关于情节严重的传销或者变相传销行为如何定性问题的批复》将刑法没有规定的传销行为解释为非法经营行为,是当时不经刑事立法程序而将传销行为入罪的最佳选择,从司法实践的情况看,按照非法经营罪定罪处罚的是具有经营内容的传销行为,对于诈骗性质的传销则以诈骗罪或者集资诈骗罪论处。因为没有法律的明文规定,这一界限也不明确。因此司法实践中存在定罪混乱的现象。学者们普遍认为,仅仅以司法解释的形式对传销和变相传销的性质加以规定,将传销行为纳入非法经营的范畴,很难适应传销和变相传销的新特点,必须独设非法传销罪,明确设定非法传销的刑罚。①

2009年2月28日,第十一届全国人大常委会第七次会议通过《刑法修正案(七)》,《刑法修正案(七)》第4条(即《刑法》第224条之一)对传销犯罪作出了明确规定:"组织、领导以推销商品、提供服务等经营活动为名,要求参加者以缴纳费用或者购买商品、服务等方式获得加入资格,并按照一定顺序组成层级,直接或者间接以发展人员的数量作为计酬或者返利依据,引诱、胁迫参加者继续发展他人参加,骗取财物,扰乱经济社会秩序的传销活动的,处五年以下有期徒刑或者拘役,并处罚金;情节严重的,处五年以上有期徒刑,并处罚金。"由此可见,《刑法》第224条之一所规定的传销把"团队计酬"与"拉人头""收取入门费"区分开来,不作为传销犯罪处理。

从20世纪90年代初,没有严格区分"传销"和"直销"时的合法经营行为,到1998年4月18日国务院颁布《关于禁止传销活动的通知》全面禁止任何形式的传销经营活动,但并未规定专门的传销犯罪,直至2001年4月10日,最高人民法院《关于情节严重的传销或者变相传销行为如何定性问题的批复》才明确规定对于1998年4月18日国务

---

① 陈兴良:《组织、领导传销活动罪——性质与界限》,载《政法论坛》2016年第2期。

院《关于禁止传销经营活动的通知》发布以后的传销行为以非法经营罪定罪处罚，再到 2005 年《禁止传销条例》《直销管理条例》出台后又打破了全面禁止传销活动的规定，将单层次直销合法化，同时禁止"拉人头""收取入门费"和"团队计酬"三种方式的传销活动，最后 2009 年《刑法修正案（七）》独设组织、领导传销活动罪又明确将"团队计酬"排除在犯罪以外。随着人们对传销的认识发展，国家对传销的规制越来越精细化，对构成犯罪的传销行为打击越来越严厉。

三、案发趋势

自《刑法修正案（七）》以后，全国办理的组织、领导传销活动犯罪案件呈上升趋势。但是总体来说，此类案件的办案规模不大。根据中国裁判文书网检索的数据看，自 2010 年至 2019 年该网站共公布了 9507 件基层法院审理的组织、领导传销活动案一审判决书，[①] 其中 2010 年 4 件，2011 年 8 件，2012 年 26 件，2013 年 172 件。但自 2013 年 11 月起，最高人民法院、最高人民检察院、公安部发布《关于办理组织、领导传销活动刑事案件适用法律若干问题的意见》颁布后，组织、领导传销活动案件办案规模大幅上升，2014 年 791 件，2015 年 1011 件，2016 年 1217 件，2017 年 1482 件，2018 年 2619 件，2019 年 2177 件。其中，2014 年案件数是 2013 年的 4.6 倍，2015 年到 2016 年也有大幅度上升。从 2016 年开始，全国每年查办的组织、领导传销案件数量基本保持在 1000 件上下。2018 年，全国基层法院判决组织、领导传销案件较 2017 年几乎翻倍，其中利用网络进行的传销案件达 1612 件，占比为 61.6%。2019 年案件规模也维持在 2000 件以上，其中利用网络进行的传销案件占比 57.6%。可以看出，案件数量激增的其中一个比较大的原因在于网络传销的影响，网络就像给传销犯罪插上了翅膀，使其扩

[①] 参见中国裁判文书网，查询 2010 年至 2019 年全国基层法院公布的一审判决认定为组织、领导传销活动罪的案件得到的数据，最后访问时间 2020 年 3 月 11 日。

张更为迅速。

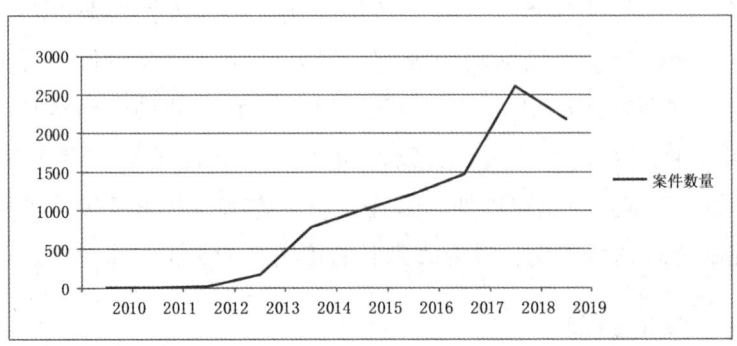

图 1　2010—2019 年全国办理组织、领导传销活动犯罪案件数量

传销内容从实体产品向虚拟概念转变,新型传销从以保健品、化妆品等实体商品为主,逐步转向了以资本游戏、虚构项目等虚拟概念进行传销,同时大量传销活动依托网络平台,犯罪成本更低,波及面更广。2018 年湖南省检察机关受理的 276 件①组织、领导传销类案件中,以销售实物产品或者提供真实服务为名的仅有 28 件,占全部受案数的 10.14%,其他以虚拟概念、纯资本运作进行、虚构投资项目进行传销的案件占绝大部分,如"云联惠""维卡币""五行币"等案件均属这种类型。

由于传销内容从实体产品向虚拟概念转变,随之而来的是传销手段也发生了重大变化,已经从过去的控制洗脑型转变成为利诱型。2018 年湖南省受理的案件中,仅有 8 件案件使用了非法拘禁的手段控制下线人员,并通过贴身洗脑的方式促使下线加入传销组织。大部分案件都是以高额回报相引诱,鼓励会员加入并继续发展下线会员,部分会员甚至明知传销组织的欺骗性,清楚传销组织所鼓吹的产品价值与实际价值不符,或者其投资的相关项目根本不可能支撑高额的返利,但还是基于人的逐利性和侥幸心理加入传销组织,传销手段的这种转变也给司法机关的普法宣传和犯罪预防工作带来更大的难度。

---

① 该数据情况通过检察机关全国统一业务应用系统查询。

受到网络传销的影响，传销犯罪不再局限于"熟人社会"，完全突破了地域和国界的限制，跨地域性强成为传销案件的一大特点，有些传销组织在一地被查处后，可以迅速流窜到其他地方改头换面重新犯罪。郴州市公安局侦查的"五行币"系列案中，其组织、领导者宋某某在海外通过网络指挥实施传销活动，跨地域甚至跨国界发展下线，全国大部分省份都有相关判例。"善心汇"系列案中，该传销组织也开发了"善心汇"海外版，准备到境外进行传销活动。从 2018 年全国基层法院公布的判决看，组织、领导传销活动案件分布在全国各个地区，其中，高发地区主要集中在河南（228 件）、广东（233 件）、广西（197 件）、四川（188 件）、湖南（179 件）、江苏（174 件）、浙江（157 件）、山东（152 件）、云南（133 件）、安徽（119 件）等省份。

与此同时，在传销内容逐步脱离了实际产品的限制并逐步与互联网结合的过程中，传销犯罪也开始与非法吸收公众存款、集资诈骗犯罪相结合，使得传销犯罪拉人头和吸收资金的能力与传统传销犯罪相比，发生了翻天覆地的变化，涉及上亿资金的案件屡见不鲜。以湖南省检察机关办理的案件为例，郴州市检察机关办理的"五行币"系列案，短短半年会员数超过 40 万人，涉案资金约 110 亿元；株洲市检察机关办理的"维卡币"系列案会员数 200 余万，涉案资金 150 多亿元；永州市检察机关办理的"善心汇"系列案，不到一年吸纳会员 598 万余人，会员遍布全国大多数省份，涉案资金 1024 多亿元。网络传销资金盘中爆炸式增长的巨额资金和大量银行间的资金交易造成短期经济繁荣的假象，影响金融监管部门对经济基本面的判断，一定程度上也影响了民间资本"脱虚向实"，严重破坏了正常的社会主义市场经济秩序。而且一旦传销网络"崩盘"，势必让最底端的参与者血本无归，还会产生资金"黑洞"及滋生金融安全风险、破坏社会稳定等一系列连锁反应，具有极大的社会危害性。因此，在办理传销犯罪案件中，检察机关必须坚持依法办案与化解风险、追赃挽损、维护稳定相结合，综合履行民事、行政、刑事法律监督职能，积极回应民众司法诉求。

此外，部分传销组织不仅动辄以高额利益为诱饵，更打着慈善、扶贫的旗号发展众多会员，蛊惑人心，绝大多数会员深陷其中不能自拔，对司法机关的依法打击不理解、不支持，在传销组织的煽动下形成特定的利益群体，开展所谓的"维权"活动。更有甚者，某些传销组织被境内外敌对势力利用异化成为政治、经济"邪教"组织，开展非法上访、聚集等违法活动，给党的执政基础和社会稳定埋下了重大隐患。如"五行币"传销组织中的宋某某自称"神童天才""未来世界首富"，通过微信讲课、现场宣讲、举办活动等营销造势，鼓吹自己的超群能力和民族大义，造成会员对其疯狂信仰和崇拜，最终演变成经济邪教。因此，在办理此类案件时要正确处理好维稳与维权的关系，最大限度减少潜在不稳定因素、增加和谐因素，确保法律效果和政治效果、社会效果的有机统一。

四、追诉标准

2010年最高人民检察院、公安部《关于公安机关管辖的刑事案件立案追诉标准的规定（二）》第78条规定的组织、领导传销犯罪中，"涉嫌组织、领导的传销活动人员在三十人以上且层级在三级以上的，对组织者、领导者，应予立案追诉"。根据《刑法》第224条之一和第231条的规定，犯本罪的，处5年以下有期徒刑或者拘役，并处罚金；情节严重的，处5年以上有期徒刑，并处罚金。单位犯本罪的，对单位判处罚金，并对其直接负责的主管人员和其他直接责任人员，依照上述规定处罚。

第二节　组织、领导传销活动罪的犯罪构成要件

一、犯罪客体

传销本身就是一个非常复杂的概念，同时组织、领导传销活动罪是一个新罪名，理论界对本罪的犯罪客体没有形成统一的认识。有关本罪的犯罪客体，主要有以下几种学说：

一是单一客体说。关于单一客体说，目前主要有两种不同学说。一部分持单一客体说的学者认为，本罪侵犯的犯罪客体是社会主义市场经济秩序。因为本罪的罪状描述是"组织、领导传销活动罪，是指……扰乱经济社会秩序"的行为。而且，从刑法的体例上看，组织、领导传销活动罪也放置在《刑法》第三章破坏社会主义经济秩序罪中的第八节扰乱市场秩序罪中。[1] 另一部分持单一客体说的学者认为，本罪侵犯的客体是社会管理秩序。理由在于，传销活动不仅严重腐蚀着我国社会的诚信体系和伦理体系，而且，传销活动的参加者往往是一些弱势群体，这部分人极其容易被传销组织利用，成为传销组织的犯罪工具。此外，传销活动还会衍生非法拘禁、强奸、卖淫、抢劫、绑架等犯罪，对社会管理秩序的破坏力，比对市场经济秩序的破坏更为严重。[2]

二是双重客体说。持双重客体说的学者中，有的学者认为，组织、领导传销活动罪同时侵犯了社会主义市场经济秩序和被害人的财产所有权。[3] 传销组织基本没有资金增值途径，上线会员获取的收益不是来自生产经营，而是来自下线会员的入门费，这与基本的市场经济规律不符，扰乱了正常的市场经济秩序。同时，传销组织这种金字塔底层向塔尖传导利益的特征，决定了大多数底层会员血本无归，造成财产损失，侵犯了底层会员的财产权，还有的学者认为，组织、领导传销活动罪主要侵犯社会主义市场经济秩序，其次侵犯社会管理秩序。[4] 组织、领导传销活动罪直接造成了市场经济秩序的混乱，经济失衡与市场动荡又会衍生社会秩序混乱、社会治安恶化等管理层面的诸多问题，因此，该罪侵犯了市场经济秩序和社会管理秩序双重客体。

三是多重客体说。这种观点认为，随着传销犯罪不断的变化发展，传销组织的社会性、经济性愈加凸显，其对法益造成的损害和影响，不

---

[1] 阮齐林：《刑法学分论》，中国政法大学出版社2017年版。
[2] 贾宇：《论组织、领导传销犯罪》，载《人民检察》2010年第5期。
[3] 马克昌：《百罪通论》（上卷），北京大学出版社2014年版。
[4] 王作富：《刑法分则实务研究（中）》，中国方正出版社2013年版。

仅表现在经济方面，也表现在社会层面，不仅危及政治经济大局，也涉及个人财产权益，故而，司法实践中传销犯罪呈现出侵犯多重复杂客体的特点。具体来说，组织、领导传销罪既侵犯了市场经济秩序、社会管理秩序，又侵犯了公民合法的财产所有权。①

我们认为，组织、领导传销罪侵犯的是市场经济秩序和社会管理秩序双重客体。首先，本罪侵犯了市场经济秩序，传销涉及的人员多、资金大，特别是这几年出现的网络传销，不仅参与的人员多，资金量特别巨大，而且影响面特别广，有的还涉及集资诈骗、销售伪劣商品，一些人为了发展下线，欺骗诱惑自己的亲朋好友，损害了人们之间正常、良性的互动和社会信用体系。其次，本罪侵犯了社会管理秩序，传销犯罪引发了大量其他刑事案件以及扰乱社会治安秩序的案件，传销活动参与人被"洗脑"后，还极易被煽动引发群体性事件，造成社会的不稳定。最后，本罪是否侵犯了公民合法的财产所有权，值得商榷。持肯定说者认为，虽然传销组织各层级人员均是传销活动的参与人，其目的均是希望通过发展下线谋取非法利益，但是作为传销组织最底层人员，没有机会发展下线获利，其投入的资金必然被上线骗取，最终血本无归，对这部分传销组织最底层人员来说，必然有财产损失。传销组织最底层人员虽然有财产损失，但作为传销活动参与人，在参与传销活动时，其投入自己的财产是为了赚取高额的返利回报，传销活动的违法性决定了参与人一旦参与传销活动，其投入的财产就不具备合法财产的属性，其财产损失也并非如盗窃、抢劫、诈骗等侵财性犯罪一样，是因犯罪行为而直接遭受的财产损失。因此，不宜认为本罪侵犯了公民的合法财产权。

二、犯罪客观方面

本罪的客观方面是行为人组织、领导以推销商品、提供服务等经营活动为名，要求参加者以缴纳费用或者购买商品、服务等方式获得加入

---

① 詹庆：《传销罪名法定化之研究——兼评〈刑法修正案（七）（草案）"组织、领导传销罪"〉》，载《政治与法律》2009年第2期。

资格,并按照一定顺序组成层级,直接或者间接以发展人员的数量作为计酬或返利依据,引诱、胁迫参加者继续发展他人参加,骗取财物,扰乱经济社会秩序,传销组织内部参与传销活动人员在30人以上且层级在3级以上的传销活动的行为。

(一) 传销活动的形式特征

"以推销商品、提供服务等经营活动为名"是传销活动的形式特征。

传统商品式传销,一般是以销售某种普通商品为由,如化妆品、茶叶、保健品等,或者提供美容、养生服务等,这种传销手段在司法实践中比较容易辨别。随着传销方式的变化,出现了"消费返现"类型的传销活动,主要是以销售商品为名,设立相关奖励制度,只要消费就可以获得返利,以此为掩饰,再设定其他的返利条件鼓励参与人"拉人头"发展下线参与,如太平洋直购网传销案。

随着传销手法逐步脱实就虚,其销售的商品开始表现为虚拟性,这些传销所推销的商品和提供的服务大多是虚拟和编造的。常见的有"虚拟货币"式传销,这是比特币出现后的一种传销方式,主要是自创一种并不具有流通价值的货币,包装成知名公司,以销售自创的虚拟货币为名,在自建的平台上进行交易,如"维卡币"传销组织。为了掩饰其商品的虚拟性,传销活动还披上了一些外衣,包装成"公益互助"等形式,如"善心汇"等传销组织,就是打着"慈善""扶贫"的口号,以销售"善种子""善金币",提供平台帮助参与"慈善互助"的人完成信息匹配服务为名,许以高额利润诱人参与。

随着时代的发展,现在很多新型的传销活动不再以推销商品、提供服务为名,而是以互联网金融、资本运作、项目开发等为名。虽然组织、领导传销活动罪的罪状中明确表述了"以推销商品、提供服务等经营活动为名",但是其是传销活动的形式特征,对传销活动的认定还是要依据其是否具有传销活动的本质特征来判断,[①] 如果具备传销活动

---

① 刘传稿:《厘清认定难点、治理传销犯罪——专访东南大学法学院教授欧阳本祺》,载《人民检察》2017年第17期。

的本质特征，不能因为无法准确界定其推销商品、提供服务的内容就否定其为传销活动。

（二）传销活动的本质特征

"要求参加者以缴纳费用或者购买商品、服务等方式获得加入资格，并按照一定顺序组成层级，直接或者间接以发展人员的数量作为计酬或返利依据，引诱、胁迫参加者继续发展他人参加"是传销活动的本质特征，也是传销活动与直销等销售形式的区别。传销活动的本质特征包含了三个方面：

1. 要求参加者以缴纳费用或者购买商品、服务等方式获得加入资格，也就是通常所说的缴纳"入门费"。缴纳"入门费"的方式有两种，一种是要求直接"缴纳费用"；另一种是要求参与者"购买商品、服务"。缴纳"入门费"容易与某些会员制消费相混淆。传销活动要求参与者缴纳的"入门费"并不能获得等值商品或服务，所购买的商品、服务要么没有价值，要么与实际价值严重背离，这主要由传销活动没有创造价值的途径决定的。传销活动的组织、领导者要想获利，同时又要支撑参与者的返利，必定需要解决资金来源，而要求参与者缴纳高额的入门费或者以销售远高于市场价格的商品收集资金，才能维持传销组织的运转。这是由传销的本质特征决定的，也是传销与正常的会员制消费的区别。会员制消费虽然也要求缴纳会费或者消费一定金额，但一般会获得对应价值的商品或缴纳小额会费获得折扣，鼓励会员多消费，通过薄利多销赚取差价。

缴纳"入门费"是"取得加入资格"的必要条件。这里的"加入资格"并非仅指加入传销组织的资格或者注册成为传销平台会员，而主要指获取返利的资格。一些传销组织会宣传免费注册成为会员，但仅仅免费注册成为会员并不能获得返利的资格，如果要参与返利，则还是需要满足"缴纳费用"或"购买商品、服务"的条件。如郭某等人组织、领导传销活动案中，郭某等人注册成立了公司，并建立相关网站，制订高额消费返利计划，吸引会员加入，同时设立"推广代理奖""推广厂商奖"，鼓励加盟商家、会员发展下线。本案中，会员在相关网站上注册虽然是免费的，但是如果要获得返利，则必须消费500元、1000元取得资格,这里消费500元、1000元就是取得返利资格的"入门费"。

是否缴纳"入门费"也是区别传销和直销的标准之一。直销是指直销企业招募直销员,由直销员在固定营业场所之外直接向最终消费者推销产品的经销方式。直销企业经过商务部的许可,取得了直销牌照,根据许可的范围向消费者推销真实的产品,直销员不需要"缴纳费用"或"购买商品、服务"取得推销产品的资格。

2. 按照一定顺序组成层级。传销活动要形成一定的层级,传销活动的这个特征将单层次的销售行为,如单层次直销排除在传销活动内涵之外。一般认为,传销活动会形成自上而下的"金字塔"式层级结构,"金字塔"式层级结构中,底层参与人数远远超过金字塔尖的人数,才能保证底层向上层返利的实现,这是传销组织得以存续和扩张的条件。有观点认为,金字塔式的层级特征会导致先加入的参与者层级在上,被发展的下线在发展者之下,体现出层级的不可超越性,随着传销活动的变形,其层级设置和返利规则在不断的突破传统,如"云联惠"传销组织就宣称会员是可以跳级的,但这不会影响对"按一定顺序组成层级"的认定,层级只是反映传销组织的结构性特点,在传销组织"金字塔"结构之下,每一个构成该结构的小单元如何变化,只要不影响整体结构,就不影响其认定。

3. "直接或者间接以发展人员数量作为计酬或者返利依据",也就是通常所说的"拉人头"。传销组织的发展壮大依赖于会员不断地"拉人头",组织者、领导者的非法获利依赖于后续"人头"源源不断地提供资金。传销组织对发展下线的会员进行奖励,会员每发展一名下线,就可以从下线缴纳的费用中获取一定比例的奖励。因此,传销的本质就是"拉人头"。就新型网络传销采取的"资金盘+五级三晋制①"模式

---

① 五级三晋制是一套以拉人头为依据进行奖金分配和晋升的制度,"五级"是指五个级别,从低到高依次为:实习业务员、业务组长、业务主任、业务经理、高级业务员。"三晋"是指从实习业务员到高级业务员之间的三个晋升阶段,第一晋升阶段是从实习业务员晋升到实习组长再晋升到业务主任的阶段,第二晋升阶段是从业务主任晋升到业务经理的阶段,第三晋升阶段是从业务经理晋升到高级业务员的阶段。

而言，计酬或者返利来源有两种：一是发展下线会员获取奖励；二是发展下线收取入门费。这两种计酬或者返利来源均依赖于发展下线。因此，虽然团队计酬①是《禁止传销条例》明令禁止的三种行为之一，但刑法修正案在设定组织、领导传销活动罪时，没有将团队计酬型传销活动纳入刑法处罚范围。

（三）传销活动的经济特征

"骗取财物"是传销活动的经济特征。传销组织的组织者、领导者实施传销行为，目的是从参与传销活动人员缴纳的费用或者购买商品、服务的费用中非法获利。实践中，传销活动的组织者、领导者为了引诱、胁迫他人参加，往往采取编造、歪曲国家政策，虚构、夸大经营、投资、服务项目及盈利前景，掩饰计酬、返利真实来源或者其他欺诈手段，并从参与传销活动人员缴纳的费用或者购买商品、服务的费用中非法获利。

《刑法》第224条之一对组织、领导传销活动罪的罪状描述中明确了要"骗取财物"，如何理解这里的"骗取财物"存在一定的争议。有观点认为，组织、领导传销活动罪的犯罪嫌疑人必须认识到自己从事的是传销活动，并且参与人员也认为自己被骗取财物，才能认定犯罪嫌疑人具有主观故意，这涉及对"骗取财物"的理解问题。目前，学界对"骗取财物"的认识主要有三类观点：一是骗取财物是组织、领导传销罪的本质特征，亦即，组织、领导传销活动实质上是诈骗手段，其行为本身是诈骗的一种特殊类型，该罪与合同诈骗罪共同规定于《刑法》第224条即是刑事立法将特殊诈骗犯罪归于一类的考量。正因为组织、领导传销活动罪是特殊的诈骗犯罪，所以要求犯罪嫌疑人以非法占有他

---

① 团队计酬又称经营型传销行为，指通过发展人员，要求参与人发展其他人员加入，形成上下线关系，并以下线的销售业绩为依据计算和给付上线报酬。

人财物为主观目的①。二是骗取财物不是与组织、领导传销活动并列的行为要素，而是用来界定传销活动的形容用语。亦即，只有当组织、领导的传销活动具有"骗取财物"的性质时，才成立组织、领导传销活动罪。作为显示诈骗型传销组织特征的"骗取财物"，不以客观上已经骗取了他人财物为前提。② 三是所谓骗取财物，是说由于传销行为属于非法，所以通过传销活动取得的返利、报酬等任何财产，均属于骗取财物。至于传销活动的组织、领导者实际上是否骗取到了财物，不影响本罪的构成，也就是说，组织、领导传销活动不以骗取财物为必要。所以，"骗取财物"属于本罪可有可无的概念。③

"骗取财物"是传销活动的经济特征，是行为人组织、领导传销活动的目的，但是本罪的成立也不要求行为实际骗取到财物。理由如下：首先，传销中的骗取财物与传统的诈骗罪存在不同。传统诈骗以虚构事实、隐瞒真相为行为手段，虚构的事实基本是空中楼阁，难以实现。而传销活动中的骗取并不完全是不能实现的，通过购买商品或服务，参与人员通常能够获得返利，但实现返利需要通过"拉人头"的方式延续并发展成一定规模，否则就会崩盘。从实际的情况来看，真正能够从传销中获利的人数只占参与传销总人数的极小一部分。其次，强调"骗取财物"系诈骗型传销的组织特征，没有实际意义，因为骗取财物应当是组织、领导传销活动的必然结果和目的，只要是传销活动，必然因其非法性而导致骗取他人财物，这是不证自明的内容，至于参与人员是否认识到自己被骗，不影响本罪的认定。关于这一点，最高人民法院、最高人民检察院、公安部《关于办理组织领导传销活动刑事案件适用法律若干问题的意见》中也已明确，"从参与传销活动人员缴纳的费用或者购买商品、服务的费用中非法获利的，应当认定为骗取财物。参与

---

① 陈兴良：《组织、领导传销活动罪：性质与界限》，载《政法论坛》2016年第2期。
② 张明楷：《传销犯罪的基本问题》，载《政治与法律》2009年第9期。
③ 曲新久：《刑法学》，中国政法大学出版社2009年版。

传销活动人员是否认为被骗，不影响骗取财物的认定"。最后，将骗取财物作为本罪的实质特征，从而要求犯罪嫌疑人主观上具有非法占有目的，必然导致以是否获取了财物作为本罪既遂、未遂的标准，这与本罪罪状叙述的行为犯特征明显相悖，也与立法初衷不符，容易使得打击传销犯罪的力度因既遂、未遂标准的设置而大打折扣。此外，关于传销犯罪立案标准的司法解释主要以传销活动的人数和层级来界定是否立案，未有提及骗取财物的数额，亦印证了骗取财物不是本罪的实质特征。

三、犯罪主体

（一）自然人犯罪主体

本罪的主体为一般主体，年满16周岁、具有刑事责任能力的自然人或者单位都可以成为本罪的犯罪主体。虽然本罪主体是一般主体，但只有传销活动的组织者和领导者才可能构成本罪，以下明确列举的五类人员为传销活动的组织者、领导者：

1. 策划、操纵人员。是指在传销组织中，从事策划、纠集他人实施传销犯罪，在传销组织中居于领导地位的人员，对传销组织的活动实施发起、策划、决策、指挥等行为，也包括一些幕后组织者对传销组织的实际操纵和控制行为。这些人在传销组织的层级机构中居于最核心地位，在传销活动前期筹备和后期发展壮大中承担主要角色，同时是获取实际利益的首要分子和核心骨干成员。在新型网络传销犯罪中，发起、策划、操纵人员主要是起意组建网络传销组织，为传销活动提供资金支持，设计、制定网络传销活动章程、模式、制度，对增设分支机构、扩大传销区域、日常运营管理、协调起决策、统率、支配作用，对传销组织的正常运转起关键作用的人。如"善心汇"传销案件中，创始人张某某受"云互助""3M"等网络传销模式启发，纠集燕某某等人为自己提供资金，以上述两种传销模式为基础，发起、策划、开发出新型的"众扶互生系统"（1.0版本）网络传销平台，并根据运行情况组织技术人员对系统优化升级，开发出2.0版本，并正在开发3.0版本。同时，张某某通过"众扶互生系统"传销平台的运行，通过出售"善种子""善金币"获取非法利益近20亿元。

2. 管理、协调人员。是指在传销组织中维持传销网络正常运转，对传销组织的存续发展起重要作用的人，包括公司下设部门的负责人、技术骨干、财务骨干、客服骨干等人员。如"善心汇"传销案件中，张某某为了维持传销模式的长期运行，既纠集了一批骨干成员从事财务管理、行政管理、客户服务工作，还安排专人负责开发支持传销模式循环发展的"慧尚品"网上商城、逃避网络监管的"善讯"及时通讯平台、负责开辟农村市场的"中农善心农村超市"。这些人员在各自的岗位上，承担管理、协调职责，为"善心汇"传销组织的发展、扩大起到了重要作用。

3. 宣传、培训人员。是指在传销组织中负责包装传销模式，宣传传销理念和传销组织虚假实力，以及培训传销骨干成员，组织会员学习传销理念的重要人员。新型网络传销犯罪，更多的是通过虚构传销组织的经济实力，通过自我包装、自我宣传掩盖传销的本质，通过高额收益吸引不明真相的群众参与。有的传销组织，还将创始人"神化"，将传销组织"慈善化"，对参与传销人员"洗脑"，实行精神控制，让底层的参与人员坚信自己在获利的同时还在帮助他人。而承担宣传、培训的人员，就肩负着为传销组织摇旗呐喊、培养人才、精神控制的重任。如"五行币"传销组织将创始人宋某某虚构为"神童，在北海舰队海军陆战队服役，世界首富"。"善心汇"传销组织将自己包装成慈善组织，号召会员拿出传销非法获利的很小部分到农村去资助贫困人员，宣扬"善心汇"组织，吸引更多的农民参与到"善心汇"传销中来；宣称"永远跟党走"，大规模举办"歌唱祖国""社会主义核心价值观"的演唱会、讲座，不断强化"善心汇"组织的正面形象。需要注意的是，这类宣传培训人员不包括为拉人头而针对具体下线进行的沟通协调或宣传推介等行为的一般传销人员。事实上凡是开展传销不可能没有宣传推介，如为了发展下线在某个小的微信群介绍传销组织等。这些为拉人头而进行宣传推介所起的作用，需要考量是否起到关键作用。

4. 屡犯不改人员。包括曾因组织、领导传销活动受过刑事处罚，或者 1 年以内因组织、领导传销活动受过行政处罚，又直接或者间接发展参与传销活动人员在 15 人以上且层级在三级以上的人员。这些人大多数是职业传销人员，在打击传销犯罪的高压态势下，带着自己的传销团队，到处流窜。这些人精通各类传销模式，善于钻法律和政策的空子，危害性极大。如"善心汇"案件中的 A 轮服务中心刘某某有自己的职业传销团队，在数次打击中侥幸得以逃脱。在了解到"善心汇"传销模式可以获取更大利益后，他带领自己的传销团队投奔了张某某，仅一年的时间，发展会员 30 余万人，个人非法获利 1200 余万元。

5. 其他关键人员。包括其他对传销活动的实施起关键作用的人员和其他对传销组织的建立、扩大起关键作用的人员。其他对传销活动的实施起关键作用的人员是指，明知组织从事传销活动，仍提供帮助，对传销组织的长期发展起重要作用的人员。包括专职为维持传销组织资金盘运转的人员，为传销活动的开展、扩大出谋划策的人员，为传销活动删除负面报道的人员，以及其他为传销组织提供重要辅助支撑服务的人员等。

（二）单位犯罪主体

根据《刑法》第 231 条的规定，单位可以成为组织、领导传销活动罪的犯罪主体。对于本罪单位犯罪的认定，要符合以下条件：

1. 单位必须依法成立，且成立后并非主要实施犯罪活动。最高人民法院《关于审理单位犯罪案件具体应用法律有关问题的解释》第 2 条规定："个人为进行违法犯罪活动而设立的公司、企业、事业单位实施犯罪的，或者公司、企业、事业单位设立后，以实施犯罪为主要活动的，不以单位犯罪论处。"实践中，大部分的传销组织都会设立一个公司来掩饰其实施犯罪，或者虽系行为人之前合法设立的"空壳"公司，但成立后主要实施传销犯罪活动的，不能认定为单位犯罪。

2. 单位从事传销犯罪活动，需经集体决策。单位犯罪必须为了单位利益，体现单位意志。如果由个人决定，则不能认定为单位犯罪。如

A公司是一个从事传销活动的空壳公司,其发起人设计了一套网络传销返利规定,找到从事系统开发的B公司,以高额收益引诱B公司加入,帮助其设计传销网络平台。B公司明知A公司要进行传销活动,为了解决B公司经营过程中资金短缺问题,经过集体研究决定,帮助A公司进行系统开发。其后A公司利用B公司开发的系统进行传销活动,发展会员数万人,层级70级。在本案中,B公司为了单位利益,经集体决策加入A公司的传销活动中,所以B公司可以认定为单位犯罪。

3. 违法所得归单位所有。《关于审理单位犯罪案件具体应用法律有关问题的解释》第3条规定:"盗用单位名义实施犯罪,违法所得由实施犯罪的个人私分的,依照刑法有关自然人犯罪的规定定罪处罚。"如果违法所得归个人所有的,不符合单位犯罪的本质特征。

四、犯罪主观方面

组织、领导传销活动罪的主观方面表现为故意,即行为人明知以拉人头、收取入门费的行为骗取他人财物,会侵害他人财产权,扰乱社会经济秩序,仍希望或者放任这种结果发生。过失不能构成本罪。

明知既包括行为人明确知道自己组织、领导的是传销活动,也包括应当明知。明知,是指行为人明确认识到其加入的组织有要求参加者以缴纳费用或者购买商品、服务等方式获得加入资格,并按照一定顺序组成层级,直接或者间接以发展人员的数量作为计酬或返利依据,并且主要是通过发展人员数量作为计酬或者返利的依据的特点。传销活动的参与者会辩称自己不知道参与的是传销活动,但是结合行为人在传销组织中所处的位置和进行的相关活动,可以判断其是否应当知道的,也应认定其明知。在新型网络传销犯罪中,传销组织呈现高度集团化、组织化的特征,组织成员分工明确、各司其职,不同的工作角色决定了每个人对传销组织的运行模式的认知程度,通过行为人工作岗位和经历可以判断其是否应当明知。

第三节 组织、领导传销活动罪的证据要求[①]

由于组织、领导传销犯罪特别是网络传销犯罪涉案人员多、涉及资金大，涉及地域分散、与其他类型犯罪交叉等特点，证据的收集、审查、运用难度大。自《刑法修正案（七）》实施以来，检察机关通过不断摸索、总结、实践，形成了比较系统、全面的证据要求。在引导侦查部门取证和自行补充证据时，检察人员要围绕组织、领导传销定罪量刑的证据要求，依法全面、客观、及时收集、固定相关证据。

一、犯罪客体方面的证据

组织、领导传销活动罪侵犯的是市场经济秩序和社会管理秩序双重客体。证明本罪犯罪客体主要要围绕行为违反相关法律、行政法规及其对市场经济秩序和社会管理秩序造成的影响组织证据。这方面的证据包括收集证明嫌疑人违反相关法律法规，不具备相应资质的书证，如有关国家机关对组织、领导传销活动的处罚决定书、缴纳罚款通知单等，证人证言、嫌疑人供述等；其他证明其行为违法性、欺骗性及犯罪造成后果的证据与证明犯罪客观方面的证据有大量交叉之处。

二、犯罪客观方面的证据

证明本罪客观方面的证据主要围绕嫌疑人实施了刑法禁止的传销活动，即实施了组织、领导以推销商品、提供服务等经营活动为名，要求参加者以缴纳费用或者购买商品、服务等方式获得加入资格，并按照一定顺序组成层级，直接或者间接以发展人员的数量作为计酬或返利依据，引诱、胁迫参加者继续发展他人参加，骗取财物，扰乱经济社会秩序的行为组织相关证据，并且还要证明传销组织内部参与传销活动人员

[①] 本节编写过程中参考了《公诉案件证据参考标准》（法律出版社2014年版）和公安机关办案手册中的相关内容。

在 30 人以上且层级在三级以上。

（一）证明犯罪客观方面应收集的证据

1. 犯罪嫌疑人供述和辩解

（1）犯罪嫌疑人起意实施犯罪的时间，为实施犯罪所做的准备和拟用的犯罪手段。

（2）犯罪嫌疑人发起、策划、操纵传销的时间、地点、具体过程及参与人员。

（3）犯罪嫌疑人开展传销活动的方式，销售商品或服务的内容，宣传的功效、价值与实际功效、价值的差距。

（4）参与者获得加入传销组织的条件，缴费、购买商品或服务费用的数额，及获得加入传销组织的方式。

（5）参与者获得加入传销组织、发展下线、获得报酬或返利、对被发展人员的管理等有无相关制度或规定，及制度或规定的具体内容。

（6）参与者计酬或返利的标准。

（7）参与者获得报酬或返利的实际来源，是否来自下线缴纳的入门费用或购买商品、服务的费用，已支付报酬或返利的具体情况。

（8）参加者交纳费用、购买商品或服务费用、支付报酬或返利的支付方式；转账支付的，收取费用及支付费用的账户情况。

（9）传销组织发展的层级，直接或间接上下线之间的关系，犯罪嫌疑人、传销参与者本人发展下线的层级顺序，已发展的层级数量，及直接或间接发展的下线人数。

（10）犯罪嫌疑人有无对参加者就加入传销组织、发展下线、获得报酬或返利、行业前景等内容进行宣传、培训，宣传、培训的时间、地点、具体内容，在组织宣传或培训过程中，有无编造、歪曲国家政策，有无虚构、夸大经营、投资、服务项目及盈利前景，有无掩饰计酬、返利真实来源。

（11）犯罪嫌疑人非法获利数额、分赃的方式及赃物的去向。

2. 传销活动参与人的证言

（1）参与人获取传销信息的途径（通过广播、电视、报纸、网络等媒体宣传；亲朋好友等其他参加传销组织人员电话、QQ、微信、短信、书信等方式告知）、时间、地点、信息的具体内容。

（2）被骗参加传销组织的时间、地点及接待人员。

（3）传销组织对传销活动参与人获得参加传销组织的条件，缴纳费用、购买商品或服务的价格、数额，获得资格等的规定。

（4）传销组织对传销活动参与人面对面宣传、培训的时间、地点、参与人员、具体内容以及在被宣传、培训后对传销组织经营模式和传销组织推销的商品或服务的认识。

（5）宣传、培训对参与人加入传销组织的影响，传销活动参与人是否因此积极追求获得加入传销组织的资格。

（6）传销活动参与人缴纳费用、购买商品或服务的情况。

（7）传销网络的构建模式，直接或间接上下线之间的关系。

（8）传销活动参与人所知道的犯罪嫌疑人、传销参与者发展下线的层级顺序，已发展的层级数量，直接或间接发展的下线人数等情况的信息，及信息的具体来源。

（9）传销组织内部人员分工及其所起的作用。

（10）传销活动参与人造成损害的情况。

（11）参与传销活动造成的财产损失。

（12）参与传销活动有无受到非法拘禁等暴力侵害，是否造成人身损害。

3. 传销组织工作人员等其他证人证言

（1）证人的基本情况，在传销组织中的职责。

（2）传销组织宣传商品、服务及其他传销信息的方式。

（3）犯罪嫌疑人发起、策划传销活动的过程。

（4）参加传销组织的条件，缴纳费用、购买商品或服务的价格、数额及对应的资格。

（5）传销参加者发展下线的方式。

（6）传销组织承诺的计酬或返利标准，及计酬或返利资金来源。

（7）传销组织对传销参加者及发展的下线面对面宣传、培训的次数、时间、地点、参与人员及具体内容。

（8）宣传及培训内容的蛊惑性及对传销参加者的影响。

（9）传销网络的构建模式，直接或间接上下线之间的关系。

（10）证人所知道的犯罪嫌疑人、传销参与者发展下线的层级顺序，已发展的层级数量，直接或间接发展的下线人数等情况的信息，及信息的具体来源。

（11）传销组织收取传销参与者所缴纳费用、购买商品或服务费用的方式及费用的去向。

（12）案发时，传销组织的资产状况，已收取费用的数额，已支付报酬或返利的数额，剩余资金的去向；以混合实体经营和虚拟经营为名义传销的，实体经营的净利润占已支付报酬或返利的比例。

（13）犯罪嫌疑人非法获利数额、分赃的方式及赃物的去向。

（14）传销组织内部人员分工及所起的作用。

4. 物证

（1）查获的组织、领导传销活动的商品及照片。

（2）实施组织、领导传销活动的作案工具及照片。

（3）骗取的资金及利用骗取的资金购置的财物及照片。

（4）其他与传销活动有关的物证（手机、银行卡、印章等）。

5. 书证

（1）有关国家机关对组织、领导传销活动的处罚决定书、缴纳罚款通知单等。

（2）推销商品、服务有关的宣传单、宣传手册，及商品、服务功效的证明文件。

（3）获取加入传销组织资格、缴纳费用、购买商品或服务的价格、发展下线、支付报酬或返利、管理传销人员等有关的制度。

（4）传销组织对加入组织的人员进行宣传、培训的资料。

（5）记录传销活动行为时间、地点及经过的书信、日记等。

（6）缴纳费用、购买商品或服务有关合同、收据、借条、欠条等。

（7）传销组织收取费用、支付报酬或返利，及其他经营活动的账本、记账凭证、票据。

（8）传销组织资金进出记录、银行流水账。

（9）关联账户资金进出记录。

（10）其他与案件有关的凭证等。

（11）犯罪嫌疑人自书、投案、自首、立功等证据材料。

（12）破案材料、公安机关出警经过、犯罪嫌疑人归案材料等。

6. 鉴定意见

（1）核实传销组织财物状况，及组织、领导传销活动犯罪数额、牟利数额的司法会计鉴定、审计鉴定。

（2）电子数据的鉴定，包括对电子数据真实性存疑时对数据真实性的鉴定，对网络传销平台源代码功能、注册及返利模式的鉴定等。

（3）相关印章、票据、证明文件及其他手写书证的文检鉴定。

（4）核实推销的商品的实际价值、推销的服务的功效的鉴定。

7. 勘查、辨认等形成的笔录

（1）现场勘查笔录（传销活动现场、仓储现场）。包括：勘查时间、地点、现场概貌（空间、方位、大小及建筑布局）；涉案物品、证据的种类、数量及具体位置；提取物品的名称、数量、标记和特征。

（2）辨认笔录。包括：犯罪嫌疑人辨认笔录（对犯罪场所、共同犯罪嫌疑人、作案工具及其他与案件有关的书证、物证、场所的辨认）；证人辨认笔录（对犯罪嫌疑人、作案工具，及其他与案件有关的书证、物证、场所的辨认）。

8. 视听资料、电子数据

（1）视听资料。包括：传销组织通过媒体宣传商品、服务的视频资料；传销组织自行制作与宣传商品、服务的功效、行业前景、培训内容的视频资料；相关人员通过录音录像设备拍摄的视听资料（现场当事人、证人用手机、相机等设备拍摄的反映传销、宣传、培训现场情况的资料）。

（2）电子数据。包括：传销网络平台的源代码、传销会员注册情况、会员等级及返利情况相关数据库、传销网络层级结构图；传销组织通过网络宣传、交易、经营等形成的电子数据；传销组织上下线之间通过手机短信、互联网、QQ、MSN、微博、微信等沟通联络形成的电子数据。

(二) 收集证据应注意的问题

1. 电子数据的收集

随着科技的不断进步，电子数据在认定组织、领导传销活动犯罪证据体系中的作用越来越重要，特别是对于新型网络传销犯罪，线上传销系统保存犯罪行为痕迹更全面、客观，电子数据往往已经成为认定犯罪的基础和关键，电子证据的收集要注意三点。

一是传销组织平台相关电子数据收集的方法。实践中电子数据取证最常用的有三种方法。首先是对于传销组织自己架设的服务器，且服务器在国内的，应由侦查人员到达现场并按照操作规程，对现场的服务器内的数据实行控制或保全，制作用于提取电子数据的服务器硬盘虚拟镜像，并封存原件。其次是对于架设于云端的传销组织平台及相关数据，由于无法封存云服务器，而云服务商要面对全国各地侦查机关的取证要求，往往不能及时高效应对取证要求，贻误侦查时机。对于重点案件，公安机关要加大协调的力度，争取云服务商的协助，尽早对涉案数据进行冻结保存，由云服务商制作相关数据复制件，并计算复制件的校验值，确保与冻结的数据校验值一致。最后是相关传销平台的服务器架设在境外，无法现场提取的，可以由侦查人员对服务器进行远程勘验。由于无法保存原始的载体及数据，侦查员在对电子数据勘验的过程中，一定要进行全程同步录音录像，为电子数据提取过程的程序合法性提供保障。对于阅后即焚等无法直接调取和远程勘验的，还可以通过拍照、录像、公证等方式予以固定证据。

二是注意电子数据取证合法性。目前，重点针对电子数据调取、审查运用等问题进行规范的司法解释和规范性文件主要包括 2005 年公安部《计算机犯罪现场勘验与电子证据检查规则》、2005 年公安部《公安机关电子数据鉴定规则》、2009 最高人民检察院《人民检察院电子证据鉴定程序规则（试行）》《人民检察院电子证据勘验程序规则（试行）》、

2021 年最高人民法院《关于适用〈中华人民共和国刑事诉讼法〉若干问题的解释》、2014 年最高人民法院、最高人民检察院、公安部《关于办理网络犯罪案件适用刑事诉讼程序若干问题的意见》、2016 年《公安机关执法细则》（第三版）、2016 年 9 月由最高人民法院、最高人民检察院、公安部联合颁发的《关于办理刑事案件收集提取和审查判断电子数据若干问题的规定》，以及其他散见于赌博罪等司法解释的相关规定。目前，各个相关司法解释、规范性文件在具体内容上存在一定出入，但根据《关于办理刑事案件收集提取和审查判断电子数据若干问题的规定》第 30 条："本规定自 2016 年 10 月 1 日起施行。之前发布的规范性文件与本规定不一致的，以本规定为准。"

电子证据在传销案件体系中至关重要，司法实践中关于电子数据的规范性文件很多，但因专业人员的缺乏和办案经验的不足，电子数据的取证和审查工作面临较大挑战。部分公安机关仅以简单的情况说明等形式提供服务器数据的整理结果，而未由专门的技术部门出具正式的分析、鉴定报告，部分公安机关直接委托鉴定部门提取电子数据给审查认定案件事实带来重大风险。2013 年湖南省某公安分局在侦查邹某等 8 人涉嫌组织、领导传销一案侦查时，委托湖南省鉴真司法鉴定中心对该组织存储在境外的服务器的相关电子数据进行提取。该鉴定中心 3 名工作人员对该传销组织的网站数据进行提取，提取数据后制作了《电子物证鉴定意见书》。从该鉴定中心出具的鉴定意见书来看，整个过程既没有在侦查人员指挥下，由具备相关专业知识的侦查人员参与，也没有邀请见证人参与，且未制作提取笔录并经相关人员签名，提取主体和提取过程不符合法律规定，提取的过程未进行录像，致使提取内容的客观性和真实性存有疑点，后该电子证据未被采信，因检材的来源不合法，依据该电子数据做出的电子物证鉴定意见书和侦查人员利用电子数据所制作的其中 4 名犯罪嫌疑人在系统网络的位置图、推荐图，亦未能被采信。最终，该案做存疑不起诉处理。

三是要发挥技术人员的作用。由于知识结构的局限性，侦查人员、检察人员对电子证据的提取与审查有时会存在不足，面对海量的数据，很难从中找到有用信息并提取使用，而充分发挥技术人员的作用可以较好地弥补这些不足，提供专业意见供参考。

2. 注意收集与电子证据构建证据相印证的现实空间证据

传销类案件中，侦查机关很重视传销平台电子数据的提取，但往往忽略了其与现实证据的印证性。对传销犯罪尤其是网络传销犯罪而言，围绕着传销平台的电子数据搭建证据体系成为一种取证思路，但是电子数据的虚拟性特点给嫌疑人的辩解留下很大的空间。在取证时，要注意虚拟空间的电子证据与现实证据的一一对应性。首先是要把传销平台运行模式电子数据和传销组织发起、策划、管理、培训人员的供述、传销参与人员的证言、网站资料、宣传资料等结合起来证明传销组织的运行模式、返利模式和层级特征；其次是传销组织中人力资源系统中的电子数据与公司工商注册信息、人员基本信息、任职文件、会议记录等结合起来证明公司部门架构和权限分工的情况等；最后是传销平台注册和返利等交易信息数据库与会计账本、银行流水、参与人的身份信息及证言结合起来，认定传销组织的资金流情况。在提前介入时，要及时发现证据体系存在的问题，查漏补缺。

3. 委托司法会计鉴定问题

司法会计鉴定时运用司法会计学的原理和方法，通过检查、计算、验证和鉴证对会计凭证、会计账簿、会计报表和其他会计资料等财务状况进行鉴定。会计鉴定在传销类案件中非常重要。

一是全面收集鉴定的检材，确保检材取得程序合法。检材是否全面、充分，决定了鉴定机构是否能分析得出需要鉴定的有关事项的意见。关于鉴定的检材，实践中鉴定比较容易疏忽的是将犯罪嫌疑人的供述、证人证言作为鉴定的检材，根据《司法鉴定执业分类规定（试行）》第9条，司法会计鉴定的检材包括会计凭证、会计账簿、会计报表和其他会计资料，《人民检察院司法会计工作细则（试行）》第24条规定，鉴定意见不得依据犯罪嫌疑人供述、被害人陈述、证人证言等非财务会计资料形成，在委托鉴定时要引起注意。

二是要充分与鉴定机构的鉴定人员进行沟通。司法会计鉴定一般耗时很长，重新鉴定难度很大，所以委托鉴定时一定要考虑周全，充分沟通。一方面沟通委托鉴定的事项。根据案件具体情况的不同，需要司法会计鉴定的事项也有所区别，传销案件中一般需要鉴定传销组织中经营实体的投资和盈利情况、传销组织的涉案金额、获利情况、各犯罪嫌疑人直接或间接发展下线的情况和获利情况、相关资金的流向等；另一方面也要了解鉴定使用的方法，便于对司法会计鉴定的审查和理解。

三、犯罪主体方面的证据

本罪的主体为一般主体，年满 16 周岁、具有刑事责任能力自然人或者单位都可以成为本罪的犯罪主体。虽然本罪主体是一般主体，但还要证明嫌疑人在传销组织中的作用，证明其系传销活动的组织者和领导者。

（一）证明自然人犯罪主体的证据

1. 居民身份证、户口本、出生证明、个人档案等书证、相关证人关于嫌疑人基本情况的证言、犯罪嫌疑人的供述等证明自然人犯罪嫌疑人身份证据材料。

2. 刑事判决书、释放证明等证明自然人犯罪嫌疑人前科证据材料。

3. 行政处罚决定书等证明自然人是否因组织、领导传销活动受过行政处罚。

（二）证明单位犯罪主体的证据

1. 证明单位犯罪嫌疑人（含实际控制人）身份的证据材料，包括但不限于公司注册资料、营业执照、公司章程、银行账户、法定代表人基本信息、股东及其他证人关于单位成立情况的证言等。

2. 单位对外签订有关合同、协议、财务资料、管理及考核资料、单位管理人员对单位经营情况的证言等证明单位除进行传销活动之外的其他正常经营情况的证据材料。

3. 形成单位决定（意志）的会议记录、决策人员批示或授权等材料、犯罪嫌疑人供述、公司有关人员的证人证言。

4. 公司账目、资金往来记录，犯罪嫌疑人供述、证人证言、鉴定意见证明公司获利及资金去向的证据材料。

（三）证明嫌疑人系传销活动的组织者和领导者的证据

1. 传销组织内部人事资料、任职文件、会议记录、传销人员关系图、发展人员名单等证明嫌疑人在传销活动中的职能、地位的书证。

2. 嫌疑人进行出资、建立、扩大组织，对外宣传、培训等传销活动时形成的书证、电子数据等。

3. 证明嫌疑人在传销活动中地位和作用的证人证言、犯罪嫌疑人的供述和辩解。

四、犯罪主观方面的证据

组织、领导传销活动罪的主观方面是行为人明知以拉人头、收取入门费的行为骗取他人财物，会侵害他人财产权，扰乱社会经济秩序，仍希望或者放任这种结果发生。证明犯罪主观方面的证据主要是犯罪嫌疑人的供述和辩解，包括：

1. 行为的动机、目的，对其行为性质和危害后果的认识程度、主动程度。

2. 因组织、领导或参与传销等违法犯罪活动而被处罚过。

3. 传销组织的设计思路，构建上下线、金字塔的传销模式、发展他人入会与计酬的方式。

4. 犯罪的策划、分工的时间、地点、内容，参与人以及每个人的分工情况。

当然，司法实践中犯罪嫌疑人往往会对犯罪故意存在认识和意志两方面的辩解，针对犯罪嫌疑人的辩解，要收集证明嫌疑人对传销活动的本质特征有认识或应当认识，仍然从事相关传销活动的证据，通过证明嫌疑人的行为，进而证明其主观故意，这些证据主要包括：

1. 证明嫌疑人工作经历、背景、专业知识的书证、证人证言、嫌疑人供述等。

2. 嫌疑人进行传销活动的途径、入职培训资料、岗位职责等书证、证人证言。

3. 嫌疑人手机中提取证明其宣传、推广传销活动或者记录传销组织成立、扩大、返利模式的文档、PPT、照片、视频。

4. 嫌疑人将所骗资金消费、挥霍的交易记录等。

第四节　组织、领导传销活动案证据审查要点

一、"传销活动"的审查认定

对"传销活动"的审查认定是认定本罪最关键的一部分，是本罪区别于其他犯罪最重要的一方面，在司法实践中，传销犯罪行为人为逃避司法打击，传销手段不断的发展变化，极具迷惑性，对"传销活动"的审查认定，要紧紧把握住传销活动的主要特征来进行审查判断，正确区分《刑法》第224条之一规定的传销活动与正常的商业经营之间的区别。

（一）道具商品、服务的审查认定

传销组织为了混淆视听，很多也采取推销商品、提供服务的形式，表明自己是在实际经营。一遇到查处，就以此为由辩解自己是合法经营企业。事实上，传销组织之所以是传销，不可能对具体的商品服务进行严格管理经营，所谓商品销售服务，或者是无中生有，或者是挂羊头卖狗肉，或者干脆是以返酬抵商品，只要查清楚商品的来源、价格、管理和去向，收集清楚相关物证、物流情况和销售交易往来，不难查清相关事实。

1. 要厘清传销组织道具商品、服务的内容。传统的传销对道具商品、服务的判断比较容易，一般而言都有实际的商品。现代网络传销中一般没有实际销售的物品，大多道具、服务都是虚拟的概念，如售卖虚拟货币，提供网络金融服务，或是建立一个空中楼阁式的承诺，如若干年后的养老服务，有些网络传销披着"消费返现""慈善互助""网络

游戏"的外衣,给道具商品、服务的界定带来迷惑性。如"善心汇"传销案中,其打着"扶贫""慈善"的口号,宣传该公司是主要进行扶贫和提供慈善互助的渠道,但是事实上该组织的道具商品主要是其售卖的"善种子""善金币",所谓的服务是匹配会员间的互相打款,这些道具商品和服务没有实际价值,在审查的过程中一定要透过现象分清其本质。

2. 审查道具商品、服务与合法销售商品、服务的区别。主要看道具、商品是否真实存在,查证这些商品销售的实际情况,提供服务的真实状况,与传销组织宣传的价值之间是否一致,对于网络金融等类型的传销组织,审查其所宣传的内容的真实性,是否具备相应的资质,是否与真实的金融市场联通,是否具备盈利的可能性等。通过审查将传销的道具商品、服务与正常经营的商品、服务区分开。

(二)传销活动本质特征的审查认定

传销组织本质特征的审查应重点放在传销组织的运行模式审查认定中。网络传销中相关特征集中反映在网络平台的相关算法规则,对这部分的审查一般以电子数据为中心构建证据体系,再将现实空间中依法收集并查证属实的缴纳、支付费用及计酬、返利记录、视听资料、传销人员关系图、银行账户交易记录、互联网电子数据、鉴定意见等证据,与电子证据印证起来,排除相关的矛盾,综合认定传销组织返利模式。以"善心汇"传销案件为例,公安机关在善心汇传销平台未关闭前,对传销组织依托的"众扶互生系统"进行了远程勘验,结合后期提取的存储在云服务器上的相关数据库,结合鉴定意见可以还原出该系统运行的概貌,以及会员注册、返利的基本规则,会员的层级结构等,然后通过审查嫌疑人的供述,经过审查传销模式和规则的设计者、传销网上系统的开发者、管理人员、培训及高级会员的供述,结合普通会员的证言,他们证明的内容与电子数据等反映出的内容能相互印证,再结合提取的会员间通过网络社交平台的聊天内容、相关宣传资料、银行流水等书证进行了综合认定。

如个人版的规则,该规则是自然人参与系统必须花费 300 元购买

"善种子"激活账号,即收取入门费方能成为个人会员。成为会员后,有两种收益模式。一是静态提成收益,指会员购买、使用善心币获得布施、受助资格,该会员成为布施者,系统为其自动匹配受助者后,布施者对受助者进行布施(又称赠与,即打款给其他会员),布施者布施后成为受助人,就等待其他会员向他布施打款,获取大于布施款的返利。该会员获利后,可继续布施受助获利,也可以直接获利离场。布施受助的区域分为特困区、贫穷区、小康区、富人区、德善区、大德区。收益率为50%—0。无收益的大德区则无人参与。即会员通过不断布施,而布施金额又少于受助金额,从而获利。二是动态提成收益模式,指会员发展下线可以提成。善心汇会员发展一名下线,可以拿到该下线参与静态投资金额的6%作为奖励收益(也叫管理奖),但是实际只能提现3%,还有3%转为善金币,会员不收取第二代下线的奖励收益,但可收取第三代下线参与静态投资金额的4%的奖励收益,依此类推,会员可以拿到1代(6%)、3代(4%)、5代(2%)奖励机制,形成了善心汇公司独有的"跳级分润奖励机制",以吸引会员不断发展下线,获取利益。

检察机关通过证据审查厘清了相关营利模式后,可以根据审查认定的营利模式,是否具备传销活动的本质特征,来判断其是否属于传销活动,主要从缴纳"入门费"、形成"金字塔"型层级和"拉人头"返利三方面进行审查认定。

1. 缴纳"入门费"的审查认定。传统的传销活动,"入门费"一般只需要缴纳一次,获取相应的资格,所以缴纳的金额都比较大。现在的网络传销犯罪中,入门费也出现了"少量、多次"的表现形式,如"善心汇"传销案件中,其要求下线会员缴纳300元购买一颗"善种子"获得加入的资格,但是每一次参与"布施""受助"都要消耗一颗"善种子",也就是每一次获取静态收益都要缴纳300元。还有些"入门费"会包装成"保证金""投资款"的形式。但不管"入门费"的形式如何,都要从本质上进行分析。对传销活动中的"入门费"的审查主要从以下四个方面进行审查认定:一是是否只有缴纳费用或者购买道具商品、服务才能获得返利的资格；二是缴纳的费用能否获取基本等值的商品、服务；三是缴纳的费用是否可能被退还；四是参与者所缴纳的入门费是否是传销组织的主要收入和返利的来源。

2. 形成"金字塔"型层级的审查认定。传销的层级特征是其通过发展下线的必然结果。传销组织的层级特征可以通过审查相关参与人参与传销活动的申购单、传销人员业绩记录、交易信息、相关返利的财务资料来认定，特别是在网络传销犯罪中，通过后台数据库可以清晰反映出层级情况，结合相关书证，可以判断出是否形成了明显的上下线结构，其结构是否为"金字塔"型。对传销活动中的形成"金字塔"型层级主要从三个方面进行审查：一是层级和人数成反比关系，层级越高，人数越少，层级越往下，人数越多；二是层级为底层向顶层传导利益的上下结构；三是层级在3级以上。如果不符合以上三点，则不能认定为是传销活动。如湖南省湘潭市办理的李某集资诈骗案，2016年10月，被告人李某伙同张某以虚假的"曙光基金"的名义在微信群开展推广活动，打着慈善的幌子进行虚假宣传，号称要兴建敬老院、孤儿院等，免费收容孤寡老人、未成年孤儿和家境特别困苦的残疾智障孤儿，志愿者可以带全家免费到全国旅游，免费养老，小孩解决就业等回报，在全国多地发展志愿者鼓动志愿者捐款，设立推荐奖励机制，发展1名志愿者，推荐人可获得50元/人的奖励以此引诱更多人参与。至2017年7月6日，张某、李某通过微信群的方式骗得715人参与，骗取捐款共计823600元。在该案办理过程中，被告人李某的辩护人提出，李某和张某的行为符合组织、领导传销活动罪的犯罪构成，应当以该罪追究两人刑事责任。检察机关经过审查认为，本案构成集资诈骗罪而非组织、领导传销活动罪，主要因为组织、领导传销犯罪有一个明显的特征是要形成三层以上的"金字塔"式的层级，而且直接或者间接以发展人员的数量作为计酬或者返利依据，发展的层级和人数越多，返利越多，而集资诈骗被害人一般是呈现放射性二级结构，从本案看，发展一个被害人缴纳捐款，固定获取50元/人的奖励，奖励直接来源于被告人李某而非被害人缴纳捐款的返利，被害人A发展人员B后，如果B再发展了 C，A 并不能因 C 参与而再获利，不符合组织、领导传销活动罪的特征。

有观点认为传销活动要形成 3 级以上层级，这里的层级必须是"获取返利"的层级，即上线能够直接从下线获取利益的层级，如果上线不能从下线处获取利益，该下线所在层级不能计算在内。如"善心汇"案中部分辩护人提出，"善心汇"创设了上线会员可以获取下线会员投资金额第一代 6%、第三代 4%、第五代 2% 返利的"跳级分润奖励机制"，即第二代、第四代不返利，五代以后无论发展多少代下线会员都不再直接享受返利，而且，在外界质疑"善心汇"系传销时，相继取消第三代、第五代的返利，只保留了第一代的返利，所以"善心汇"后续的行为都达不到三层级的要求，不是传销活动。检察机关不赞同这种观点，其原因在于：一是传销组织设置的"直接返利层级"与传销组织的层级是两个概念，直接返利只是上线会员获利的一种方式，即便是隔代直接返利，或者是取消直接返利，也不代表上线不能从下线处获得利益，因为还存在间接返利的情况。在"善心汇"案件中，上线会员不仅通过向他人打款获得一定比例的返利，还会向下线会员出售"善种子"作为新会员的入门费，出售"善金币"作为下线会员每次打款的手续费，因此，上线会员获利的多少仍然取决于下线会员的发展情况和增加情况，虽然获取的返利与所发展的下线没有一一对应关系，但不影响获利是来源于下线会员的加入和增加这一核心事实的认定，其本质仍然是将下线会员发展作为其返利依据。所以，即便取消部分层级管理奖也不影响其行为是传销的本质特征。二是传销活动本质特征中的层级性判断，强调的重点在于传销组织的层级结构特征，这种"金字塔"的层级特征是传销组织"拉人头"返利特征的必然结果和表现形式，也是传销组织危害性的体现。所以，不能仅将传销组织的规则中上线会员是否直接从下线会员处返利作为认定其获利层级的依据，而要审查上线会员与下线会员间关系的本质特征。

3. 对"拉人头"返利的审查认定。现代网络传销对返利规则都设置的比较复杂，具有极强的隐蔽性，审查时要理解传销组织的返利规则,透过现象看清本质。网络传销返利一般分为静态收益和动态收益,静态收益是参与人投资后自然增值的部分,动态收益通常才与发展人员具有相关性。如在"五行币"传销案中,传销组织宣传参与人投资后可以坐等升值,也就是说等着全球买入"五行币"的人增多,价格上涨,可以获得分红,这个分红可以选择再投资"五行币"。如果发展下线可以获得返利,这是动态收益。五行币的奖励制度注册分为三个级别,Y、S、M三级会员分别需要注册费500元、2500元、5000元,分别可以获得500、2500、5000的"五行币",此后推荐不同级别的会员,发展成为自己的下线,可以获得相应的奖励。每枚五行金币上面的编码都附带着5000个数字货币。按照数字货币每隔两三个月就会涨5倍的价格,涨价时发行公司会分红并赠送新的数字货币。该传销组织宣称参与者拿着赠送的数字货币再投入,一年之内至少操作5次,计算下来,5000元买到的五行币静态收益至少能达到400万元。静态收益一般不能反映出传销组织层级返利的特征,这种收益要么是子虚乌有,空中楼阁,要么不能兑现,要么是来自参与者本身,如"五行币"案件中宋某某向"云家人"承诺,只要赠送完5亿枚金币就会开网。一旦开网,公司每收回一枚金币,五行数字货币的价值也会增加。事实上假如一年发展50万个会员赠送50万枚金币,10年才赠送500万枚,100年5000万枚,要1000年才可以赠送5亿枚,也就等于说永远都不需要开网,这个静态收益也永远兑现不了。而"善心汇"传销组织静态收益来源于参与者之间点对点的打款,与传销组织的收取资金没有联系。动态收益的获取则和发展人员的数量有很大关系,也是拉人头返利特征审查的重点。"直接或者间接以发展人员数量作为计酬或者返利依据"中的"直接"是指每发展一个下线会员可以从下线会员或者下线会员发展的隔代会员的入门费中获得返利,直接返利是比较典型的层级返利特征,一般传销组织会设计成"管理奖"之类的,发展下线会员可以直接获得n%的返利。而"间接"指返利的来源是下线会员缴纳的钱款。如"善心汇"传销中,传销组织为了规避法律的规定,设计了三代隔代返利,是否表明三代以下的下线会员缴纳的费用就与金字塔顶端的上线没有关系呢？通过审查发现显然不是，该组织的上线通过售卖"善种子""善金币"往下渗透，会员间每次匹配打款都要消耗"善种子""善金币"，无论后面发展到多少层级的会员，该会员缴纳的费用都会有一部分返给上线。

对于"拉人头"返利的认定要注意其与"团队计酬"及"混合计酬"的区别。

一是与"团队计酬"的区别。根据国务院 2005 年 11 月 1 日颁布的《禁止传销条例》，"团队计酬"是指组织者或经营者通过发展人员，要求被发展人员发展其他人员加入，形成上下线关系，并以下线的销售业绩为依据计算和给付上线报酬，牟取非法利益。"团队计酬"作为传销的一种方式，与"拉人头""收取入门费"一样，系《禁止传销条例》明令禁止的三种传销行为之一，但刑法修正案在设定组织、领导传销活动罪时，没有将团队计酬型传销规定为犯罪。司法实践中，传销活动的组织领导者往往利用"团队计酬"销售商品这一形式，实质上实行"以发展人员的数量作为计酬或者返利依据"的传销活动，对这类行为，仍应以组织、领导传销活动罪定罪处罚，这在 2013 年《关于办理组织领导传销活动刑事案件适用法律若干问题的意见》中予以了明确。单纯的"团队计酬"传销以正常的经营行为为基础，通过推销商品提供服务来创造价值，而非单纯的"团队计酬"传销则是以经营行为为名，以拉人头传销为实，其实质是转移价值而非创造价值。二者的区别主要通过销售模式、收入来源、发展的可持续性等方面进行综合判断：第一，销售模式。单纯"团队计酬"传销以销售产品为导向，不仅有真实的产品，而且产品定价基本合理，质量合格，有退货保障。非单纯的"团队计酬"传销要么没有实际的商品交易，上线以虚报下线销售业绩申领计酬返利，要么销售的商品质量、价格严重脱离实际，人们购买商品不是为了消费，而是为了计酬返利。第二，收入来源。单纯"团队计酬"传销中，"上线"的收入包括两部分，一部分是根据自己销售业绩取得的劳动报酬，另一部分是按照发展"下线"的销售业绩获得的提成，这部分收入系上线招募、辅导、培训下线的劳动收入，应该从受益的"下线"收入中支付,一定程度上体现了按劳分配的原则。非单纯的"团队计酬"传销因为没有实质的交易行为,商品没有实现其使用价值,购买商品的财物只是在上下线之间等值流转,收入来源于发展下线的数量获取利益。第三,发展的可持续性。单纯"团队计酬"传销依赖商品销售业绩和利润实现可持续发展,而非单纯的"团队计酬"传销虽然也有商品销售,但因商品基本没有消费价值,不具备销售前景,其存在和维系直接取决于是否有新成员以一定倍率不断加入。

二是"混合计酬"的认定。在现实经济活动中,存在通过消费一定金额成为会员、加盟代理商,获得发展会员资格、获得消费折扣、服务费、零售等奖励,发展会员亦能获得一定数量奖励的"混合计酬"模式。司法实践中,这种计酬方式比较难以辨别,主要因为:第一,销售人员通过销售产品和发展会员都可以获得薪酬奖励,具有隐蔽性。第二,在性质认定中,存在"销售产品"和"以销售产品为名拉人头"的分歧。第三,在证据收集中,存在公司的经营收益到底是主要来源于"人头费",还是开加盟店、销售产品的困难。第四,现实中,对拥有直销许可证的企业,直销和传销难以完全剥离开。基于以上理由,有观点认为,对于"混合计酬"模式的传销行为,不宜以组织、领导传销罪定罪处罚。我们认为,"混合计酬"式传销的出现,体现出当前经济环境下,人们趋利的行为模式更加多样化、复杂化,这其中有可能隐藏着刑法规制的模糊地带,为避免放纵犯罪,应坚持具体问题具体分析,透过现象看本质的判断方法,判明销售商品的获利是否足以支撑发展下线的返利,确定公司发展和盈利的实质性来源,抓住问题的主要矛盾,对"混合计酬"是否符合传销活动的本质特征进行整体把握。如太平洋直购网传销案①,就是消费返利和发展下级返利两种计酬

---

① 参见江西省高级人民法院(2013)赣刑二终字第63号"唐某某、刘某某、童某等人组织、领导传销活动案"判决书。

模式并存。① 该案辩护律师认为，"太平洋直销网经营模式的规则不是以人员数量为计酬，而是锁定未来一定时间段内的购买群体，以可以预期未来真实发生的订单量和实际消费的量为计酬依据"。② 我们认为，太平洋直购网就是一种典型"混合计酬"传销模式，不能仅因其计酬模式中包含了消费商品计酬模式就否定其依据发展下线返利模式的存在。事实上，该案中通过消费返利难以实现，"根据太平洋直购的返利规则，各级渠道商在获得加入资格后，虽然通过自然消费和市场推广（发展渠道商）均可获得返利，但实际上通过消费积累 PV 不仅花费巨大，而且累积周期长，难以实现，从而引诱渠道商继续发展其他人员参加，以达到快速返本、获利的目的。经鉴定，截至 2012 年 4 月 9 日，江西精彩公司账目反映应发放返利 14.5 亿余元。推广返利占总返利的95.48%，消费返利仅占总返利的 4.52%"。③ 由此可以看出，太平洋直购系以小比例的消费返利掩饰大比例的发展下线返利，可以认定其以发展人员数量作为返利依据，应以组织、领导传销罪定罪处罚。

（三）审查传销组织经济特征的审查认定

传销经济特征"骗取财物"的审查认定主要关注四个方面：

---

① 太平洋直购网运营模式主要规则：根据会员所缴纳的从 7000 元至 7000 万元不等的保证金数额，将所有会员划分为 16 个等级。会员拥有 1000PV 或者缴纳 7000 元保证金即可成为渠道商。根据等级的不同，会员所能享受的返利也不同，等级越高，享受的返利比例也就越大。1PV 积分等于 7 元人民币。太平洋商场规定消费者每消费 100 元，便可获赠一个 PV 积分。消费者通过缴纳保证金的方式也可直接获得 PV 积分，例如缴纳 7000 元的保证金便可获得 1000PV 积分。渠道商可以通过消费积累 PV 积分来获得保证金的返还和相应的消费返利，每积累 100PV 积分就返还 700 元保证金。交纳了保证金的渠道商也可以通过市场推广即发展下级渠道商的方式来获得保证金的返还和相应的推广返利。

② 陈有西：《太平洋直购电子商务被控传销大案辩护词（法庭稿）》，载新浪博客，http://blog.sina.com.cn/s/blog_6b804b510101hfht.html。

③ 参见江西省高级人民法院（2013）赣刑二终字第 63 号"唐某某、刘某某、童某等人组织、领导传销活动案"判决书。

1. 对外宣传的内容是否具有欺骗性。传销组织都有一套对外宣传的话术，通过审查扣押的相关宣传册、培训资料、宣讲的视频等甄别虚假的部分，不仅要甄别对外宣传的内容是否真实，还要甄别内容与目的是否一致。如"善心汇"传销案中，该组织收购了一个黄花梨基地，宣称会员入会就获赠一颗黄花梨树种，大肆渲染黄花梨的经济价值，经过审查不仅黄花梨数量有假，而且成材慢，收益低，黄花梨基地的宣传纯粹是欺骗。该组织还对外宣传其组织主要进行扶贫和慈善，是一个做善事的新经济模式。经过审查，该组织确实进行了一些扶贫活动，但通过审查扶贫对于资金与该组织获利进行比较，其投入到扶贫的资金不到其获利金额的1%，可以看出扶贫并非该组织成立的目的。所以，检察机关在办案时要通过审查找出传销组织虚假宣传的内容。

2. 有无经营性实体及其经营情况。某些传销组织为了掩盖其非法目的，制造其组织经济实力很强的假象，以此骗取参与人的信任，往往也有一些经营实体，"善心汇"案件即是典型，该传销组织先后收购德农牧业、贵州金果缘等34个企业，成立慧尚品商城，用这些并未盈利的实体产业将善心汇包装成集网上商城、酒店经营、旅游地产，生态农业，连锁超市，影视文化，善心医院等十二大产业板块的庞大实体经济体。面对这种情况，需要查证这些实体企业的真实状况，通过审查上述公司的投资资料、财务资料，结合嫌疑人的供述，证明上述公司要么没有实际运营是空壳公司，要么没有获利，注册实体公司就是为了吸引更多的人入会，根本无法支撑庞大的返利资金。过往很多传销案件的办理容易忽略这个问题，造成后期处理时，面对被告人的抗辩，不能从证据上予以否定，排除合理怀疑。

3. 审查传销组织获利的情况和来源及去向。传销组织的欺骗性在于其获利资金都来源于传销的参与人，只有会员不断加入才能保证金字塔顶端的收益，大多数资金都被传销组织金字塔顶端的部分人占有，这一方面的审查重点是传销组织的相关财务资料和鉴定意见。如"善心汇"案件中，结合财务资料和鉴定意见，证明该组织的获利来源主要是售卖"善种子""善金币"收入，主犯张某某获得大约25亿。关于获利的去向问题，组织、领导传销犯罪与诈骗罪中的"以非法占有为目的"不同，并不以嫌疑人从中获利为构成要件，如果组织、领导传销活动不久就案发可能还不一定能获利，但一般的案件中，组织者、领导者都获得了巨额利益，审查传销组织资金是否流入了组织者、领导者个人账户和资金的使用情况，可以印证组织、领导传销活动犯罪的主观犯意和组织者、领导者在传销网络中的作用、地位。

4. 审查经营是否能可持续。传销活动与合法的返利促销最大的区别就是其不可能持续发展。一些商城为了吸引会员进行消费，也会有缴纳一定费用或者购买一定商品取得会员资格，并且设置一定的返利条件。如湖南某商城规定，一次性购买5000元商品可以成为会员，一年内累计消费20000元可以升级成为金卡会员，每消费1元可以积1分，每满5000积分可以兑换100元现金券在商城内任意消费。这种商城的积分返利是为了刺激消费，其返利的来源商城销售相关商品赚取的差价，无消费也就无返利，其返利金额小于赚取的差价以保证其可以持续发展。而传销活动中，返利来源于新会员加入缴纳的资金，而会员加入的越多，需要支付的返利就越多，需要的资金来源越多，资金缺口越大，假设其能将全世界的人都发展成为其会员，再无新会员可以发展时，其最终会崩盘。"善心汇"案件中，根据鉴定意见，案发时系统中资金缺口有250余亿元，不发展大量的会员参与，该组织根本无法弥补庞大的资金缺口。

二、"组织者""领导者"的审查认定

（一）对嫌疑人具体行为的审查认定

组织、领导传销活动罪的主体的认定有赖于对嫌疑人客观行为的审查，以便确认行为人在传销活动中所起的作用和在传销组织中的地位。

在传销活中起发起、策划、操纵作用的认定要重点审查传销组织系何人起意组建，其章程、经营模式、基本制度系谁设计、制定，对增设分支机构、扩大销售区域、日常运营管理、协调是否起、决策、统率、支配作用等方面进行综合审查；认定在传销活动中承担管理、协调等职

责，重点审查犯罪嫌疑人在传销组织中是否承担了管理职责及职责的主要内容，负责管理的范围，在传销网络中所处的层次、涉案金额等方面，承担管理、协调职责的人员多数属于公司的高级管理层，包括传销组织的高层管理人员、重要部门负责人等。

在传销活动中承担宣传、培训等职责的人员的审查，重点审查嫌疑人在传销组织中承担宣传、培训工作的重要程度，负责工作的范围，比如有无参与编写各类培训资料，制作培训的课件，有无组织或进行线上的培训课程或在线下组织进行各类讲座、研讨、分享会，以及上述培训活动参与的人员、规模大小及影响范围。

认定曾因传销活动受过刑事、行政处罚的证据包括曾因组织、领导传销活动受过刑事处罚，或者1年以内因组织、领导传销活动受过行政处罚，又直接或者间接发展参与传销活动人员在15人以上且层级在3级以上，主要审查犯罪嫌疑人是否曾因组织、领导传销活动受过刑事、行政处罚，有无相应的刑事判决书、行政处罚决定书，审查本次涉嫌的犯罪中的传销人员关系图，银行账户交易记录，户籍资料信息，上下线会员的证言，犯罪嫌疑人供述和辩解等，认定其直接或间接发展的人员的层级和人数。

对其他对传销活动的实施、传销组织的建立或扩大等起关键作用人员的证据，重点审查高层级代理商在传销活动中的作用，包括其所属层级，其下发展的人数、层级、获利等方面。比如明知该组织从事传销活动，仍提供帮助，对传销活动的长期发展、扩大出谋划策，起重要作用的人员。也包括传销组织中，会员等级高、发展下线多、获取利益大、组织下线能力强，并积极宣传传销组织理念的人员。

（二）区别对待地方骨干人员

当前传销组织的发展主要依托互联网，具有人员众多、组织体系复杂、层级规模庞大、地域跨度广等特征，绝大多数传销组织往往在某地设有总部，在全国其他地区设有分部。各地侦查机关查处本地区的传销组织时，对于在一定区域内、属于整个传销组织一部分的传销分部中的"地方骨干人员"，能否认定为传销活动的组织者、领导者，需要根据实际情况,区别对待。

检察机关认为,应以组织、领导传销活动罪的立法目的为原则,根据地方骨干人员在整个传销组织中的地位和职责,严格认定组织者、领导者。组织、领导传销活动罪的立法目的在于打击传销组织的始作俑者和真正受益者,对其他参与者做入罪处理应严格限制。按照这个标准,以下三类"地方骨干人员"可认定为组织者、领导者:(1)受顶层组织领导者委派,负责建立或者发展某一地区传销组织的人员;(2)根据传销活动的规则,晋升为某一地区的总负责人,如区域经理等;(3)有证据证明行为人是某一地区传销活动人和事的实际控制者,并与顶层人员直接沟通协调而区别于一般参与者的人①。上述三类人员的地位虽然不处于传销组织顶层,但与顶层的组织领导者之间联系密切,并从顶层组织领导者处获得更多授权与利益,对传销组织的建立、扩大起关键作用。

除上述三类人员外,对于那些参加时间较早、被蒙骗较深的地方骨干人员,自发形成的宣传推广团体中的主要成员,虽下线层级、发展人员较多,在宣传推广过程中行为相对积极,所起作用较大,但放在整个传销组织来看,其并非处于层级结构的顶端,与顶层组织领导者并无意思联络,只是出于牟利的目的自发拉拢人员,逐步成为地方"小金字塔"结构中的顶层,这类"自我成长型"地方骨干成员,原则上不宜认定为组织者、领导者。实践中,有的司法机关人为地将整个传销组织按地域拆分为若干个小"传销组织",并将每个区域性小"传销组织"中层级较高的地方骨干人员认定为组织者、领导者,不当扩大打击面,有违刑法谦抑性原则。

(三)准确认识技术骨干的作用

技术是中立的,但掌握技术的人应当在法律的框架内使用技术。新型网络传销依托互联网进行,传销系统的设计、传销平台的运行维护是

---

① 徐扬:《组织、领导传销活动罪中地方骨干人员的定罪量刑问题研究》,载《黑龙江政法管理干部学院学报》2019年第6期。

网络传销得以开展、发展、延续的基础。技术人员特别是技术骨干对网络传销的发展壮大起基础性作用。如技术人员黄某受传销组织发起人张某的邀集参与网络传销组织的建立，张某提出了该传销组织的经营模式并将其想法与黄某进行讨论，请黄某从技术上实现他的想法，后黄某根据张某的想法设计、开发了网络传销的平台，该平台可以实现会员缴纳入门费注册，会员推荐人员成为自己的下线可以获得金额不等的返利等功能，后该传销组织吸纳了大量的会员注册，黄某前期开发的系统不能容纳极速增长的会员数；为了提供更加顺畅的服务，黄某受张某安排组织技术力量将系统优化升级并组织技术力量负责系统的日常运行维护，同时黄某也招聘了李某负责该传销组织办公系统的日常运维工作。本案中，黄某和李某同样是技术人员，但两人对在传销组织中的作用是明显不同的。黄某作为技术骨干不仅参与该网络传销组织最初运营模式的设计，还负责开发了网络传销组织赖以运转的网络平台，后续还负责升级系统以容纳不断发展扩大的传销组织，黄某传销组织的建立，对维持传销网络正常运转、对传销组织的存续发展起重要作用，应当认定为在传销活动中的组织者、领导者。当然，有确定证据证实虽然提供了技术支持，但主观上确实不明知的技术人员，不能认定为传销组织的骨干成员，如案例中的李某，是在传销组织建立后被招聘进入该组织，只负责组织办公系统的维护工作，不应认定为骨干成员。

（四）慎重认定一般的帮助行为

传销组织中还有一类人员，自己未参与传销组织，但为传销提供帮助，如为传销组织提供经营场所、培训场地、货源、保管、仓储条件的人员等。在网络传销案件中，存在为传销组织高级会员提供一般帮助和将身份证出借给他人使用但未从中获利的人员。如某传销组织A地区的主要负责人之一曾某，因其不会使用电脑和微信，其儿子何某帮忙将发展的下线会员完成网上注册工作，曾某还使用何某的身份证注册会员，并将部分发展的下线会员注册在何某名下，系统显示何某下线会员数量巨大，公安机关将母子2人均作为打击对象。经过审查，虽然何某确实为他人的传销行为提供了帮助，但没有从中获利，行为对传销组织的扩大并没有起到很大作用,而且,其自己并未进行发展下线会员的行为,他名下的下线会员均不是他自己发展,而且他还经常劝说其母亲曾某,传销是违法行为,因此,不宜认定其为组织者、领导者,不应当予以打击。

(五) 单位犯罪主体审查

对组织、领导传销犯罪中,单位犯罪主体的审查,应当从以下几个方面审查证据:一是单位是何时成立及成立的目的。主要收集审查单位注册登记资料,单位法人、股东及其他发起人的供述或证言。二是单位成立后的经营范围和业务开展情况。主要收集、审查对外签订的合同、公司有关人员的证言、单位管理、考核等相关文件等。三是犯罪活动是否经集体决策实施。主要收集、审查公司决策相关文件,会议记录、纪要以及主要犯罪嫌疑人供述、公司有关人员的证人证言等,证明犯意形成形成的时间,参与决策的人员和决策的过程,直接实施传销活动的人员、具体的职责分工及具体实施的行为。四是单位开展传销活动违法所得是否归单位所有。主要收集、审查公司账目、资金往来记录,犯罪嫌疑人供述、证人证言、鉴定意见等进行综合认定。对于依法成立的单位,在成立后并非主要实施犯罪活动。经集体决策从事传销犯罪活动且违法所得归单位所有的,应认定为单位犯罪。

三、犯罪主观方面的审查认定

本罪主观方面表现为行为人明知以拉人头、收取入门费的行为骗取他人财物,会侵害他人财产权,扰乱社会经济秩序,仍希望或者放任这种结果发生。明知既包括明确知道,也包括应当知道。对主要明知证据的审查,不仅要审查犯罪嫌疑人的供述,还应当审查相关的证人证言、书证、电子数据、视频资料、网络聊天记录,综合予以认定,如审查嫌疑人是否经过了入职培训,培训的内容是否包含了传销组织的相关运营和返利模式,嫌疑人进入传销组织后主要从事的工作,与哪些人员有过接触、嫌疑人是否发展了下线会员,是如何发展下线会员的,发展下线会员时是如何向下线会员宣传的,还可以审查嫌疑人的工作经历和背景，以前是否接触过传销组织来从侧面进行印证。

在新型网络传销犯罪中，传销组织呈现高度集团化、组织化的特征。组织成员分工明确、各司其职，有人负责发起、策划、操纵，有人负责提供资金，有人负责财务管理，有人负责技术支持，有人负责客户服务，有人负责宣传培训，还有人负责外围支持，最后就是"销售人员"负责发展会员，共同处于传销组织"金字塔"模式的顶端，相互配合，使传销组织不断发展壮大。不同的工作角色决定了每个人都是通过各自的工作接触来认识传销组织的运行模式。因此，应当科学、合理地界定主观认知程度。犯罪嫌疑人只要对传销活动的本质特征"直接或者间接以发展人员数量作为计酬或者返利的依据"有基本认识，或者通过其工作岗位和经历推定其应当认识得到，仍然从事相关传销活动，即可判明其具有主观故意。如新型网络传销组织中的技术骨干虽然从事的是技术工作，但其工作的内容是设计传销模式以及对传销系统进行维护和优化升级，其应当知道该系统的实质就是通过拉人头发展会员的方式非法获取利益。此外，传销组织中发展会员人数多，获取非法利益大的高级会员，其在发展会员的过程中，就是在"发展会员可以获利"的诱惑下大肆进行宣传，并向下线会员解释传销组织的获利模式，因此，可以认定其主观明知。

四、关于层级和人数的审查认定

《关于公安机关管辖的刑事案件立案追诉标准的规定（二）》规定的组织、领导传销犯罪的立案追诉是组织、领导的传销活动"人员在三十人以上"，且"层级在三级以上"。同时，根据《关于办理组织领导传销活动刑事案件适用法律若干问题的意见》，"组织、领导的参与传销活动人员累计达一百二十人以上的"；"曾因组织、领导传销活动受过刑事处罚，或者一年以内因组织、领导传销活动受过行政处罚，又直接或者间接发展参与传销活动人员累计达六十人以上的"应当认定为《刑法》第224条之一规定的"情节严重"。立案追诉及认定"情节严重"的人数和层级数，与传销活动本质特征中的层级性特征不一样，前者都是指行为人自己发展的下线的人数和层级数，后者是指整个传销组织呈现出来的层级和人数，司法实践中一定要准确把握两者的区别。

（一）对发展人数和层级数的证明标准

传统的传销犯罪一般都是在一个区域内进行传销活动，发展的下线会员也多在相同区域内，原则上应收集嫌疑人上线1人以及下线两层30人以上的证言、户籍资料、缴纳费用及参与传销活动的情况。但司法实践中，网络传销犯罪往往是依托互联网平台进行，传销组织的建立扩大往往体现在网络平台上注册账户的数量和规模。一般情况下，对发展会员数的认定多数依赖的是网络平台上提取的电子数据，如注册账户情况、人员结构图等。网络平台的一个注册账户一般对应一个具体的人，但根据传销活动采用的经营模式的不同，有时一个账号也不一定对应一个人，既有多人操作一个账号的情况，也有一人操作多个账号的情形。如湖南省办理的"善心汇"组织、领导传销案件，犯罪嫌疑人张某某以"扶贫互助"的名义宣传和发展会员，会员注册后可以参与投资返利，但每个会员投资返利的金额和时间是有限制的，因此，一些会员为了获得更多投资返利的机会，使用他人身份资料注册成为会员，因此确实也存在一人控制多个账户的情况。这种情况一般存在于注册账户可以获取一定的奖励或者其他利益的传销经营模式案件中。株洲办理的"维卡币"组织、领导传销案件中也存在类似的问题。当然，层级的认定也存在同样的问题，如有些传销案件中，存在层级返利的情形，收益跟层级数挂钩，参与者就会重复注册账户作为自己的下线增加层级数。遇到上述情况，认定下线的人数、层级时，到底应该按照实际参与的人数、层级，还是按照网络平台中注册账户数量、层级，在司法实践中存在两难。司法解释明确规定的是人数和层级，由于网络传销的特点，要一一核实数以万计以及十万计的账号所对应的人，则显得完全不符合办案实际。综合分析已有的司法判例，实践中的一般做法是：

1. 证明达到了"入罪条件"及"加重处罚条件"的证据必须确实、充分。检察机关指控传销犯罪者的刑事责任，就必须证明传销犯罪的组织者、领导者已经达到了法定的构罪要件，具体而言，就是其组织内部参与传销活动人员在30人以上且层级在3级以上的;另外,要认定传销犯罪组织者、领导者行为是否达到"情节严重",是否需要在5年以上有期徒刑范围内量刑,指控证据还必须证明其行为是否达到了"情节严重"的标准,如其中一项标准为"组织、领导的参与传销活动人员累计达一百二十人以上的"。因此,对于入罪标准和情节严重标准这两个底线的证明,必须达到"案件事实清楚、证据确实充分"的要求,对于组织、领导的参与传销活动人员在30人左右、120人左右的,在审查证据时应当特别慎重,采取最严格的证明标准,对于有证据证实存在重复账户的就应该去核实、扣除。至于行为人组织、领导的参与传销活动的人员在很大程度上超过了作为底线的人数,则只需要进行概要性的证明或展示,这种做法是在保持我国现行刑事法律制度不变的情况下降低证明难度的一大技巧,也为应对大数据技术所可能真正带来的冲击与挑战,预留下足够的空间。①

2. 在网络传销犯罪中,对于有证据证明,或者被告人、辩护人提出存在一人多户情况并经查证属实的,重复注册的账户数应予以扣除。重复注册账户的社会危害性与一人一户的社会危害性有所区别,组织、领导传销活动发展下线最终要通过注册者的宣传、推广吸引他人参加得以实现。在网络上同时宣传多个账户分散了宣传的力度和关注度,在吸引他人参与方面并没有更多的优势。因此一人多户情况下注册者一般不会同时对自己注册的多个账户进行宣传、推广,而是重点培育其中一到二个账户,其他账户闲置不发展下线。此外,上线的收入一般与下线投入的资金挂钩。在自己另外注册账户作为现有账户的下线的情况下,只是相当于将收入从自己的一个账户放到另一个账户,不存在自己骗取自己财物或者自己成为自己犯罪行为的受害者的问题。因此,剔除重复账户数更能真实还原行为的社会危害性。在网络传销犯罪的侦查中,为了剔除会员账号数中的被一人控制的多个重复账号,侦查初期公安机关一

---

① 刘品新:《网络犯罪证明简化论》,载《中国刑事法杂志》2017年第6期。

般会采取以"注册的身份证号码+电话号码+支付方式(包括银行账户、微信、支付宝账户)"进行去重,但也无法达到百分之百的准确。如果公安机关在取证中发现存在重复账户,或者被告人、辩护人提出存在重复账户的线索,并且具有明确的指向及核查的可能的,要启动核查程序。对于被告人、辩护人只是辩称存在重复账户情况,但是没有线索、证据支持的,不需要启动程序。

3. 对于发展会员数、层级众多,远远超过立案标准、"情节严重"标准的网络传销组织者、领导者而言,人数和层级的认定,一般按照线上注册账户情况进行认定。这主要是因为:一是按照注册账户数认定符合网络传销案件取证规律。网络传销的参与者往往人数众多,比如"善心汇"的注册会员数高达598万多,而且分散在全国各地,要对所有参与者一一进行讯问取证,或者要查清每个账户的实际注册、使用人几乎不可能,而且注册会员数远远超过了立案标准、"情节严重"标准,为了查清账户使用者而动用无法估量的司法资源也显得没有必要。考虑到取证工作的客观困难,2013年《关于办理组织领导传销活动刑事案件适用法律若干问题的意见》第1条第4款明确规定:"办理组织、领导传销活动刑事案件中,确因客观条件的限制无法逐一收集参与传销活动人员的言词证据的,可以结合依法收集并查证属实的缴纳、支付费用及计酬、返利记录,视听资料,传销人员关系图,银行账户交易记录,互联网电子数据,鉴定意见等证据,综合认定参与传销的人数、层级数等犯罪事实。"实践中,一般通过传销组织会员在网络平台的注册资料、人员结构图、人员返利记录及其他电子数据综合认定,数据量大的还会进行相关的鉴定。二是注册账户数量是网络传销社会危害性的最直接体现。网络传销具有跨地域、传播快、参加者多的特点,不受地域的限制,可以迅速跨省市在全国蔓延,在短期内吸引大量人员参与,社会危害性大。传销的组织、领导者对于参与者在现实中的身份并不关心,而只是关心网络账户的注册情况。在计算发展的层级和下线时,也是以注册账户数计算,对于是否存在一人多户在所不问。因此,整个网络传销都是建立在注册账户数的基础上参与账户数的多少是网络传销社会危害性的重要体现。注册账户数和实际参与传销人数一般相差不大。传销属于金字塔结构的犯罪，越靠近金字塔的塔尖，获取的非法利益就越多，参与者多注册账户反而有可能分流了自己发展的下线，不利于提高自己在金字塔中的地位。网络传销账户是参与者发展下线、获取违法所得的载体，人身属性很强。对于本人注册的账户，即使丢失了也会想方设法找回，而不会简单重新注册。

（二）发展下线人员和层级数的认定

1. 与传销活动本质特征中的层级性特点不一样，此处对层级的认定应当是"直接或者间接返利"层级，即上线能够直接或者间接的从下线获取利益的层级。传销本身具有逐利性，传销组织设计传销规则目的就在于要使用欺骗、利诱等手段促使上线会员不断发展下线、增加层级，因为只有不断发展下线，增加层级才能不断地获取返利，这是传销活动的本质特征决定的，如果上线发展下线不能获得相应的利益，发展下线不能直接或者间接返利，传销组织就不具有扩张性，也就不具有相当的社会危害性。需要注意的是，"返利层级"包括直接返利也包括间接返利，如前文分析过的"善心汇"传销组织中的"隔代返利"及取消隔代返利后的"单层返利"体现的都是直接返利，其向下线售卖"善种子""善金币"等体现的是间接返利，不能被其只设计发展一代下线直接返利的表象迷惑而否定其不断发展的下线层级。

2. 正确区分代理商的等级与传销的层级。在部分网络传销案件中，还存在按照行政区域和行业类别设置的代理公司。代理公司作为传销模式的代理实体，系推广传销模式、发展下线代理和会员的代言人和协助者。代理商可以获得在其代理区域、行业内所有交易额一定比例的提成。传销组织会设置不同等级的代理商，并规定不同数额的代理费。如"云联惠"公司根据国家统计部门公布的行政区域社会消费品零售总额数据的不同，设计了 8 个代理级别，成为代理商必须是铂钻会员，而且要缴纳几十万元不等的代理费，不同级别代理商可以分到其行政区域内总营业额 0.5%—2% 的管理奖励。有观点认为代理商的等级就是传销组织的层级，对没有达到 3 个等级以上的代理商，不构成组织、领导传销活动罪，代理商的等级不具有定罪意义。代理商实际上就是区域经理，是传销组织在某一区域内的代理实体，其发展的下线代理和会员都是整个传销网络的一部分。在认定是否追究代理商的负责人的刑事责任时，应当以该负责人在传销组织中的层级为基点，根据该代理实体的层级和人数来综合认定。

3. 对于组织、领导多个传销组织的层级、人数计算。《关于办理组织领导传销活动刑事案件适用法律若干问题的意见》明确规定，组织、领导多个传销组织，单个或者多个组织中的层级已达3级以上的，可将在各个组织中发展的人数合并计算。

4. 组织者、领导者形式上脱离原传销组织后，继续从原传销组织获取报酬或者返利的，原传销组织在其脱离后发展人员的层级数和人数，应当计算为其发展的层级数和人数。

第五节　组织、领导传销活动案审查逮捕要点

在审查逮捕阶段，我们审查的重点在于是否"有证据证明有犯罪事实"和是否"有逮捕的必要性"两方面。具体而言，组织、领导传销活动案件审查逮捕中应当注意以下问题：一是准确把握对"三十人以上且层级在三级以上"传销组织的认定，这是办理组织领导传销案件的基础。二是准确把审查界定传销组织中的组织者、领导者，避免扩大打击面。三是高度重视客观证据的审查，通过客观证据对传销组织的运营模式、层级机构、计酬方式以及各犯罪嫌疑人的地位、作用予以证实。四是加大对涉众型犯罪案件社会危险性的审查，从犯罪嫌疑人的认罪态度、地位作用、造成的影响及后果等方面综合考量，准确适用逮捕强制措施。

一、审查逮捕的证据基本要求

1. 有证据证明发生了组织、领导传销活动犯罪事实。

2. 有证据证明组织、领导传销组织行为是犯罪嫌疑人实施的。

3. 有证据证明犯罪嫌疑人具有组织、领导传销组织的主观故意。

由于前文已经对组织、领导传销活动案件的总体证据要求和证据审查要点进行了阐述，这里就不再对审查逮捕的证据要求进行赘述。

二、对社会危险性条件的把握

组织、领导传销活动罪涉及两个量刑档次，除可能判处徒刑以上刑罚、曾经故意犯罪或身份不明的以外，均不符合径行逮捕的条件，同时该罪涉及人员多、资金量大、社会反响大，涉及犯罪的人数也可能较多，因此正确适用逮捕措施对于妥善处理此类涉众型案件、妥善化解社会矛盾，具有非常重要的意义。在审查逮捕时，对在组织中所处层级较低、发展人数较少、作用相对较小、获利较少、主观恶性不大、认罪悔罪态度好的组织者、领导者一般可以认为无社会危险性，对于其他犯罪嫌疑人，可以从以下几个方面，综合考虑是否具有社会危险性。

（一）有无逃跑的可能性

传销组织的组织者、领导者一般具有骗取他人财物的目的，有的数额巨大，要根据其骗取的传销资金数额、司法机关缴获的赃款数额等情况判明其是否存在携款逃跑的可能性。

（二）有无毁灭证据、串供的可能性

组织、领导传销活动罪一般都是多人参与的共同犯罪，组织严密，犯罪嫌疑人存在逃避打击的心理，因此应当审查各犯罪嫌疑人在传销组织的成立、扩大中所处的地位和所起的作用，判明其是否存在毁灭证据、串供的可能性。

（三）有无打击报复他人的可能性

组织、领导传销活动罪中犯罪嫌疑人之间关系复杂，传销活动还经常涉及传销组织以外的人员，对于由传销组织内部人员或相关外部人员报案而案发的案件，要认真审查各犯罪嫌疑人之间的关系，查明其是否存在打击报复他人的可能性。

三、审查逮捕要注意的其他问题

在"捕诉一体"办案机制之下，审查逮捕不仅要关注案件证据是否构成犯罪，有无逮捕必要性，更要充分利用侦查机关尚在侦查取证的有利时机，注重向后延伸审查职能，引导侦查机关提前固定证据，解决案件中可能存在的程序问题，以便随后的审查起诉、出庭公诉等诉讼环节能够更加高质量、高效率的推进，在审查逮捕期间还要关注以下问题：

（一）对嫌疑人涉嫌其他罪名证据的收集

传销集团组织严密、分工明确，各司其职。总体上来说，要围绕组织、领导传销活动罪对传销集团的组织者、领导者收集证据。但部分传销犯罪人员可能还涉嫌其他经济犯罪，或者没有参与传销犯罪，但帮助传销组织转移、隐匿资产。根据《关于办理组织领导传销活动刑事案件适用法律若干问题的意见》规定，犯组织、领导传销活动罪，并实施故意伤害、非法拘禁、敲诈勒索、妨害公务、聚众扰乱社会秩序、聚众冲击国家机关、聚众扰乱公共场所秩序、交通秩序等行为，构成犯罪的，依照数罪并罚的规定处罚。

为从根本上铲除传销犯罪分子的经济基础，查明传销犯罪分子肆意挥霍、转移、隐匿传销资金等的"非法占有"故意，不仅要注重传销犯罪证据的收集、审查，也要注重涉嫌洗钱罪，掩饰、隐瞒犯罪所得、犯罪所得收益罪证据的收集、审查；既要追究犯罪分子的刑事责任，也要尽最大力度追缴违法所得，彻底铲除再犯罪的土壤。如"善心汇"案件中，张某某为了取得其情人林某某的芳心，先后转账7000余万元给林某某，用于归还林父的个人债务。

另外，在传销犯罪被相关机关查处和打击后，传销犯罪的首要分子和核心骨干成员为了自身的利益，虚构传销组织受到政法机关非法迫害的假象，煽动不明真相的底层传销参与人员到公共场所非法聚集，给党委、政府施压，要求释放被抓获的传销犯罪组织者、领导者，解冻资产和银行账户。这些行为既证明了传销集团的严重社会危害性，组织、指挥这些行为的人也可能涉嫌妨碍社会管理秩序犯罪。因此，也要特别注重收集相关人员组织、指挥非法聚集的证据。如"善心汇"案件中，张某某在黄某某等技术骨干被湖南省永州市公安机关抓获后，安排查某某组织、策划了数百人到公众场所聚集的事件，并提出了四点要求："释放被抓获的黄某某等人""解冻银行账户""撤销对张某某的网上追逃""组织专家论证'善心汇'传销模式的合法性"。在其要求得到满足后，张某某一声令下，全部聚集人员瞬间撤离。这一事件不仅涉嫌妨碍社会管理秩序犯罪，也证明了"善心汇"严密的组织性和极大的危害性。

（二）涉案财产的证据收集和处理

组织、领导传销案件涉案资金大，追赃挽损也是侦查关注的一个方面，但对涉案财产的取证往往不太重视。目前，传销案件对涉案财物进行处置，大多还是通过法院判决进行处置。除查封、扣押、冻结的易贬值及保管、养护成本较高的涉案财物，可以在诉讼终结前依照有关规定变卖、拍卖外①，未经法院判决之前，任何单位、个人均不得对已经被采取强制措施的涉案财物随意进行处置。因此，侦查取证中，不仅要对涉案财产采取强制措施，更要关注证明涉案的权属和与案件关联性证据的提取，为法院判决提供相关依据，防止产生争议。

一是要调查财物的权属。司法实践中，很多涉案人员为防止财产被查处，往往以他人的名义开立银行账户，将汽车、不动产登记到他人名下，如果财产的权属存有争议，对其采取强制措施，可能对合法财物所有权人造成侵权，因此，要调查核实证明财产系他人代持的证据。如某传销案件被告人通过刘某将一笔涉案资金打给其子用于在深圳购房并登记在其子名下，为证明该房产的权属，公安机关调取了嫌疑人通过刘某

---

① 参见2014年"两高一部"联合下发的《关于办理非法集资刑事案件适用法律若干问题的意见》规定：查封、扣押、冻结的易贬值及保管、养护成本较高的涉案财物，可以在诉讼终结前依照有关规定变卖、拍卖。所得价款由查封、扣押、冻结机关予以保管，待诉讼终结后一并处置。

转账的银行流水等书证，获取了嫌疑人的供述、刘某及其子的证言，明确了该房产系嫌疑人用犯罪所得购买。对于登记在嫌疑人名下的财产，也要查明是否系与他人共有，是否已经进行了抵押，是否系代持他人不动产或股权。

二是要调查财物与案件的关系。在侦查过程中，嫌疑人所有的某些财物虽然权属不存在争议，但是可能系通过继承、赠予等方式取得，与案件无关，在采取强制措施时也要加以区分，对于经过调查得出与案件没有关联的财物应解除强制措施。

三是已经采取强制措施的财物，应要求其制作涉案财产清单，便于对涉案财物的审查、把关。

四是对于扣押的易贬值及保管、养护成本较高的涉案财物，要及时进行处置，"善心汇"案中办理中，公安机关扣押了一批核桃油、亚麻籽油及手机配件，基于油类保质期短和手机配件已贬值的特点，在案件判决前进行了处置，防止造成更大损失。

（三）案件管辖问题

网络传销案件因跨区域的特点，犯罪地多，导致管辖问题多发、频发。

一是管辖权的确定难。高检院、公安部《关于办理经济犯罪案件的若干规定》规定，主要利用通信工具、互联网等技术手段实施的经济犯罪案件，由最初发现、受理的公安机关或者主要犯罪地的公安机关管辖。几个公安机关都有管辖权的，由最初受理的公安机关管辖。实践中，经常存在最初受理地和犯罪主要发生地不一致的情况，很难确定具体由谁管辖较为合适。

二是利益驱动争管辖权。网络传销资金均系违法资金，依法应当予以收缴。部分地方公安机关在利益的驱动下，对主要犯罪地不是本辖区、主要犯罪嫌疑人不在本辖区的案件立案侦查，出现了大量跨地区抓人的情况。

三是基于维稳发生管辖冲突。主要犯罪地公安机关基于维稳的考量，不愿意对传销行为进行打击，甚至不承认是传销行为，从而与其他地方公安机关发生法律性质认识上的差异和是否打击的分歧。

对网络传销案件的管辖，需要把握以下几点：

一是统一办案。公安机关办理跨区域的网络传销案件，应当坚持统一指挥协调、统一办案要求的原则。对全国性的案件，由公安部统一指挥协调，对全省性的案件，由各省统一指挥协调。如湖南省公安厅出台了《关于规范网络传销、网络赌博案件办理的紧急通知》，要求对跨县区的网络传销、网络赌博案件，报市州公安机关审批，对跨省跨市州的案件，报省公安厅审批。

二是明确主次。对跨区域的网络传销案件，应当确定一个地方公安机关为主侦查，其他公安机关应当积极协助。如"善心汇"案件，公安部确定33名一级打击对象由湖南永州主侦，其他各省负责各自辖区内的骨干成员的侦办，确保了案件侦查工作的顺利进行。

三是事先协商。根据高检院、公安部《关于办理经济犯罪案件的若干规定》的规定，对跨区域的涉众型经济犯罪案件，公安机关指定管辖的，应当事先向同级人民检察院、人民法院通报和协商。近几年，随着网络的发展，传销由过去现场封闭式洗脑的方式，转变成互联网开放平台式。传销模式的网络化，越来越多的犯罪嫌疑人在甲地，却是乙地的公安机关办案。检察机关侦监部门、公诉部门受理案件后要及时审查有无管辖权，没有管辖权的要报请指定管辖。

第六节 组织、领导传销活动案审查起诉要点

审查起诉阶段的审查任务是在提前介入、审查逮捕阶段审查的基础上，对侦查机关确定的犯罪事实和移送的全案证据进行全面审查核实，相较于审查逮捕阶段的审查，审查起诉阶段的审查要求更加全面，更加细致。本部分介绍本罪在审查起诉阶段需要明确的几个问题。

一、犯罪罪数问题

组织、领导传销活动罪作为一种涉众型骗财犯罪，往往与非法吸收

公众存款、集资诈骗相结合，同时伴随其他的犯罪行为，如抢劫、非法拘禁、诈骗、掩饰、故意伤害、聚众扰乱社会秩序、隐瞒犯罪所得等，在审查起诉时要准确区别，按照《关于办理组织领导传销活动刑事案件适用法律若干问题的意见》中关于罪名的适用问题规定，分情形确定罪数问题。

（一）本罪与非法经营罪

非法经营罪，是指违反国家规定，从事经营活动，扰乱市场秩序，且情节严重的行为。[①] 在《刑法修正案（七）》颁布并实施以前，对于行为人实施了严重扰乱市场秩序的组织、领导传销行为的，一般以非法经营罪定罪处罚。《刑法修正案（七）》实施后应当依照该修正案，对符合组织、领导传销活动罪的构成特征进行评价，如果不符合该罪构成特征，就应当宣告无罪，而不能再以非法经营罪定罪处罚。对于传销活动开始于《刑法修正案（七）》施行日以前，连续到《刑法修正案（七）》施行日以后的，应参考最高人民检察院《关于对跨越修订刑法施行日期的继续犯罪、连续犯罪以及其他同种数罪应如何具体适用刑法问题的批复》规定，对于开始于1997年9月30日以前，连续到1997年10月1日以后的连续犯罪，当罪名、构成要件、情节以及法定刑已经变化的，应当适用修订刑法，一并进行追诉，但是修订刑法比原刑法所规定的构成要件和情节较为严格，或者法定刑较重的，在提起公诉时应当提出酌情从轻处理意见。对于在《刑法修正案（七）》实行日前后的连续犯罪，仍应当适用修订后的刑法，即认定为组织、领导传销活动罪。但非法经营罪"情节严重的"处5年以下有期徒刑或者拘役，并处或者单处罚金，而组织、领导传销活动罪"情节严重的"处5年以上有期徒刑并处罚金。相比而言，组织、领导传销活动罪要比非法经营罪重，故在定组织、领导传销活动罪后，量刑时应酌情从轻处罚。

---

① 谢望原、赫兴旺主编：《刑法分论》，中国人民大学出版社2011年版，第162页。

(二) 本罪与集资诈骗罪

集资诈骗罪，是指以非法占有为目的，使用诈骗方法非法集资，数额较大的行为。① 司法实践中，有些犯罪行为是以传销活动的形式实施，既以发展人员数量作为计酬、返利的依据，又以高利高息返还吸引人们参加，骗取财物，导致组织、领导传销活动罪和集资诈骗罪时常出现竞合。《关于办理组织领导传销活动刑事案件适用法律若干问题的意见》第6条第1款规定："以非法占有为目的，组织、领导传销活动，同时构成组织、领导传销活动罪和集资诈骗罪的，依照处罚较重的规定定罪处罚。"在实践中，有些案件虽然从某些表现形式上与组织、领导传销案件相类似，但却不完全符合组织、领导传销犯罪的全部特征，审查时要是从主观犯意、客观行为和对资金的控制力综合分析判断。

1. 犯罪客体不同。集资诈骗罪侵犯的是金融管理秩序和公民个人财产的所有权，而组织、领导传销活动罪侵犯的是市场经济秩序和社会管理秩序以及公民的个人财产所有权。

2. 客观行为不同。虽然两罪外在表现都是向不特定的人群吸收钱财，但集资诈骗罪更多的表现为一种向他人承诺保本付息、付红利、还本等形式返还给投资人利益，其计酬依据往往是其本身投资额和投资项目本身的保本付息承诺，往往与其拉人头的数量关系不大；组织、领导传销活动罪的计酬依据则是成员的拉人头数量，或是以被发展的成员的入门费。

3. 结构特点不同。在结构上，集资诈骗罪很少呈现出金字塔型的层级结构，而是一种以集资人为中心的四周扩散辐射结构，投资人与集资人之间往往不存在层级障碍，而是直接的资金投资—返还关系。而传销犯罪组织中，组织结构往往较为复杂和严密，一般会呈现出一个金字塔结构，资金流动也是以层级方式进行流动。

4. 参与者与集资人的主观明知程度不同。在传销犯罪活动中，只

---

① 张明楷：《刑法学》，法律出版社2011年版，第703页。

有处于金字塔顶端的参与者，才可能在主观上对传销活动的所有运作模式、资金汇集方向等问题有准确和清晰的认识。所以一旦集资人的行为发生了集资诈骗和传销犯罪的竞合，中下层的参与者往往无法对资金的主要流向有明确的认知，他们可能对集资平台的传销特征有相对清楚的认识，但是无法准确知晓组织领导者的集资诈骗罪故意。所以在该类案件中，一般仅仅会对涉嫌集资诈骗的主要犯罪嫌疑人进行指控，对于其他积极参与者一般仅仅以组织、领导传销活动罪进行指控。

5. 主观方面不同。集资诈骗罪要求集资人具有非法占有的目的，如果相关行为人无法掌控、支配涉案资金，就不具备非法占有的可能，自然不能以集资诈骗罪定罪。比较典型的是 MMM 金融互助社区和"善心汇"系列案，它们都是以会员间的互助为由，让会员之间进行相互赠予，传销组织只负责匹配会员，会员投资与回报的资金在两个会员间点对点进行转账，将投资与回报的关系转换为了赠予他人与获得第三人赠予的关系，客观上传销组织未占有和控制会员间的投资资金，没有形成"资金池"，不宜认定为集资诈骗。当然，不仅仅是资金流向，检察机关还需要证明被告人将流向个人账户的资金用于挥霍、刻意隐瞒、携款逃匿等，才能确实证明被告人的非法占有目的。组织、领导传销活动罪的行为人主观上不以非法占有为目的，而是具有非法牟利的动机。在传销活动中，为了不断发展人员加入，行为人通常用高额利润做诱饵，夸大或虚构佣金或奖金收入，收取高额入门费或强制购买产品，这似乎具有某些诈骗罪的特征，但传销中参加者是为追逐高额回报而加入其中，其决定交易是受到利益诱惑，而不是因虚构事实、行为误导而导致产生错误认识，故其行为不是受害人行为，不受法律保护。[①]

（三）本罪与抢劫罪、非法拘禁罪

司法实践中，传统的传销犯罪往往与抢劫罪、非法拘禁罪相交织。按《关于办理组织领导传销活动刑事案件适用法律若干问题的意见》第6

[①] 陈兴良：《组织、领导传销活动罪：性质与界限》，载《政法论坛》2016年第2期。

条第 2 款规定，犯组织、领导传销活动罪，并实施非法拘禁等行为，构成犯罪的，依照数罪并罚的规定处罚。如果行为人在组织、领导实施传销活动的过程中另起犯意，又实施强奸、抢劫、绑架、故意杀人等数个犯罪行为的，组织、领导传销活动罪与故意伤害、抢劫、绑架、故意杀人、强奸等犯罪之间属于数个独立的犯罪行为，应当数罪并罚。但遇到这类案件，要具体审查事实和证据，分析其行为是否分别构成多个不同罪名，如果只有一个行为，触犯一个法条，则只能认定一个罪名。

以湖南省办理的李某抢劫、非法拘禁案为例，被告人李某等人系"天津天狮生物发展公司"（未经注册登记、没有产品和实际正当业务）的成员，该组织内部分为高级经理、主任、代理、助理等级别，并将成员分散在几个不同的窝点，由主任级别的成员负责全面管理该窝点的成员，每个窝点还安排一个成员负责掌管钥匙及窝点内成员的日常生活。这些人员可以自由出入窝点，其他成员需要经过批准才可以出入窝点。被告人李某等 5 人系该组织主任级别成员，分别管理各窝点，该犯罪组织形成了一套相对固定的作案方式：首先由各成员以虚假女性身份在互联网上通过网聊、网恋等方式诱骗被害人并带至租赁的窝点，待被害人进入屋内，埋伏在该窝点内的成员对被害人实施殴打，将其随身携带的现金、银行卡手机、身份证等钱物抢走，逼迫被害人说出银行卡密码，并严加看守，逼其加入该团伙。如果被害人同意加入，则将劫取的现金和银行存款作为购买"产品"（实际无任何产品）的费用，手机和身份证发还给被害人，并承诺发展下线可以返利赚钱。如果被害人仍拒绝加入，则收集被害人隐私信息，拍摄被害人裸照、恐吓被害人不准报案，并强行将其遣送去异地的火车，其他人员迅速转移驻点。2015 年 9 月 17 日清晨，被害人王某在网上被骗至该组织的窝点，王某到达该窝点后，被该组织人员一拥而上，按住手脚，用毛巾捂住嘴，并对其实施殴打。还有人负责搜查王某的包，搜出 1 部手机、1 个钱包、1 个白色吊坠和 500 元现金，银行卡和身份证，并逼问王某说出银行卡密码，王某不配合。其后，该组织成员继续殴打王某，并用开水烫王某的脖子，往王某嘴里灌食盐和酱油。不久，王某死亡。经法医检验鉴定：王某系钝性暴力打击致创伤性休克和失血性休克,循环呼吸功能衰竭而死亡。此外,该组织还实施了多次类似的犯罪。

本案虽然在组织结构上类似于传销组织,也有"以推销产品为名"和"拉人头""成员形成层级"的表现形式,在定性上容易产生混淆。但究其实质却是以传销为名目形成的犯罪组织,不能构成组织、领导传销活动罪。主要理由是:第一,组织、领导传销活动罪性质上属于破坏社会主义经济秩序犯罪,侵犯的客体除了公民的财产所有权,还有市场经济秩序和社会管理秩序。而本案中各被告人成立的所谓"公司"并未实际注册经营,实际上也没有任何的产品,而只是以虚构的产品和公司为名,抢劫他人财物和限制他人人身自由,是明显的侵犯公民财产所有权和人身自由权的行为,而非破坏市场经济秩序和社会管理秩序。第二,行为特征不同。组织、领导传销活动罪的本质特征是"直接或者间接以发展人员的数量作为计酬或者返利依据",传销组织对发展下线的会员进行奖励,会员每发展一名下线,就可以从下线缴纳的费用中获取一定比例的奖励。而本案中,该团伙在将被害人骗进组织时虽然做了类似按发展人员计酬的虚假承诺,但实际上只是不定期地给几百元生活费,并未按所谓发展人员来计酬或返利;且对本案的多名被害人,其行为方式均是一进屋子摁倒就殴打,之后将随身财物尽数抢走后非法拘禁,其行为实际上与组织传销罪的行为特征还是有较大区别。因此,不能认定其构成组织、领导传销活动犯罪。

(四)本罪与其他犯罪并罚的情形

对于在司法机关查处或取缔传销组织时,组织、领导者或积极参加者实施的煽动传销组织成员抗拒执法,妨碍司法机关抓捕犯罪嫌疑人和解救被害人员,或者在传销组织被取缔前后,煽动传销人员或不明真相的群众冲击国家机关,扰乱社会公共场所等行为,组织、领导传销活动罪的罪状不能涵盖上述行为,按《关于办理组织领导传销活动刑事案件适用法律若干问题的意见》第6条规定,应该分别予以刑法评价,以组织、领导传销活动罪与妨害公务罪、聚众冲击国家机关、聚众扰乱公共场所秩序罪等数罪并罚。如"善心汇"传销案中,被告人张某某不仅是该传销组织的组织者、领导者，还通过"善心汇"微信群连续煽动善心汇数百名会员先后到公共场所非法聚集，打横幅、喊口号，提出非法要求，抗拒治安管理人员执行职务，拒不离开现场，直至张某某达到非法目的后下达撤离指令，会员才有组织的撤离，其行为同时构成组织、领导传销活动罪和聚众扰乱公共场所秩序罪。

二、犯罪数额的认定问题

在新型网络传销犯罪中，犯罪数额是定罪、量刑的重要因素。因传销犯罪存在多重获利模式，给认定犯罪数额带来很大难度，如"善心汇"案中"静态收益""动态收益""销售消费币"等获利模式交叠存在，如何认定犯罪数额存在分歧。

（一）认定犯罪数额是否要求各证据完全印证

有观点认为，对犯罪数额的认定应当遵循最严格的证明标准，司法鉴定意见、银行流水、收据、对账单、犯罪嫌疑人供述、证人证言等都要齐全，并相互印证，否则根据"有利于被告人"原则，对欠缺相关证据的犯罪数额不予认定。如"善心汇"系列案中，张某某的辩护律师就多次以银行流水的金额与司法鉴定意见认定的犯罪数额不一致为由，要求对司法鉴定意见不予认定。这一观点既不现实，也不符合法律、司法解释的规定。网络传销参与人动辄几千上万人、数十百万人，侦查机关无法逐一向参与人员核实数额。同时，客观上存在传销公司账目混乱、账册不全、电子数据被删改、资金往来账户无法全部查清等因素，导致各证据之间往往可能存在矛盾，要求完全印证、完全排除矛盾过于理想化。2014年最高人民法院、最高人民检察院、公安部《关于办理非法集资刑事案件适用法律若干问题的意见》第6条规定："办理非法集资刑事案件中，确因客观条件的限制无法逐一收集集资参与人的言词证据的，可结合已收集的集资参与人的言词证据和依法收集并查证属实的书面合同、银行账户交易记录、会计凭证及会计账簿、资金收付凭证、审计报告、互联网电子数据等证据，综合认定非法集资对象人数和吸收资金数额等犯罪事实。"在办理网络传销案件时，可参照这一规定收集证据、认定事实。

（二）网络传销如何认定犯罪数额

网络传销中，司法鉴定意见应当以互联网电子数据为基础，结合其他证据综合认定犯罪数额。互联网电子数据是网络传销案件证据的最大特点，客观真实地记录着传销的基本框架和主要内容，对犯罪的认定具有极其重要的作用。可以说"互联网电子数据的收集情况直接决定着案件的成败"。因此，司法鉴定意见应当以网络后台记载的数据为基础，依据虚拟数据和现实货币的对应规则，结合银行交易流水、微信、支付宝转账记录、证人证言、犯罪嫌疑人供述等综合认定犯罪数额。一般情况下，只要其他证据与网络后台数据之间不存在无法解释的重大矛盾，原则上应当采纳司法鉴定意见。

（三）客观认定各种数额

新型网络传销犯罪采用不同模式的收益规则，网络后台数据的记账规则存在差异，在认定涉案金额、非法获利、违法所得、犯罪损失等应具体问题具体分析，一般而言：

1. 传销犯罪的涉案金额是所有传销参与人员参与传销的全部资金总和，这是反映传销组织社会危害性的重要特征。

2. 非法获利是指传销活动的组织者、领导者直接或者间接收取参与传销活动人员缴纳的传销资金数额，是实施犯罪行为所获取的收益。传销组织是一个封闭的内部资金系统，其无法实现自我增值。因此，组织者、领导者的非法获利来源于传销参与人员的投入。根据传销的本质特征和获利规则，非法获利既包括发展下线获得的入门费，也包括从其发展下线获得的一定比例的返利，还包括通过收取其他交易费用获得的收益，如"善心汇"传销组织的非法获利既包括传销参与人之间相互返利和发展下线获得的返利，也包括向下线会员销售折扣消费币（变相收取入门费）获利。这也反映了传销活动的组织者、领导者行为社会危害性的严重程度。如张某某通过收取入门费，售卖消费币，短短14个月时间非法获利26亿余元。需要注意的是，非法获利的计算不需要扣除行为人为实施犯罪而投入的资金成本，比如"善心汇"系列案中的被告人廖某某发展下线会员为44775人，层级20层，非法获利455500元。但是据她自己供述，她为了实施传销活动，将其住宅抵押贷款，投入传销活动，至"善心汇"被查处，其还有大量资金没有收回，因此，她辩解没有获利，但是在计算其非法获利，依据的是网络后台数据，是参与传销获得"动态收益"和"销售消费币"数值，这个数额恒为正，即只要发展了下线，出售了"消费币"给下线，下线实施了给他人打款的行为，行为人就实现了非法获利。

3. 违法所得是指传销参与人员通过参与传销活动获得的返利收益。这部分传销人员系传销组织的最底层，其不符合组织者、领导者的特征，不构成组织、领导传销活动罪，但传销系行政法律明令禁止的行为，因此，参与传销人员获取的利益系违法所得。以现在常见的传销"资金盘"为例，一般来说，如果传销参与人员参与的"资金盘"不断扩张，其非法获利应当是"正数"。但是，传销模式的特点决定了"资金盘"一定会崩盘，并由最后的参与人员承担全部风险。因打款和收益之间存在一个时间差，"资金盘"崩盘后，部分已经投入资金的参与人因没有后续资金注入就无法实际获得收益。若其投入金额大于其已经得到的收益，就会出现收益为"负数"的情况。

4. 犯罪损失是一个较为复杂的概念。参与传销的人员只要投入大于收益，就存在损失。但是就整个传销活动而言，我们认为，宜将犯罪损失界定为传销崩盘时没有匹配的资金额，即传销参与人员按照传销规则可以获取而没有获取的数额。如"善心汇"传销系统崩盘时，系统内未匹配资金达160余亿元，其中相当部分是第一次参与传销人员的投入犯罪损失更多的是作为评估案件的社会影响面、维稳难度的考量因素。

三、犯罪情节严重的认定问题

根据《刑法》第224条之一的规定，"情节严重"是组织、领导传销活动罪法定刑升格的条件。《关于办理组织领导传销刑事案件适用法律若干问题的意见》对"情节严重"的具体情形进行了列举,主要是指:"(一)组织、领导的参与传销活动人员累计达一百二十人以上的;(二)直接或者间接收取参与传销活动人员缴纳的传销资金数额累计达二百五十万元以上的;(三)曾因组织、领导传销活动受过刑事处罚,或者一年以内因组织、领导传销活动受过行政处罚,又直接或者间接发展参与传销活动人员累计达六十人以上的;(四)造成参与传销活动人员精神失常、自杀等严重后果的;(五)造成其他严重后果或者恶劣社会影响。"第 1 至 4 项分别考虑的是传销组织的人数、传销资金数额、曾因传销受刑事处罚或行政处罚的情况、造成的危害后果,均是直接且具体的情节或结果,司法实践中办案部门可直接适用。而第 5 项规定的是"造成其他严重后果或恶劣社会影响",属于兜底性、概括性的规定,司法实践中如何认定,较容易产生争议。第 5 项中"其他严重后果或恶劣社会影响"与第 4 项中"造成参与传销活动人员精神失常、自杀等严重后果"性质一样,属于对犯罪后果的规定,应当依据刑法体系性解释的原则,考虑造成的后果或社会影响与"传销活动人员精神失常、自杀等严重后果"的相当严重性,认定是否属于第 5 项情形。具体来说,"其他严重后果或恶劣社会影响"应包括但不限于以下几种情形:第一,采用暴力、胁迫等恶劣手段实施传销,造成多人严重人身伤害;第二,引发上访、游行、聚集等大规模群体性事件;第三,引发重大网络舆情、新闻炒作;第四,严重破坏政治、经济及社会安全。

四、主、从犯的认定

组织、领导传销活动犯罪中的主、从犯认定,一直是司法实践中的一个难点。在传销组织中,有的人是传销的发起者、策划者、掌控者,有的人是传销组织的管理、财务、技术人员,有的人是单纯发展下线人员。上述人员分工不同,所起的作用也不同,是否具备区分主、从犯的可能性,存在一定争议。

有观点不主张对组织、领导传销活动罪区分主、从犯,具体分述如下：第一，组织、领导传销活动罪的立法本意是对组织、领导传销活动的"组织者、领导者"进行刑事处罚，对于参与传销活动的一般人员不认定为本罪。既然在认定犯罪时刑法已对"组织者、领导者"和一般人员进行甄别，就不宜再区分主、从犯，只需根据各人的情节在量刑上予以区别。第二，在内部各团队相对独立的传销组织中，发展下线、存在层级关系的传销人员在既定的传销规则下追求个人晋升目标和返利，每一个成员相对上线是从，相对下线是主，这部分人员的主、从犯区分存在模糊之处。第三，组织、领导传销活动案件涉案人数众多，公安机关往往分批次打击并移送审查起诉，部分案件中，大多数涉案人员在逃未归案的情况下，难以进行主、从犯的划分。

主流观点认为，有必要对组织、领导传销活动罪进行主、从犯的区分，理由如下：第一，虽然刑法仅对"组织者、领导者"作入罪处理，但《关于办理组织领导传销活动刑事案件适用法律若干问题的意见》明确列举的五类"组织、领导"人员，既有发起、策划、操纵人员，也有管理协调、宣传培训、屡犯不改人员，更有其他对传销活动的实施和组织的创建、扩大起关键作用的人员。相对于对传销活动起掌控作用的发起、策划、操纵人员而言，其他人员是对一般集团犯罪中"组织、领导"人员的扩大化解释，如果不根据其所起的具体作用区分主、从犯而全面打击，有违罪责刑相适应原则。第二，对于单纯发展下线、存在层级关系的传销人员，如果仅仅考虑其发展下线的层级、人数，的确难以把握上下线主、从犯的界限，但从传销组织整体而非传销人员个体的角度，考虑发展下线对传销组织扩大所起的作用，仍可以对上述人员的主、从犯问题合理地进行划分。第三，部分组织、领导传销活动案件中，存在涉案人员未到案的情况，但并不影响检察机关根据传销组织运行模式、内部架构及在案的其他证据，认定各涉案人员所起的作用，从而区分主、从犯。

上述观点反映了实践中认定组织、领导传销活动犯罪主、从犯存在的疑难之处，尤其在某些传销组织内部结构复杂、人员层次混乱的案件中，对单纯发展下线、屡犯不改等人员所起的作用如何准确认定，难以把握统一标准。在审查认定组织、领导传销活动犯罪案件的过程中，应综合考虑以下三个原则，准确区分主、从犯，合理界定刑责，确保宽严相济的刑事政策得以落实：

第一，应从主、从犯的本质特征进行分析。《刑法》第26条、第27条规定，组织、领导犯罪集团进行犯罪活动的或者在共同犯罪中起主要作用的，是主犯。在共同犯罪中起次要或者辅助作用的，是从犯。对共同犯罪人所起的作用，应当从犯意的形成、行为的特征、行为对结果产生的原因力大小等方面进行综合判断。在组织、领导传销活动中，传销活动最初的发起人、策划者，运营过程中的实际操纵者，往往系主犯，他们掌控了传销平台的设计和开发，决定了传销组织的层级人数和营利模式，也是传销资金去向的实际掌控人。对于那些听命于人的管理人员、财务人员、技术人员、仅仅发展下线牟利的传销人员等，对传销组织的扩大所起的作用相对较小，应认定为从犯为宜。对于某些规模不大的传销组织，组织者、领导者在组织、领导传销活动过程中所起作用、地位可能相同，可谓都是主犯。

第二，应从传销组织整体的角度统筹考虑。新型网络传销借助网络科技实施犯罪，已完全突破传统传销单纯依靠缴纳会费、拉人头的犯罪模式。新型网络传销犯罪涉案金额巨大、层级众多、返利形式多样、管理模式也不断翻新，传销组织中决策、管理、技术及单纯发展下线的各类人员所起的作用，也应根据传销犯罪整体的运行模式、发展轨迹予以综合考量。一般而言，为传销网络平台的运行、维护提供技术服务的人员，虽然也是传销组织的组织者，但结合传销犯罪整体运作特征看，与传销组织的发起、策划、操纵人员相比较，该类人员所起的作用相对较小，可以认定为从犯。但有的技术人员自传销组织创立初始就是网络平台的设计者，在传销组织发展过程中不断强化技术支持、优化网络平台，甚至参与传销返利规则的设计、规避查处风险，该类人员所起作用与传销组织策划者无异，应认定为主犯。

第三，应从传销犯罪的过程和结果全面判断。传销的本质就是发展下线获得返利，不断发展下线的过程，必然导致传销组织发展、扩大的结果。实践中，针对单纯发展下线、存在层级关系的传销人员，主要以发展下线的层级和人数作为认定主、从犯的依据。我们认为，传销组织的结构层级和返利规则各不相同，层级的高低、发展的人数和获利的大小均是相对的，仅仅依据发展下线的层级和人数认定主、从犯，有以偏概全之嫌，应充分考虑涉案人员参与传销活动的主观心态、行为的积极程度、非法获利的数额等因素，既要从过程，也要从结果上进行综合性判断。比如"善心汇"案件中的刘某某，系职业传销人，主要借助"善心汇"模式获取经济利益，但结合其参与"善心汇"传销模式的整个过程看，其带领职业传销团队投奔张某某，系 A 轮服务中心的核心会员，仅一年时间就发展会员 30 余万人，个人非法获利 1200 余万元，对"善心汇"传销组织在短时间内发展壮大起关键作用，应认定为主犯。

五、审查起诉过程中的其他问题

（一）传销参与人在刑事诉讼中的定位

传销活动参与人在刑事诉讼中的定位在司法实践中存在较大争议。传销活动很多参与人都因参与传销活动而遭受了财产损失，认为自己确实为被害人然而实践中不应将传销活动的参与人确定为传销活动的被害人。一是传统刑法学理论认为，被害人通常是指因犯罪行为使人身或者财产等合法权益遭受损害的人。而传销活动的部分参与人，虽然不构成《刑法》第 224 条之一所规定的组织、领导传销活动罪，但根据《禁止传销条例》第 24 条第 2 款规定，传销活动的参与者，介绍、诱骗、胁迫他人参加传销的人和为传销活动提供场所、培训场所、货源、保管、仓储等条件的人，其行为都是违法行为。二是对被害人的确定也要求犯罪所侵犯的客体中包含有个人财产权。如果犯罪所侵犯的客体不包括个人法益，而是侵犯公共利益、经济秩序、社会秩序，那即便有财产损失，也不能认定为被害人。例如行受贿犯罪中，在行为人索贿的情形下，行贿人如果并非为了不正当利益而给予受贿人财物，从而产生了财产损失，但因受贿犯罪侵犯的是国家公务员职务的廉洁性，其犯罪客体并不包含个人财产权，因此，行贿人不能确定为被害人。组织、领导传销犯罪罪状表述为"组织、领导以……，扰乱经济社会秩序"，首先其犯罪客体主要是侵犯社会主义市场经济秩序，其次是社会管理秩序，传销活动的部分参与人虽也有财产损失，但是其投入财产参与传销违法活动，目的是要获取高额返利，其财产损失并非组织、领导传销活动罪的犯罪客体，因此，不能确定为被害人参与刑事诉讼活动。

(二) 涉案财物的处理

涉案财物是指在刑事诉讼中查封、扣押、冻结的与案件有关的财物及其孳息，包括违法所得、犯罪工具及违禁品及其他财物。① 组织、领导传销活动案件绝大部分会存在对涉案财产的处理问题。根据《刑法》第64条规定，犯罪分子违法所得的一切财物，应当予以追缴或者责令退赔；对被害人的合法财产，应当及时返还。对于违法所得的计算，应按当事人全部收入计算，关于这点可以参考《工商行政管理机关行政处罚案件违法所得认定办法》第8条的规定。②

但组织、领导传销活动参与人具有"违法者"和"受害者"双重特性，其往往认为遭受了财产损失而要求司法机关返还其财产。实践中，因对参与人在刑事诉讼中地位的认识不同，造成对涉案财产返还存在不同做法。因此，在刑事诉讼中返还财产需要满足两个条件：一是因犯罪行为而遭受合法财产损失的被害人；二是系合法财产而非违禁品等。理论上，因参与传销活动而遭受损失的人并非刑法意义上的受害人，因此，其由于参与传销违法活动造成财产损失的风险应当自行承担。

司法实践中，部分案件虽然不认可传销参与人在刑事诉讼中被害人的地位，但在实际处理时也会考虑最底层的参与人并没有实施发展下线

---

① 《人民检察院刑事诉讼涉案财物管理规定》第2条。

② 在传销违法活动中，拉人头、骗取入门费式传销的违法所得按当事人的全部收入计算。团队计酬式传销的违法所得，销售自产商品的，按违法销售商品的收入扣除生产商品的原材料购进价款计算；销售非自产商品的，按违法销售商品的收入扣除所售商品的购进价款计算。

的传销行为,其"受害者"的特性较"违法者"特性更明显,保护这部分人的权益对维护社会和谐稳定能起到促进作用,在实践操作时会考虑按比例退还一部分资金。

(三) 审查起诉中的拆案问题

组织、领导传销活动犯罪往往涉案人数众多,动辄几十人。如果将所有的犯罪嫌疑人同时同地起诉,会造成庭审过程冗长,且在开庭审理过程中法庭秩序的维持也会增加很大难度。实践中,可以根据案件办理的需要,考虑将涉案人数众多的传销案件进行拆案,分层级进行起诉,或者将部分被告人指定其他地区起诉。

第七节 组织、领导传销活动案出庭公诉要点

一、庭前准备要点

(一) "三纲一书"的准备

1. 讯问提纲的准备。公诉人在法庭上讯问被告人属于"明知故问",具有很强的针对性。因此在设计讯问提纲时,必须注重发问的针对性、连贯性和完善性。

一是讯问内容详略得当。组织、领导传销犯罪案件往往被告人人数较多,如果事无巨细、面面俱到地进行讯问会造成庭审拖沓,因此,讯问内容要围绕起诉书指控的犯罪事实进行,主要讯问关于被告人组织、领导的组织是否属于传销组织,被告人在组织、领导传销活动中的主要作用和地位,其他共同犯罪人的作用,特别是不认罪的同案人实施的犯罪行为等。对于有鉴定意见等客观证据能够证明的相关情况,如被告人的涉案金额、获利情况、发展会员数和层级等可以根据需要简要发问或者不发问。

二是因人施策设计讯问提纲。庭审前,公诉人要对被告人进行一次全面地讯问,了解被告人的性格特征、语言习惯、犯罪成因、认罪态

度、辩解观点等,并通过对被告人的庭前提审,在全面掌握被告人情况的基础上,围绕核心的犯罪事实,有针对性地设置讯问提纲。对于被告人都认罪的案件可以简化发问,对于部分被告人不认罪的案件,要有针对性地调整讯问策略。

(1)讯问其他认罪同案人时,可以详细讯问认罪的同案人与不认罪的被告人共同实施的犯罪行为,以及其知晓的概不认罪被告人实施的犯罪行为,以达到指控目的。

(2)对不认罪或者部分认罪的被告人,可以先问被告人可能回答的问题或者是被告人非回答不可,无法回避的问题,如可以讯问"被告人是否设立了××公司?公司的法人是谁?公司的经营范围是什么?"或者讯问有关公司经营模式的问题,如"会员满足什么条件才能加入?会员加入该公司怎么获利?会员如何升级?"等,避免一开始就形成僵局。

三是讯问顺序可以适当调整。一般而言,公诉人是按照起诉书指控的被告人顺序依次进行讯问,但在组织、领导传销活动犯罪中,各被告人的认罪态度可能相去甚远,如果排序靠前的被告人不认罪,对公诉人的讯问均不承认,甚至发表一些混淆视听的言论,可能会影响庭审效果。这种情况下,公诉人可以对发问顺序进行调整,先讯问认罪态度好的被告人,通过多名被告人对自己犯罪事实及同案人犯罪事实的供述,让合议庭和旁听群众内心确信各被告人实施了起诉书指控的犯罪行为,即便后面被告人对自己犯罪事实拒不认罪,也会降低对其内心确信的影响,如"善心汇"传销案,因第一、第二主犯拒不认罪,且其可能在庭上发表具有违法性、煽动性的言论,公诉人采用倒序的方式进行法庭讯问,即从排名最后的被告人进行讯问,其他被告人均证实了第一、第二主犯在"善心汇"的作用、地位、运行模式,还有部分技术人员、高级会员现身说法,深刻揭露了"善心汇"的传销本质、社会危害性。此时,再讯问第一、第二主犯,无论他们如何巧舌如簧,也无法混淆视听。这种讯问顺序的改变能有效改进庭审的效果,达到揭露犯罪的目的。

2. 举证提纲及质证答辩意见的准备。在以审判为中心的司法改革的背景下,证据往往对定案起着决定性的作用。证据是诉讼的灵魂,案件的举证提纲在庭审中具有举足轻重的作用。对组织、领导传销活动罪的举证要注意以下几点:

一是利用数据图表等多媒体手段辅助举证。组织、领导传销活动犯罪一般涉及的人员众多且呈层级结构关系、资金流转复杂、传销组织经营模式复杂且具有隐蔽性,制作图表并结合多媒体展示,如制作展示传销组织所形成的会员金字塔型的结构图,反映传销组织多层级、金字塔型的会员结构特点,展示传销系统的运行规则的示意图或动态图,将复杂的传销运营模式简单化、清晰化,展示传销组织的结构图,反映出各被告人在犯罪组织中所处的地位,展示返利结构图以及一些关键数据对比图等反映传销组织的获利模式等。这些辅助图能明晰地反映案件基本事实,让合议庭和诉讼参与人员迅速了解案情。

二是举证突出重点、详略得当。组织、领导传销活动犯罪由于涉及面广,往往证据体量很大,为保证庭审的效率和效果,要做到紧紧围绕起诉书指控的犯罪事实进行全面举证、重点宣读。要把举证的重点放在犯罪构成的核心事实上和控辩双方争议的焦点问题上。如传销组织的成立及发展过程,传销组织的经营模式是否是以缴纳费用的方式获得加入资格,是否按照一定顺序组成层级、直接或间接以发展人员数量作为计酬和返利依据、传销组织如何获利、是否骗取财物,各犯罪嫌疑人在犯罪中所起的作用等。对于一些重复的证据,则可以采取简要出示的方式,如传销参与人的证人证言,公安机关往往会取几十份证言,证言证明的内容比较相似,因此不需要将十几份证人证言逐一宣读,只需要宣读其中比较完整的一份,再概括说明本案尚有其他证人证言均能证实同一问题即可,避免内容重复。再如在证据的组合展示时,有时一份证据在第一组证据举证时已经出示,但又要在第二组证据中证明另一方面的问题,这时我们只需在第一次出示该证据时宣读,在后面出现时可以简要说明,避免重复。

三是举证要有针对性。组织、领导传销犯罪案件一般具有很强的隐蔽性，特别是针对被告人不认罪、翻供案件，有针对性地举证，揭露传销犯罪被告人骗取财物的本质，能强化庭审指控效果。公诉人在庭前要注意把握证明被告人辩解不成立的已经查证的证据。如"善心汇"传销案第一主犯张某某在审查起诉后全盘翻供，辩称他自己生活简朴，没有挥霍财产，他成立的"善心汇"组织营利归国家和全体会员，庭审时企图混淆视听，对于他个人部分的举证，公诉人首先再次出示了他个人获利的鉴定意见，重点就是突出他的获利金额。然后出示其部分银行流水，证明他收取了"善种子""善心币"等人头费、入门费。在法庭调查阶段，张某某一副忧国忧民、为了国计民生、似乎他为了人类的进步，经济发展做出巨大贡献，死而无憾的样子。为了揭露其犯罪的真实面目，公诉人再出示其与女友林某、儿子张某乙的银行往来明细，公诉人把他短短数月给林某四千余万元、给儿子张某乙数千万元的证据出示，其女友林某解释了与张某某银行流水的款项，都是张某某转给其过情人节、过生日用于其个人使用的。张某乙也证实其父亲向其打款买房，这组证据出示完毕后，张某某如此大手笔挥霍就是为了博得美人一笑的形象跃然眼前，其苦心经营的圣人形象瞬间崩塌。客观证据出示完毕，再宣读如下言词证据，"善心汇"公司的会计、出纳，均证实张某某是公司的实际控制人，公司的收益就是"善心币""善种子""善心汇"传销系统上线之初的元老人物，均证实张某某是从3M等资金盘的启发，而开发系统的，张某某以传销系统为蓝本开系统，其犯罪故意，不言而喻。公诉人出示张某某的供述，证实"善心汇"就是一个传销组织，并已获利20余亿元。张某某认可了其转账给林某某过生日、还债等款项，最后展示其个人亲笔供词。上述举证对于张某某的辩解直接进行了驳斥，效果突出。

四是合理对证据进行分组。对于被告人人数较多组织、领导传销活动的案件，可以采取总分的举证方式。先综合出示证明各被告人组织、领导的传销组织符合刑法对传销活动的相关规定，及传销组织总体情况的证据，再对各被告人在案件中所起的作用及相关量刑情节的证据分别举证。

五是质证答辩要及时、针对性强。质证答辩主要是围绕证据"三性",如果在庭前会议中已经与被告人、辩护人对证据的合法性达成一致,辩护人还在不断地提出证据来源不合法或者无证明效力等情况,要适时进行说明,公诉人着重申明在庭前会议已出示了相关证据或侦查人员出席庭前会议证明了证据的合法性;对于辩护人提出一些属于辩论阶段答辩的观点,公诉人有必要进行正面回应,同时请求法庭提醒辩护人注意质证应围绕证据的"三性"展开,对于辩论的观点应在辩论阶段再予以阐明。

以"善心汇"传销案件为例,检察机关根据案件证据特点,从如下四个方面构建证据体系:

第一组证明"善心汇"传销组织建立、扩大的过程的证据。这组证据中,开宗明义地用言词证据来证实张某某实施传销犯罪犯意发起及实施过程,而后用书证予以佐证,其借鉴的模式就是传销犯罪,用鉴定意见、电子数据来揭示"善心汇"成立之初张某某资金缺乏和开发传销系统后会员数急剧膨胀、迅速敛财的显著变化。

第二组证明"善心汇"传销系统运行模式的证据。本案证明的关键就在"善心汇"组织所进行的系传销活动。"善心汇"是网络传销案件,大量的犯罪痕迹遗留在网络上,侦查人员也采取各种侦查手段进行提取,收集了大量的客观证据。公诉人的举证思路是首先展示客观证据,包括远程勘验笔录、电子数据、鉴定意见、书证等,然后再用言词证据参与人的证言、被告人供述来印证。言词证据中,重点宣读的是主犯张某某的供述,主要围绕他开发系统的目的、对系统名称的包装、如何吸引他人入会,如何获利来示证,用他的供述来一一为"善心汇"各类名词作注解。对其他二十余名被告人的供述,摘要宣读时根据证据的内容进行了取舍。比如被告人黄某某,其系"善心汇"系统的开发者,张某某将自己意图开发网络传销资金盘的意思告知他,由他组织技术人员开发、完善系统,他十分清楚系统每一环节设置的目的,其从技术角度将张某某如何将犯罪理念融合进系统中用于传销犯罪的设计做了详细交代。对于证人证言,从公安机关调取的全国各地被查处的"善心汇"会员的证言中,公诉人选取了其中一名高级会员的供述摘要宣读。举证后,对"善心汇"组织的传销模式进行了归纳,并用图形进行了展示讲解。

第三组证明"善心汇"组织骗取财物的证据。"善心汇"传销组织对外鼓吹自己是新经济模式,扶贫济困,是一个做善事的新经济模式。该部分证据在庭审中也是被告人、辩护人会重点渲染用于证明无罪或罪轻的证据。因此,如何排列组合证据,让证据形成完整的逻辑体系揭露其欺骗性显得尤其重要。对这一部分证据,公诉人分成了四部分列举证据。第一部分,首先出示张某某的供述,证实他授意他人制作宣传册,再通过其他在"善心汇"中主要负责宣传、包装事宜的同案人供述证实,张某某授意他人印制宣传册、召开研讨会、演唱会,参加访谈节目等多形式的宣传"善心汇"。其次出示"善心汇"印制的宣传手册,证实"善心汇"宣传的具体内容。证实正是基于此宣传,"善心汇"才吸引了大量的会员入会。第二部分,针对"善心汇"宣传的实体经济产业投资进行举证。首先证明"众扶互生系统"系张某某借资上线,并无经济实力创办实体企业。其次证明"善心汇"宣传资料上所宣传的实体产业实际运营情况,要么没有实际运营、系空壳公司,要么没有获利,注册实体公司就是为了吸引更多的人入会。第三部分,证明"善心汇"宣传资料所称黄花梨产业实际经营情况的证据,证明其宣传缴纳会员费获得一粒黄花梨种子既无可能,也没有经济价值。第四部分,证明"众扶互生系统"存在巨额资金缺口的证据,其实体产业不能支撑巨额返利,"善心汇"组织不可能持续经营。举证过程中也利用了图形辅助,如通过扶贫资金与传销收益相对比图,证明"善心汇"并非以进行扶贫慈善为主,扶贫只是其用于掩饰犯罪的外包装。

第四组证明各被告人在共同组织、领导传销活动罪具体犯罪事实的证据。

3. 公诉意见书的准备。公诉意见书是国家公诉人在法庭审理刑事案件的过程中当庭发表的揭露和指控被告人的发言。公诉意见书是在人民检察院对刑事被告人提出起诉书的基础上，全面地揭露被告人的犯罪行为，公诉意见书应当写明证实被告人的犯罪行为，分析犯罪行为的性质、后果和对社会的危害，阐明为什么追究被告人的刑事责任。对起诉进行补充和阐发，从而进一步在事实上、证据上、法律上揭露被告人的犯罪行为。公诉意见书要在总结归纳证据的基础上，从正面论证起诉书指控的内容是否成立，也可以适当结合被告人的辩解进行反驳，再论证案件的法律适用及阐述相关的犯罪情节，揭露犯罪的特点和危害后果，在组织、领导传销活动案件中还要紧紧围绕案件事实和特点，充分揭露传销组织骗取财物的本质特征和传销行为的社会危害性，进行适当的法制宣传教育。公诉意见书必须客观、全面、精炼、准确。

"善心汇"网络传销系列案公诉意见书如下：

被告人：张某某、燕某某、刘某某、董某、黄某某、刘某、陈某某、方某某、刘某某、廖某某

案由：组织领导传销活动罪、聚众扰乱公共场所秩序罪

起诉书文号：湘双检刑诉〔2017〕103号

审判长、审判员：

根据《中华人民共和国刑事诉讼法》第一百八十四条、第一百九十三条、第二百零三条的规定，我们受×××人民检察院的指派，以国家公诉人的身份出席法庭、支持公诉，并依法对刑事诉讼实行法律监督。

昨天和今天的法庭调查，公诉人依法讯问了被告人，向法庭出示了物证、书证、证人证言、鉴定意见、被告人供述和辩解等证据，并进行了质证，法庭调查结果表明，被告人张某某、燕某某、刘某某、董某等十名被告人组织、领导传销一案，是近年来发生的涉及人数众多，涉案资金特别巨大，在国内有重大影响的一起涉众型经济犯罪。同时，被告人张某某为达到非法目的，煽动、组织、指挥"善心汇"成员严重扰乱了公共场所秩序。为进一步揭露和指控犯罪、弘扬法治，剖析危害，现发表如下公诉意见：

一、起诉书指控 10 名被告人组织领导传销活动罪的事实清楚,证据确实、充分

经当庭质证的证据,均具有客观性、关联性、合法性,且相互印证,形成了完整的证据锁链,归纳这些证据,可以从四个方面揭示本案的犯罪事实。

第一,张某某受到"3M""CMB"等资金盘的启发,由燕某某为其提供启动资金,安排张某某按自己的要求和目的设计"众扶互生系统",通过董某、刘某等人为善心汇做宣传包装,并纠集刘某某、宋某某等人认购 A 轮服务中心,发展会员。善心汇开发的众扶互生系统借鉴、脱胎于"3M""CMB"等涉嫌传销的互助资金盘,设计了隔代提成返利模式,以引诱会员继续发展他人参加,为延缓系统崩盘,还设置了接单护盘功能。"善心汇"以高额静态收益和动态收益为诱饵,积极发展下线会员,并根据所发展会员的布施金额、次数获取相应收益,收益来源依靠会员间的赠予完成,会员间流动系统内没有资本增值渠道,只能依靠后期会员的资金进入来支撑前期会员的盈利,该公司依托的众扶互生系统的运行特点完全符合传销活动的特征。

第二,"善心汇"要求参加者以购买虚拟的"善种子",只有缴纳一定的费用激活账号,才能获得加入资格,以此收取入门费。会员发展下线可以获取奖励收益,直接或者间接以发展人员的数量作为计酬或者返利依据,引诱参加者继续发展他人参加。整个会员系统网络共有 75 层,会员共有 6 个级别,且多层级分布,呈金字塔结构,具有典型的传销组织结构特征。

第三,"善心汇"组织利用普通民众的善良心理,利用弱势群体,制造各种口号、噱头、概念,编造事实,混淆视听,大肆进行传销活动,让众多会员掉进张某某精心设计的"行善获利"陷阱。本案中,将传销平台的众扶互生系统竭力鼓吹为循环新经济生态系统,行为更为隐蔽,手段极其恶劣,张某某及其"善心汇"打着"为国家精准扶贫、精准脱贫发力"的旗号,肆意歪曲党和国家政策,影响更加恶劣。张某某不断鼓吹"善心汇"有实体资金的反哺,但是"善心汇"宣传册

上列明的 24 家公司，除深圳善心汇文化传播有限公司靠众扶互生系统牟利，其余公司有 9 家未实际经营，9 家公司无盈利，3 家公司经营情况不明，还有 2 家公司即深圳图灵公司及深圳慧尚品爱购电子公司为"善心汇"的公司部门，慧尚品商城也售卖"善种子""善金币"，所谓的"实业反哺"完全是空中楼阁。以既能帮助别人又能获取高额利润为诱饵，用各种手段对无辜群众大肆进行欺骗性宣传，掩盖其"拉人头、收取入门费""拆东墙补西墙"的事实，在案证据足以证明"善心汇"虽然层层包装，但仍然难掩张某某等被告人骗取钱财的本质。

第四，张某某及其"善心汇"组织，为了达到掠夺金钱的目的，经常在微信群内直播，广泛宣传"扶贫济困、均富共生"，许多"善心汇"参加者深受张某某的歪理邪说所蛊惑，将张某某视为"灵魂"人物。本案中"善心汇"扶贫资金全部来源于会员投入，可谓"羊毛出在羊身上"，且整个"善心汇"组织用于扶贫的资金仅为 3000 余万元，占张某某犯罪所得 25 亿多的 1.15%，但他给其子张某文购买一套房子就花去 1000 多万元，其女朋友林某某过生日就赠送 200 万元，过情人节就赠送 100 万，另外还陆陆续续转给了林某某 4000 万元，在网上每删除一条帖子都要花费一万多元，等等。另外，在短短一年多时间内，"善心汇"众扶互生被依法取缔时，系统内在场内未匹配资金两百多亿元，广大的后加入者和底层人员最终血本无归。张某某及"善心汇"所谓的"均富共生"谎言不攻自破，张某某的"伪善"形象昭然若揭。

二、起诉书指控的被告人张某某的行为还构成聚众扰乱公共场所秩序罪的事实清楚，证据确实、充分

视听资料、情况说明等相关书证，证人证言，另案处理人员查某某、韩某等的供述和辩解，被告人张某某的供述和辩解等证据足以证实：被告人张某某通过"善心汇"微信群连续煽动"善心汇"会员先后到省政府对面湘府文化广场、湖南省委南门韶山北路非法聚集，安排人员分工负责、实时遥控指挥，千余名"善心汇"会员按照张某某的要求，到湖南省委南门韶山北路公共场所，打横幅、喊口号，提出非法要求，抗拒治安管理人员执行职务，拒不离开现场，直至张某某达到非

法目的后下达撤离指令，会员才有组织的撤离。时间长达 20 余小时，严重扰乱了公共场所秩序。

三、本案各被告人应当承担的法律责任

张某某等十名被告人明知"善心汇"系传销组织，但为达到非法牟利的目的，仍然实施了组织、领导传销活动的行为，骗取财物，严重扰乱社会经济秩序，且均系组织、领导者，构成组织、领导传销活动罪。应当适用《中华人民共和国刑法》第二百二十四条之一，以组织、领导传销活动罪定罪处罚。

自 2016 年 5 月"善心汇"众扶互生系统上线至 2017 年 7 月案发，注册会员达 598 万余人，涉案资金达 1046 亿余元，仅张某某一人就非法获利 25 亿余元。本案发展的会员众多，金额特别巨大，应当认定为"情节严重"。

被告人张某某、燕某某、刘某某、董某、黄某某、刘某某、陈某某、方某某等人，在"善心汇"运行过程中，或是纠集人员开发众扶互生系统开展传销活动，或是积极注册成立关联公司、运营网上商城等对"善心汇"进行虚假包装，或是利用高管身份建立、健全传销组织架构，优化、协调组织管理，或是利用组织、举办各类研讨会、培训班、演唱会等手段对"善心汇"进行虚假宣传，或是利用手中网络资源，组建团队发展大量下线，或是积极研发关联软件提供技术支撑，或是通过担任"善心汇"公司高管或发展大量下线，赚取了高额工作奖金收入、下线奖励收益，在整个传销活动中均系组织、领导者，且在共同犯罪中起主要作用，系主犯。还适用《中华人民共和国刑法》第二十五条、第二十六条的规定。

被告人陈某某协助公安机关迅速关闭"善心汇"网站，有效阻止了"善心汇"会员继续从事传销活动，方某某、刘某某在公安机关侦查本案期间，协助公安机关办案，可酌定从轻处罚。

被告人刘某某系核心技术人员，对传销活动的实施起关键作用。被告人廖某某通过当面和创建微信群宣传等方式发展下线会员，对传销组织的扩大起关键作用。被告人刘某某、廖某某在共同犯罪中起次要作用,系从犯。还适用《中华人民共和国刑法》第二十七条的规定,应对其从轻处罚。

被告人张某某是聚众扰乱公共场所秩序犯罪的组织、策划、指挥者,是聚众犯罪的首要分子,且在共同犯罪中起主要作用,系主犯。应适用《中华人民共和国刑法》第二百九十条、第二十六条之规定,以聚众扰乱公共场所秩序罪定罪处罚。且张某某一人犯数罪还应适用《中华人民共和国刑法》第六十九条第一、三款,数罪并罚。

被告人刘某某、董某、黄某某、刘某、陈某某、方某某、刘某某、廖某某当庭如实供述自己的罪行,认罪悔罪,根据《中华人民共和国刑法》第六十七条第三款的规定,可以从轻处罚。被告人燕某某虽然当庭表示认罪,但没有如实供述自己主要的犯罪事实,不能认定为坦白,依法不能从轻处罚。被告人张某某当庭翻供,无任何悔罪表现,请法庭充分考虑这一情节。

四、本案的社会危害和应当引起的警示

纵观本案,张某某及其"善心汇"以经营之名,行骗取钱财、非法牟利之实,已经严重背离了社会主义经济规律,破坏了正常的市场经济秩序。为此,公诉人特别提醒大家:

面对高额的返利,我们要提高警惕,不要落入传销陷阱。"善心汇"会员发展下线大多是利用朋友圈发广告,或者是向自己的亲朋好友推荐,利用了非常珍贵的亲情、乡情、友情,利用谎言破坏了社会的道德基础和诚信体系,动摇社会和谐稳定的基石,骗局败露后,这些传销会员有些要面对法律的惩罚,沦为囚徒,有些家庭受到巨大伤害,冲击了人与人之间的信任,破坏了社会稳定。

张某某及其"善心汇"组织,已经演化为有组织、有体系的经济"邪教"组织,受骗的"善心汇"组织的会员极易被煽动,引发群体性事件,影响社会稳定,在"善心汇"技术人员被依法抓获后,张某某就利用会员对其的信任在微信群里煽动会员到长沙聚集,向政府提出释放在押人员的非法要求,对社会公共秩序造成极大危害。

传销犯罪带来的最深远的危害在于颠覆人们正常的人生观、价值观,灌输给人们"不劳而获,一夜暴富"思想,最终只会给个人、家庭带来深重的灾难,滋生社会动荡之源。

对于传销行为,国家三申五令,明文禁止,法律也明确规定要重拳打击。国务院《禁止传销条例》规定,对于尚未构成刑事犯罪的传销活动,可以采取责令停止违法行为、责令停业整顿或者吊销营业执照、没收违法所得或者罚款。对于构成犯罪的传销行为,《中华人民共和国刑法》第二百二十四条之一,明确规定应判处五年以下有期徒刑或者拘役,情节严重的,处五年以上有期徒刑,并处罚金。但还是有一批像张某某等人一样的不法分子,被利益所驱,抱有侥幸心理,不惜铤而走险,最终沦为人民的罪人。因此,我们要严正告诫那些正在准备和已经着手组织、领导传销活动的不法分子,悬崖勒马,回头是岸。

综上所述,请法庭综合全案的犯罪事实、量刑情节和对社会的危害程度,以及各被告人认罪悔罪的态度,贯彻宽严相济的刑事司法政策,严者更严,宽者更宽,对确实认罪、真诚悔罪的被告人作出更加从宽的判决。

审判长、审判员,公诉意见发表完毕。

公诉人:××、×××
×年×月×日当庭发表

(二) 庭前会议要点

为了提高庭审的效率和效果,对于组织、领导传销活动案件这类涉案人数多,证据体量大,影响面广的案件,一般建议法院组织召开庭前会议,解决程序性问题,为庭审扫清障碍,组织控辩双方交换证据,防止由于核实新证据造成庭审中断,并可以就排除非法证据达成合意,以及就举证、质证方式达成共识,使公诉人能够有的放矢做好庭前准备,保证庭审顺畅进行,有效提高庭审效率。一般而言,组织、领导传销活动案件庭前会议主要解决以下问题:

1. 就程序性事项达成一致意见,包括:

(1) 是否对案件管辖有异议,对于被告人、辩护人提出的管辖异议问题,公诉人认为管辖异议不能成立的,及时说明理由,请法院就管辖问题依法驳回被告人、辩护人的管辖异议。

（2）是否申请有关人员回避，对于被告人、辩护人提出回避申请的，检察机关要就《刑事诉讼法》第29条、第30条规定的回避事项进行审查，除审查常规的回避事项外，对于组织、领导传销犯罪案件，还要审查办案人员是否与案件有关，自己或亲友是否是该案传销活动的参与人等，认为被告人、辩护人提出的回避申请理由不能成立的，要说明理由，请法院依法驳回被告人、辩护人的回避申请。

（3）是否申请不公开审理，对于被告人、辩护人提出案件涉及国家秘密或者个人隐私，以及商业秘密，申请不公开审理的，要及时审查被告人、辩护人申请的理由并进行说明，请法院决定是否允许。

2. 就与证据相关的问题达成一致意见，包括：

（1）是否申请排除非法证据，对被告人及其辩护人申请排除非法证据，并依照法律规定提供相关线索或者材料的，公诉人应当及时进行审查，对于确实属于非法证据的，可以撤回相关证据，对于不属于非法证据的，要逐一进行有针对性地说明，也可以有针对性地播放同步录音录像或请侦查人员出庭说明情况。

（2）是否申请提供新的证据材料。

（3）是否申请重新鉴定或者勘验。

（4）是否申请向证人或者有关单位、个人收集、调取证据材料。

（5）是否申请证人、鉴定人、侦查人员、有专门知识的人出庭。

对于辩护人提出上述（2）—（5）项申请的，公诉人可以发表意见并向合议庭说明理由，是否采纳由合议庭决定，对于合议庭决定同意辩护人上述申请的，公诉人要做好相应的应对准备，对于组织、领导传销活动案件，要特别注意辩护人关于对相关司法会计鉴定、电子数据重新鉴定及鉴定人出庭的申请，要提前做好相关准备工作。

3. 就庭审方式达成一致意见，主要包括：

（1）讯问被告人的顺序。对于没有按照起诉书指控的被告人顺序依次进行讯问的，要与合议庭、辩护人做好沟通。

（2）举证及质证的方式。在庭前会议上，就证据出示的方式、证据的分组情况及一证一质还是分组综合质证等达成一致意见。

(三) 其他准备工作

1. 加强信访维稳,引导传销组织会员理性反映诉求。传销案件下线会员多,很多参与人都血本无归,造成检察机关很大的信访维稳压力。在办理组织、领导传销案件过程中,做好上访群众的安抚工作,认真对待群众反映问题,妥善化解社会矛盾也是公诉人面临的巨大挑战。在处理信访问题时,一方面要讲究执法策略,要求来访群众选择相对固定的代表,集中表达诉求,耐心细致听取意见并加以疏导;另一方面也需要及时请求政法委协调各家政法机关及行政机关相互配合,协同作战。

2. 加强教育转化,引导犯罪嫌疑人、被告人认罪认罚。组织、领导传销活动犯罪一般涉及人员多,社会影响力大,在从重从快打击传销的同时,加强教育转化工作,积极进行必要的法律宣传及教育,不仅发挥刑法教育为主的功能,减少社会对立面,防止此类人员重新加入传销组织,引发新的犯罪。另外,被告人认罪服法,还有利于庭审的顺利进行,同时引导不明真相的传销参与人认识到传销的犯罪本质。

审查起诉部门要将对传销人员的疏导教育融入审查起诉、出庭准备工作中,要加强与犯罪嫌疑人、被告人的交流,加强释法说理,充分阐明司法政策。除此之外,还要充分调动一切可以调动的力量,一是要积极与看守所、刑事执行检察等部门的协作,及时、全面掌握各被告人的思想动态。加强与管教民警和驻所检察室的联系,通过管教民警的定时谈心,了解他们犯罪的思想根源和现在的思想动态,对其认为自己也是被害人的还要接受处罚的困惑和抵触进行及时疏导,通过揭露传销犯罪实质,破除他们的侥幸心理。二是积极与律师沟通,对症下药。律师作为法律共同体,通过与犯罪嫌疑人沟通,可以使犯罪嫌疑人、被告人对参与犯罪的具体情节,及他们各自应负的刑责、被他们拉入的亲朋好友将受的处罚、给大量涌入的会员自身、家庭带来的灾难,有更加清晰深刻的认识。同时,犯罪嫌疑人、被告人对辩护律师也更加信赖。要充分发挥律师的沟通桥梁作用,就案件的社会危害性与我国的宽严相济的刑事政策与被告人充分交流，引导犯罪嫌疑人、被告人认罪认罚，不仅可以很好地揭露犯罪，也能让犯罪嫌疑人、被告人获得法律的从轻处理，取得双赢。

3. 应对媒体舆论，引导传销参与人认清真相。传销组织一般以老乡情、朋友情、同学情为依托，通过鱼目混珠的方式，让人认为自己所从事的是货真价实的直销业，是一项前途光明的伟大事业，这个事业于人于己都有好处，使得不少传销人员发展"下线"时，认为是给别人提供一个赚钱的机会，是一件好事。使人心理上消除防卫，进而将自己的亲朋好友拉进传销组织。很多传销人员刚开始也确实获取了一定的返利。传销组织被查处后，这些人员往往还不明真相，为了防止血本无归，继续从传销组织得到返利，他们甚至还帮助传销组织对抗侦查，制造舆论歪曲司法机关的调查。因此，检察机关在办案的同时，应抓住各个节点，利用检察机关的官方平台并协调宣传部门组织电视台、报社等新闻媒体做好打击传销的宣传教育工作，及时对查处的重大传销案件予以曝光，营造良好的舆论环境，进一步提高广大民众对传销本质和危害的认识，形成人人参与，自觉抵制传销的良好氛围。

二、常见质证意见的答辩要点

（一）辩方要求出示录音录像资料，确认讯问活动是否合法

答辩要点：第一，如果就排非问题召开了庭前会议，可以直接说明，讯问活动是否合法，法庭在庭前会议已经进行了审查，并在开庭前作出了相关决定；第二，根据《人民检察院刑事诉讼规则》第47条第1款的规定，案卷材料包括案件的诉讼文书和证据材料。讯问录音录像不是诉讼文书和案件材料，不属于必须出示的材料。

（二）辩方提出大量的传销活动参与人证言没有提取，已经提取的部分证言不能以偏概全

答辩要点：根据相关司法解释，在办理组织、领导传销活动刑事案件中，确因客观条件的限制无法逐一收集参与传销活动人员的言词证据

的，可以结合依法收集并查证属实的缴纳、支付费用及计酬、返利记录，视听资料、电子数据，传销人员关系图，银行账户交易记录，互联网电子数据，鉴定意见等证据，综合认定参与传销的人数、层级数等犯罪事实。根据这一司法解释，"善心汇"案有勘验笔录、鉴定意见书证等客观证据，也调取了部分证人证言，上述证据体系完备，形成了完整的证据链。

（三）辩方提出宣读的言词证据不完整，只摘取对被告人不利部分宣读

答辩要点：第一，公诉人宣读时已经表明是对证据的摘要宣读，不是全文宣读。检察机关审查起诉中，具有对案件证据的采信权，公诉人摘要宣读一份证据中的某一部分，是具体行使采信权的体现。辩护人不能因为检察机关采信一份证据的一部分，不采信另一部分，就认定检察机关是自相矛盾，断章取义。第二，言词证据可能会出现瑕瑜互见、真伪并存的情况，但这也是言词证据最大的特点。对于同一事物，不同的人，其经历以后所做的陈述是存在差别的。所以，公诉人摘要宣读一份言词证据中的客观真实部分，正体现了言词证据的特征，是符合证据规律的，且公诉人出示的言词证据，与其他证据相互印证，可以采信。

（四）辩方对电子数据的真实性、完整性提出质证意见

答辩要点：第一，扣押、封存、冻结、调取等方法都是法律所规定的保护电子数据完整性的方法；第二，公安机关调取证据严格依照法定程序进行的；第三，与原始数据进行了校验、核对一致，保证了电子数据的真实性、准确性。

（五）辩方对鉴定提出质证意见

答辩要点：第一，鉴定机构和鉴定人具有相应的鉴定资质；第二，检材提取程序合法，检材具有真实性、完整性；第三，鉴定过程和方法符合相关专业的规范要求；第四，鉴定意见与被告人供述等其他证据能相互印证。

（六）对于被告人及其辩护人提交的《专家意见书》

质证要点：《专家意见书》经常出现在影响比较大的传销犯罪案件中，如"江西精彩生活"传销案件等都有该类证据，对于《专家意见书》可以从以下几个方面进行质证：

1.《专家意见书》的属性。《专家意见书》法律专家提出的一种学理意见，它既不是书证、证人证言，也不是鉴定意见，不属于刑事诉讼法规定的证据种类，不具有证据效力，不能作为证据使用。一般而言，专家论证意见书中会有特别声明，"本法律意见书仅供办理本案的政法机关参考，未经论证组织及参与论证专家的同意，不得传播或发表"。

2.《专家意见书》的真实性。（1）审查是否为复印件，如果系复印件则可以根据最高人民法院《关于适用〈中华人民共和国刑事诉讼法〉的解释》第84条第1款规定，据以定案的证据应当提供原件，取得原件确有困难的，可以使用副本、复制件。本案显然不存在取证困难。副本、复制件需经原件核对无误、经鉴定为真实或者以其他方式确认为真实的，可以作为定案依据使用。辩护人向法庭提交的复印件，未经核对，其真实性存疑。（2）审查《专家意见书》的真实性，委托进行论证的机构或人员是否与提交人系同一人，提交人是否能保证《专家意见书》的真实性。（3）论证的依据是否真实。专家开论证会时，所依据的材料来源于哪里，据以论证的材料是否与案件的事实相符，专家们是否在现场进行了充分的论证。

三、常见辩护意见的答辩要点

（一）辩方认为法院对未在当地进行传销活动的犯罪嫌疑人不享有管辖权

答辩要点：《刑事诉讼法》第25条规定，刑事案件由犯罪地的人民法院管辖。如果由被告人居住地的人民法院审判更为适宜的，可以由被告人居住地的人民法院管辖。这里的犯罪地包括预备地、实行地与结果地。对于组织、领导传销活动罪的组织者、领导者而言，组织者、领导者对此传销活动的所有结果都要负责,因此该地法院有权对在当地举行的传销活动的传销组织的组织者、领导者进行审判。对于积极参与者立案侦查的问题,依据六部门颁发的《关于实施刑事诉讼法若干问题的规定》第 3 条第 4 项规定:多个犯罪嫌疑人、被告人实施的犯罪存在关联,并案处理有利于查明案件事实的,人民法院、人民检察院、公安机关可以在其职责范围内并案处理。因此,对于同一个案件中,人民法院对多个犯罪嫌疑人、被告人中的部分犯罪嫌疑人、被告人有管辖权,则对全案皆可以行使管辖权。

(二)辩方把被告人的非法传销行为辩解为合法的直销

答辩要点:国务院《禁止传销条例》第 2 条规定传销,是指组织者或者经营者发展人员,通过对被发展人员以其直接或者间接发展的人员数量或者销售业绩为依据计算和给付报酬,或者要求被发展人员以交纳一定费用为条件取得加入资格等方式牟取非法利益,扰乱经济秩序,影响社会稳定的行为。而根据国务院《直销管理条例》规定直销,是指直销企业招募直销员,由直销员在固定营业场所之外直接向最终消费者推销产品的经销方式。

传销和直销之间存在明显的区别:(1)推销的商品不同。传销的产品大多是一些质次价高的商品,或者无实际商品或未提供实际服务;而直销的商品大多为一些著名品牌,有商品和服务,且在市场上由直销员直接推销给消费者,具有完善的退、换货制度。(2)入门条件不同。传销要求参加者以缴纳费用或者购买商品、服务等方式获得加入资格。而直销企业的推销员无须缴付任何高额入门费,也不会被强制认购货品。(3)组成结构不同。传销是按照一定顺序组成金字塔式的层级;而直销销售员人数没有限制,结构上只有二级。(4)计酬和返利方式不同。传销以发展人员的数量作为计酬或者返利依据,传销企业不能实现资本增值,或增值远不能满足返利需求,其报酬全部来源于高额的会员费;而直销企业销售员主要通过销售商品、提供服务获取利润,其薪酬的高低主要与工作人员的销售业绩相挂钩。(5)行为方式不同。传销的目的是引诱、胁迫参加者继续发展他人参加,骗取财物。而直销企业须经批准,产品明码标价,由直销员直接推销给消费者,目的是销售商品。

(三)辩方认为上线人员仅发展一代下线,对于其下线所发展的其他下线并不知情,因此对这部分下线不应负责

答辩要点:根据《关于办理组织领导传销活动刑事案件适用法律若干问题的意见》的规定,传销活动的领导者、组织者,是在传销活动中起发起、策划、操纵作用或者承担管理、协调、宣传、培训等职责的人员,或曾因组织、领导传销活动受过刑事处罚,或者1年以内因组织、领导传销活动受过行政处罚,又直接或者间接发展参与传销活动人员在15人以上且层级在3级以上的人员,或者其他对传销活动的实施、传销组织的建立、扩大等起关键作用的人员。这类人员要么是传销组织各种规则的制定者,要么熟知上述规则,他们在实施传销活动过程中,就是利用上述规则不断引诱新的会员参与以发展壮大传销组织。因此,他们对于其发展的下线再去发展别的下线这些结果抱有希望、放纵的主观心理状态,这些结果也完全在其意识和意志范围之内,对其直接下线发展的其他下线也应当负责。

(四)辩方称没有工商部门认定查处前置,不能认为该组织系传销组织

答辩要点:《禁止传销条例》第13条规定,工商行政管理部门查处传销行为,对涉嫌犯罪的,应当依法移送公安机关立案侦查;公安机关立案侦查传销案件,对经侦查不构成犯罪的,应当依法移交工商行政管理部门查处。据此可以看出,违反《禁止传销条例》等行政法的传销由工商行政部门查处,符合刑法以及《关于办理组织领导传销活动刑事案件适用法律若干问题的意见》规定的构成要件,则构成组织、领导传销活动罪,由公安机关立案侦查。所以在办理组织、领导传销活动罪过程中,工商行政管理部门与公安机关在查处传销活动中,互不隶属,不存在工商行政管理部门查处前置的说法。

（五）辩方称涉案单位合法成立，开展的业务在注册的营业范围内，因此犯罪嫌疑人无罪

答辩要点：传销犯罪组织所依托的公司或其他机构既有合法成立的，也有未依法成立的。传销组织的载体是否依法成立、是否在注册范围内开展业务，与其经营模式是否合法是两个不同的概念，即便是依法成立的组织，如果其按照传销的模式开展经营活动，且系为了犯罪成立，或者成立后主要从事犯罪活动的，符合组织、领导传销活动罪的犯罪构成，其组织者、领导者就构成组织、领导传销活动罪。

（六）辩方提出该组织有一些产业和一些营利实体，是正常的经济行为，而不是传销

答辩要点：近几年，传销犯罪的手段不断更新，特别是有些网络传销组织为了将自己包装成为一种新的经济模式，引诱发展会员参与，也会开展一些实际经营活动，但究其本质仍然是符合传销特征的。主要从两点来看，一是该组织开展的实体经营活动的营利状况及其收益与传销组织参与人预期返利的数额相比，属于杯水车薪，根本无法满足众多参与人的返利需求；二是该传销组织的主要的获利来源是传销组织的人头费、入会费，只有不断地发展新的会员参与才能维持该传销组织的正常运转，一旦没有新会员参与，传销组织就会出现资金链断裂的问题，组织内部无法实现资本增值，因此即为赤裸裸的人头费、入门费，完全具备传销的犯罪特征。

（七）辩方提出组织、领导传销活动罪主观上要有"骗取财物"的目的，而该案中传销参与人并没有"被骗"，因此不构成本罪

答辩要点：在组织、领导传销活动罪中，大量传销活动参与人在参加传销活动时被洗脑，损失了大量的财物后仍然丝毫不觉得自己上当受骗，甚至还证明自己自愿加入传销组织，自愿投资，要求公安机关释放被羁押的犯罪嫌疑人或被告人，以便继续获取高额返利。但这并不影响犯罪嫌疑人或被告人"骗取财物"的认定，因为传销组织采用的拉人

头、收取入门费等方法进行传销活动，其本身就属于诈骗行为，犯罪嫌疑人或被告人对其行为性质认识错误不影响犯罪成立。同时，《关于办理组织领导传销活动刑事案件适用法律若干问题的意见》第3条规定："关于'骗取财物'的认定问题 传销活动的组织者、领导者采取编造、歪曲国家政策，虚构、夸大经营、投资、服务项目及盈利前景，掩饰计酬、返利真实来源或者其他欺诈手段，实施刑法第二百二十四条之一规定的行为，从参与传销活动人员缴纳的费用或者购买商品、服务的费用中非法获利的，应当认定为骗取财物。参与传销活动人员是否认为被骗，不影响骗取财物的认定。"因此，传销活动参与人不觉得自己上当受骗并不影响"骗取财物"的认定。

第八节 相关法律规范及案例

一、法律

《中华人民共和国刑法》

第二百二十四条之一 组织、领导以推销商品、提供服务等经营活动为名，要求参加者以缴纳费用或者购买商品、服务等方式获得加入资格，并按照一定顺序组成层级，直接或者间接以发展人员的数量作为计酬或者返利依据，引诱、胁迫参加者继续发展他人参加，骗取财物，扰乱经济社会秩序的传销活动的，处五年以下有期徒刑或者拘役，并处罚金；情节严重的，处五年以上有期徒刑，并处罚金。

二、行政法规

1. **《禁止传销条例》**

第二条 本条例所称传销，是指组织者或者经营者发展人员，通过对被发展人员以其直接或者间接发展的人员数量或者销售业绩为依据计算和给付报酬，或者要求被发展人员以交纳一定费用为条件取得加入资格等方式牟取非法利益，扰乱经济秩序，影响社会稳定的行为。

第七条　下列行为,属于传销行为:

(一)组织者或者经营者通过发展人员,要求被发展人员发展其他人员加入,对发展的人员以其直接或者间接滚动发展的人员数量为依据计算和给付报酬(包括物质奖励和其他经济利益,下同),牟取非法利益的;

(二)组织者或者经营者通过发展人员,要求被发展人员交纳费用或者以认购商品等方式变相交纳费用,取得加入或者发展其他人员加入的资格,牟取非法利益的;

(三)组织者或者经营者通过发展人员,要求被发展人员发展其他人员加入,形成上下线关系,并以下线的销售业绩为依据计算和给付上线报酬,牟取非法利益的。

第十三条　工商行政管理部门查处传销行为,对涉嫌犯罪的,应当依法移送公安机关立案侦查;公安机关立案侦查传销案件,对经侦查不构成犯罪的,应当依法移交工商行政管理部门查处。

2.《直销管理条例》

第三条　本条例所称直销,是指直销企业招募直销员,由直销员在固定营业场所之外直接向最终消费者(以下简称消费者)推销产品的经销方式。

本条例所称直销企业,是指依照本条例规定经批准采取直销方式销售产品的企业。

本条例所称直销员,是指在固定营业场所之外将产品直接推销给消费者的人员。

三、司法解释

1. 最高人民法院、最高人民检察院、公安部《关于办理组织领导传销活动刑事案件适用法律若干问题的意见》

一、关于传销组织层级及人数的认定问题

以推销商品、提供服务等经营活动为名,要求参加者以缴纳费用或者购买商品、服务等方式获得加入资格,并按照一定顺序组成层级,直接或者间接以发展人员的数量作为计酬或者返利依据,引诱、胁迫参加者继续发展他人参加，骗取财物，扰乱经济社会秩序的传销组织，其组织内部参与传销活动人员在三十人以上且层级在三级以上的，应当对组织者、领导者追究刑事责任。

组织、领导多个传销组织，单个或者多个组织中的层级已达三级以上的，可将在各个组织中发展的人数合并计算。

组织者、领导者形式上脱离原传销组织后，继续从原传销组织获取报酬或者返利的，原传销组织在其脱离后发展人员的层级数和人数，应当计算为其发展的层级数和人数。

办理组织、领导传销活动刑事案件中，确因客观条件的限制无法逐一收集参与传销活动人员的言词证据的，可以结合依法收集并查证属实的缴纳、支付费用及计酬、返利记录，视听资料，传销人员关系图，银行账户交易记录，互联网电子数据，鉴定意见等证据，综合认定参与传销的人数、层级数等犯罪事实。

二、关于传销活动有关人员的认定和处理问题

下列人员可以认定为传销活动的组织者、领导者：

（一）在传销活动中起发起、策划、操纵作用的人员；

（二）在传销活动中承担管理、协调等职责的人员；

（三）在传销活动中承担宣传、培训等职责的人员；

（四）曾因组织、领导传销活动受过刑事处罚，或者一年以内因组织、领导传销活动受过行政处罚，又直接或者间接发展参与传销活动人员在十五人以上且层级在三级以上的人员；

（五）其他对传销活动的实施、传销组织的建立、扩大等起关键作用的人员。

以单位名义实施组织、领导传销活动犯罪的，对于受单位指派，仅从事劳务性工作的人员，一般不予追究刑事责任。

三、关于"骗取财物"的认定问题

传销活动的组织者、领导者采取编造、歪曲国家政策，虚构、夸大经营、投资、服务项目及盈利前景，掩饰计酬、返利真实来源或者其他欺诈手段，实施刑法第二百二十四条之一规定的行为，从参与传销活动

人员缴纳的费用或者购买商品、服务的费用中非法获利的，应当认定为骗取财物。参与传销活动人员是否认为被骗，不影响骗取财物的认定。

四、关于"情节严重"的认定问题

对符合本意见第一条第一款规定的传销组织的组织者、领导者，具有下列情形之一的，应当认定为刑法第二百二十四条之一规定的"情节严重"：

（一）组织、领导的参与传销活动人员累计达一百二十人以上的；

（二）直接或者间接收取参与传销活动人员缴纳的传销资金数额累计达二百五十万元以上的；

（三）曾因组织、领导传销活动受过刑事处罚，或者一年以内因组织、领导传销活动受过行政处罚，又直接或者间接发展参与传销活动人员累计达六十人以上的；

（四）造成参与传销活动人员精神失常、自杀等严重后果的；

（五）造成其他严重后果或者恶劣社会影响的。

五、关于"团队计酬"行为的处理问题

传销活动的组织者或者领导者通过发展人员，要求传销活动的被发展人员发展其他人员加入，形成上下线关系，并以下线的销售业绩为依据计算和给付上线报酬，牟取非法利益的，是"团队计酬"式传销活动。

以销售商品为目的、以销售业绩为计酬依据的单纯的"团队计酬"式传销活动，不作为犯罪处理。形式上采取"团队计酬"方式，但实质上属于"以发展人员的数量作为计酬或者返利依据"的传销活动，应当依照刑法第二百二十四条之一的规定，以组织、领导传销活动罪定罪处罚。

六、关于罪名的适用问题

以非法占有为目的，组织、领导传销活动，同时构成组织、领导传销活动罪和集资诈骗罪的，依照处罚较重的规定定罪处罚。

犯组织、领导传销活动罪，并实施故意伤害、非法拘禁、敲诈勒索、妨害公务、聚众扰乱社会秩序、聚众冲击国家机关、聚众扰乱公共场所秩序、交通秩序等行为，构成犯罪的，依照数罪并罚的规定处罚。

七、其他问题

本意见所称"以上"、"以内",包括本数。

本意见所称"层级"和"级",系指组织者、领导者与参与传销活动人员之间的上下线关系层次,而非组织者、领导者在传销组织中的身份等级。

对传销组织内部人数和层级数的计算,以及对组织者、领导者直接或者间接发展参与传销活动人员人数和层级数的计算,包括组织者、领导者本人及其本层级在内。

2. 最高人民法院《关于审理单位犯罪案件具体应用法律有关问题的解释》

第二条 个人为进行违法犯罪活动而设立的公司、企业、事业单位实施犯罪的,或者公司、企业、事业单位设立后,以实施犯罪为主要活动的,不以单位犯罪论处。

3. 最高人民检察院、公安部《关于公安机关管辖的刑事案件立案追诉标准的规定(二)》

第七十八条 [组织、领导传销活动案(刑法第二百二十四条之一)] 组织、领导以推销商品、提供服务等经营活动为名,要求参加者以缴纳费用或者购买商品、服务等方式获得加入资格,并按照一定顺序组成层级,直接或者间接以发展人员的数量作为计酬或者返利依据,引诱、胁迫参加者继续发展他人参加,骗取财物,扰乱经济社会秩序的传销活动,涉嫌组织、领导的传销活动人员在三十人以上且层级在三级以上的,对组织者、领导者应予立案追诉。

本条所指的传销活动的组织者、领导者,是指在传销活动中起组织、领导作用的发起人、决策人、操纵人,以及在传销活动中担负策划、指挥、布置、协调等重要职责,或者在传销活动实施中起到关键作用的人员。

四、参考案例

1. 曾国坚等非法经营案[①]

【裁判要旨】

组织、领导传销活动尚未达到组织、领导传销活动罪立案追诉标准,但经营数额或者违法所得数额达到非法经营罪立案追诉标准的,在《刑法修正案(七)》施行之后,对传销活动的刑法评价应当实行单轨制,即仅以是否符合组织、领导传销活动罪的构成特征进行评价,如果不符合该罪构成特征,就应当宣告无罪,而不能再以非法经营罪定罪处罚。

【基本案情】

2009年6月始,被告人曾国坚租赁深圳市罗湖区怡泰大厦A座3205房为临时经营场所,以亮碧思集团(香港)有限公司发展经销商的名义发展下线,以高额回馈为诱饵,向他人推广传销产品、宣讲传销奖金制度。同时,曾国坚组织策划传销,诱骗他人加入,要求被发展人员交纳入会费用,取得加入和发展其他人员加入的资格,并要求被发展人员发展其他人员加入,以下线的发展成员业绩为依据计算和给付报酬,牟取非法利益;被告人黄水娣、罗玲晓、莫红珍均在上述场所参加传销培训,并积极发展下线,代理下线或者将下线直接带到亮碧思集团(香港)有限公司缴费入会,进行交易,形成传销网络:其中曾国坚发展的下线人员有郑某妮、杨某湘、王某军、杨某芳、袁某霞等人,杨某芳向曾国坚的上线曾某茹交纳人民币(以下未标明的币种均为人民币)20000元,袁某霞先后向曾国坚、曾某茹及曾国坚的哥哥曾某建共交纳62000元;黄水娣发展罗玲晓、莫红珍和龚某玲为下线,罗玲晓、莫红珍及龚某玲分别向其购买了港币5000元的产品;罗玲晓发展黄某梅为下线,黄某梅发展王某华为下线,黄某梅、王某华分别向亮碧思集团(香港)有限公司交纳入会费港币67648元;莫红珍发展龙某玉为下

[①] 案例来源于最高人民法院第865号指导案例。

线，龙某玉发展钟某仙为下线，钟某仙发展周某花为下线，其中龙某玉向莫红珍购买了港币5000元的产品，钟某仙、周某花分别向亮碧思集团（香港）有限公司交纳入会费港币67648元。2009年12月8日，接群众举报，公安机关联合深圳市市场监督管理局罗湖分局将正在罗湖区怡泰大厦A座3205房活动的曾国坚、黄水娣、罗玲晓、莫红珍等人查获。

【裁判结果】

深圳市罗湖区人民法院认为，被告人曾国坚、黄水娣、罗玲晓、莫红珍从事非法经营活动，扰乱市场秩序，均构成非法经营罪，且属于共同犯罪。在共同犯罪中，曾国坚积极实施犯罪，起主要作用，是主犯；黄水娣、罗玲晓、莫红珍均起次要作用，系从犯，且犯罪情节轻微，认罪态度较好，有悔罪表现，依法均可以免除处罚。曾国坚犯罪情节较轻，有悔罪表现，对其适用缓刑不致再危害社会。据此，依法以非法经营罪判处被告人曾国坚有期徒刑一年零六个月，缓刑二年，并处罚金一千元；以非法经营罪分别判处被告人黄水娣、罗玲晓、莫红珍免予刑事处罚。

宣判后，被告人曾国坚不服，向深圳市中级人民法院提出上诉，并基于以下理由请求改判无罪：亮碧思（香港）有限公司有真实的商品经营活动，其行为不构成非法经营罪，也没有达到组织、领导传销活动罪的立案追诉标准。

深圳市中级人民法院经审理认为，上诉人曾国坚与原审被告人黄水娣、罗玲晓、莫红珍的行为，应当认定为组织、领导传销活动行为，而不应以非法经营罪定罪处罚。鉴于现有证据不能证明曾国坚、黄水娣、罗玲晓、莫红珍的行为已达到组织、领导传销活动罪的追诉标准，故其行为不应以组织、领导传销活动罪论处。曾国坚的上诉理由成立。据此，依照《中华人民共和国刑事诉讼法》第二百二十五条第一款第二项之规定，深圳市中级人民法院判决如下：

撤销深圳市罗湖区人民法院（2011）深罗法刑一重字第1号刑事判决；被告人曾国坚、黄水娣、罗玲晓、莫红珍无罪。

【裁判理由】

本案在审理过程中，对被告人行为的定性形成两种意见：一种意见认为，在《刑法修正案（七）》施行之后，对传销活动的刑法评价应当实行单轨制，即仅以是否符合组织、领导传销活动罪的构成特征进行评价，如果不符合该罪构成特征，就应当宣告无罪，而不能再以非法经营罪定罪处罚；另一种意见则主张双轨制，认为《刑法修正案（七）》规定了组织、领导传销活动罪，但并未明确取消非法经营罪的适用，对于传销活动，即使不符合组织、领导传销活动罪的构成特征，也仍然可以非法经营罪定罪处罚。

我们赞同前一种观点，应当对被告人宣告无罪，具体理由如下：

1. 从立法原意分析，对传销活动仅适用组织、领导传销活动罪，不再以非法经营罪定罪处罚

从立法原意分析，我们认为，对于客观表现为组织、领导"拉人头"型或者"骗取入门费"型的传销活动，只能以其是否符合组织、领导传销活动罪的构成特征来判断罪与非罪，不能按照《刑法修正案（七）》施行以前的做法，以非法经营罪定罪处罚，更不能在不具备组织、领导传销活动罪构成要件的情况下适用《刑法》第二百二十五条第四项即非法经营罪的兜底项定罪处罚。值得注意的是，根据《刑法修正案（七）》第四条的规定，组织、领导传销活动罪的客观行为中未包括"团队计酬"型传销活动，实践中对于此类传销活动如何定性，存在一定争议。

鉴于此种情况，最高人民法院、公安部联合出台的《关于办理组织领导传销活动刑事案件适用法律若干问题的意见》（以下简称《意见》）对"团队计酬"行为的处理进行了专门规定。《意见》第五条第一款对"团队计酬"式传销活动的概念进行了明确。该款规定："传销活动的组织者或者领导者通过发展人员，要求传销活动的被发展人员发展其他人员加入，形成上下线关系，并以下线的销售业绩为依据计算和给付上线报酬，牟取非法利益的，是'团队计酬'式传销活动。"《意见》第五条第二款对"团队计酬"式传销活动的定性进行了规定。该

款规定:"以销售商品为目的、以销售业绩为计酬依据的单纯的'团队计酬'式传销活动,不作为犯罪处理。形式上采取'团队计酬'方式,但实质上属于'以发展人员的数量作为计酬或者返利依据'的传销活动,应当依照刑法第二百二十四条之一的规定,以组织、领导传销活动罪定罪处罚。"

2. 曾国坚等人的行为符合组织、领导传销活动罪的构成特征,但未达到相关立案追诉标准,故不构成组织、领导传销活动罪

本案中,曾国坚等人实施了通过发展人员,要求被发展人员交纳费用或者以认购商品等方式变相交纳费用,取得加入或者发展其他人员加入的资格,牟取非法利益的传销行为。客观上符合组织、领导传销活动的行为特征。然而,依照最高人民检察院、公安部《关于公安机关管辖的刑事案件立案追诉标准的规定(二)》,组织、领导传销活动罪的立案追诉起点为"涉嫌组织、领导的传销活动人员在三十人以上且层级在三级以上的"。而现有证据显示本案涉嫌组织、领导的传销活动人员不足三十人。在一审阶段深圳市罗湖区人民法院曾建议罗湖区人民检察院就传销人员的人数和层级进行补充侦查。罗湖区人民检察院复函认为《刑法修正案(七)》对组织、领导传销活动罪作了规定,但未取消非法经营罪的适用,根据《刑法》第二百二十五条第四项及最高人民法院《关于情节严重的传销或变相传销行为如何定性问题的批复》的规定,曾国坚等人的行为即使不构成组织、领导传销活动罪,也符合非法经营罪的构成特征,应当以非法经营罪定罪处罚,没有补充侦查必要。

针对上述法律适用问题,深圳市中级人民法院逐级层报请示,最高人民法院以〔2012〕刑他字第56号批复明确:"对组织、领导传销活动的行为,如未达到组织、领导传销活动罪的追诉标准,行为人不构成组织、领导传销活动罪,亦不宜再以非法经营罪追究刑事责任。"据此,深圳市中级人民法院认为,本案被告人曾国坚等人组织、领导的传销活动人员不足三十人,亦没有相应证据证明该传销体系的层级在三级以上,按照疑罪从无原则,依法改判被告人曾国坚、黄水娣、罗玲晓、

莫红珍无罪。

2. 危甫才组织、领导传销活动案①

【裁判要旨】

对于开始于刑法修正案施行日以前,连续到刑法修正案施行日以后的犯罪,当罪名、构成要件、情节以及法定刑已经变化的,应当适用修订刑法,一并进行追诉,但是修订刑法比原刑法所规定的构成要件和情节较为严格,或者法定刑较重的,在提起公诉时应当提出酌情从轻处理意见。

【基本案情】

"珠海市林友盛贸易有限公司"是一家在珠海没有任何工商登记资料,并假借网络连锁在深圳市宝安区龙华镇大肆发展人员,积极从事非法传销活动的假公司。"珠海市林友盛贸易有限公司"衍生出"珠海市昌康盛贸易有限公司""珠海市合鑫盛贸易有限公司""珠海市康紫源贸易有限公司""珠海市危友军贸易有限公司""珠海市秦粤贸易有限公司"等传销公司,这些公司按照传销人员在公司中各自发展的人数(包括下线及下下线的人数总和)来确定这些传销人员的等级地位。

具体确定等级的标准是:发展1—2人属于一级传销商;发展3—9人属于二级传销商;发展10—59人属于三级传销;发展60—240人属于四级传销商;发展240人以上属于五级传销商。而注册传销公司的传销人员(传销公司的法人代表及股东)则必须达到"五级传销商"的资格,被称为传销"总裁"。根据该传销组织的内部规定,每个被发展进传销公司的人都必须先交3600元购买"钢煲"或"臭氧饮水机"一个(如果不要钢煲或饮水机,可以返还500元)。加入人员购买上述产品后,即取得该传销组织所谓的"营销权",即可以发展其下线人员,以此形成严密的人员网络,从中获取提成。另以"下线发展越多,提成越多"来诱骗新的人员参与传销活动。每介绍一人加入传销公司提成525元,被介绍人成为介绍人的下线;下线再介绍1人,介绍者可提

---

① 案例来源于最高人民法院第717号指导案例。

成 175 元；下下线再发展 1 人，介绍者可提成 350 元；下线再发展 1 人，介绍者可获取 280 元。

2006 年，被告人危甫才通过其直接上线张开余的发展，加入了"珠海市林友盛贸易有限公司"，在宝安区龙华街道以开展推销"钢煲""臭氧饮水机"等经营活动为名从事传销活动。经过发展下线及下下线，危甫才已经成为传销公司珠海市康紫源贸易有限公司的法人代表，属于五级传销商，其利用传销公司名义直接发展下线及下下线 241 人以上，经营额至少为 867600 元。2010 年 8 月 12 日，公安人员将危甫才抓获归案。

【裁判结果】

深圳市宝安区人民法院认为，被告人危甫才的行为构成组织、领导传销活动罪，依法判处有期徒刑二年，并处罚金人民币二千元。

一审宣判后，危甫才提出上诉。

深圳市中级人民法院经审理后认为，原判认定事实清楚，证据确实充分，定罪准确，量刑适当，审判程序合法。据此，裁定驳回上诉，维持原判。

【裁判理由】

本案被告人危甫才实施的行为符合《刑法》第二百二十四条之一的规定，构成组织、领导传销活动罪。具体理由如下：

1. 危甫才的行为符合组织、领导传销活动罪的客观特征

本案中，危甫才系"珠海市康紫源贸易有限公司"的法定代表人，该公司系按照传销人员在公司中各自发展的人数（包括下线及下下线的人数总和）来确定传销人员的等级地位。每个被发展进传销公司的人都必须先交钱购买产品，之后即取得该传销组织所谓的"营销权"，就可以发展其他人员加入，以此形成严密的人员网络，从中获取提成。以"下线发展越多，提成越多"来诱骗新的人员参与传销活动，该公司在组织结构上具有明显的层级性，并呈"金字塔"型，在计酬方式上完全以下线发展的人数多少为依据计算和给付上线报酬。所"经营"的"钢煲"或"臭氧饮水机"则是传销的幌子，本质上是借虚假的经

营活动骗取他人的"入门费",危甫才所实施的行为符合组织、领导传销活动罪的客观特征。

2. 危甫才符合组织、领导传销活动罪的主体特征

组织、领导传销活动罪的犯罪主体包括一般自然人和单位,危甫才属于一般自然人主体。组织、领导传销活动罪的主体必须是传销活动的组织、领导者。根据最高人民检察院、公安部于2010年5月7日发布的《关于公安机关管辖的刑事案件立案追诉标准的规定(二)》的规定,传销活动的组织者、领导者是指在传销活动中起组织、领导作用的发起人、决策人、操纵者,以及在传销活动中担负策划、指挥、布置、协调等重要职责,或者在传销活动实施中起到关键作用的人员。本案中,危甫才虽然不是传销活动的最初发起、策划者,但他通过发展下线和下下线,已经成为"珠海市康紫源贸易有限公司"的法定代表人,属于五级传销商,其利用传销公司的名义直接发展下线及下下线241人以上,经营额至少为867600元,属于在所实施的传销活动中起骨干、领导作用的人,符合组织、领导传销活动罪的主体特征。

顺便指出,对于参与传销活动的一般人员应当如何处理,有的观点认为,应以非法经营罪定罪处罚。我们认为,这种主张不符合立法精神,容易造成打击面过大,激化矛盾。传销犯罪是一种"涉众型"的经济犯罪,在组织结构上通常呈现出"金字塔"型的特点,司法实务中应当贯彻宽严相济的刑事政策精神,根据传销活动参与者的地位、作用,科学合理地划定打击对象的范围:对于在传销网络建立、扩张过程中起组织、策划、领导作用的首要分子给予刑事处罚;对于并非策划、发起人,但积极加入其中,并在由其实施的传销活动中起组织、领导、骨干作用的,也应以组织者、领导者追究刑事责任;对于参与传销活动的一般人员则可以通过行政处罚、教育遣散等方式进行处理,不宜追究刑事责任。

3. 本案的法律适用问题

本案被告人危甫才实施的犯罪行为从2006年直至2010年8月,而《刑法修正案(七)》公布实施日为2009年2月28日,在修正案公布

前的组织、领导传销活动行为是以非法经营罪定罪的。对于开始于刑法修正案施行日以前，连续到刑法修正案施行日以后的犯罪，该如何适用法律？最高人民检察院《关于对跨越修订刑法施行日期的继续犯罪、连续犯罪以及其他同种数罪应如何具体适用刑法问题的批复》（高检法释字〔1998〕6号）规定，对于开始于1997年9月30日以前，连续到1997年10月1日以后的连续犯罪，当罪名、构成要件、情节以及法定刑已经变化的，应当适用修订刑法，一并进行追诉，但是修订刑法比原刑法所规定的构成要件和情节较为严格，或者法定刑较重的，在提起公诉时应当提出酌情从轻处理意见。本案属于跨越刑法修正案实施日期的连续犯罪，在适用法律时可以参照该批复的精神。

首先，危甫才实施的犯罪行为属于在刑法修改前后的连续犯罪，虽然罪名、构成要件及法定刑发生了变化，但仍应当适用修订后的刑法，即认定为组织、领导传销活动罪。其次，比较刑法修正前后的两个罪名，非法经营罪"情节严重的"处五年以下有期徒刑或者拘役，并处或者单处罚金，而组织、领导传销活动罪"情节严重的"处五年以上有期徒刑并处罚金。组织、领导传销活动罪要比非法经营罪重，故在对危甫才定组织、领导传销活动罪后，量刑时应酌情从轻处罚。

综上，原审法院对危甫才以组织、领导传销活动罪判处有期徒刑二年，并处罚金人民币二千元的刑罚是适当的。

3. 李柏庭非法经营案①

【裁判要旨】

以"购物有奖竞猜"活动和"特许加盟店"等方式引诱参加者以认购商品的方式变相交纳入门费，从而取得成员资格或者发展其他成员参加的资格，让先参加者从发展的下线成员所交纳的费用中获取收益，其行为已不属于商品有奖促销的性质，具有传销或者变相传销的组织特征。

【基本案情】

2000年3月，被告人李柏庭与曹军（在逃）等人出资人民币100

---

① 案例来源于最高人民法院第234号指导案例。

万元,在上海市普陀区星云经济区注册设立了上海金翰电子商贸有限公司(以下简称金翰公司),李柏庭担任法定代表人。2000 年 6 月至 2001 年 1 月间,为维持金翰公司的经营,李柏庭与他人合谋,在金翰公司的网站上推出了网上购物有奖竞猜活动,即只要到其加盟店购买一单价格为 680 元的金箔画,即可以取得金翰公司的网上竞猜成员资格和 16 次网上有奖竞猜机会,竞猜平均中奖率达 95% 以上。在此期间,李柏庭等还推出了"特许加盟店"的奖励方法,规定特许加盟店每拓展一个加盟店,除可得到 2000 元的一次性奖金之外,还可享受下属加盟店销售金箔画每单 15 元的提成等。李柏庭利用以上经营手法,销售金箔画共计 84201 单,经营额达 5725.668 万元,个人违法所得 55 万元。2001 年 2 月,李柏庭在取保候审期间,携款潜逃,直至 2001 年 9 月 28 日在四川省绵阳市被抓获。

【裁判结果】

上海市黄浦区人民法院认为,被告人李柏庭的行为已构成非法经营罪,依法判处有期徒刑十年六个月,剥夺政治权利二年,并处罚金人民币二百万元。

一审宣判后,李柏庭不服,上诉于上海市第二中级人民法院。

上海市第二中级人民法院审理认为一审判决并无不当,且审判程序合法,依法裁定驳回上诉,维持原判。

【裁判理由】

1. 被告人李柏庭的上述行为实质上是一种变相传销行为

本案被告人李柏庭等人的行为完全符合变相传销的特征:首先,被告人李柏庭等人推出的"购物有奖竞猜"活动和"特许加盟店"奖励方法,已经不属于商品有奖促销的性质。"购物有奖竞猜"活动实质上是一种引诱参加者以认购商品的方式变相交纳入门费,从而取得成员资格或者发展其他成员参加的资格。"特许加盟店"奖励方法则明显就是让先参加者从发展的下线成员所交纳的费用中获取收益,具有传销或者变相传销的组织特征。

其次,被告人李柏庭等人所销售商品的价格大大背离了其实际价值,实际价值100多元的一幅"金箔画",要参加者交纳680元来购买,才能取得"有奖销售"的成员资格,而且其允诺的中奖比率和奖金数额一旦兑现,购买"金箔画"的成员所获取的奖金数额大大超过其购买商品付出的费用。在这种情况下,被告人李柏庭等人不可能是从商品销售收入与经营成本之间的差价中获取利润并维持运作,只能利用后加入的成员高价购买商品的费用来支付先加入者的所谓"奖金"。这是作为非法经营性质的传销行为的本质特征。

最后,被告人李柏庭等在网络上的宣传,不是以商品质量、效用以及促销性质的中奖为内容,而是以给予购买者超过购买价格的高额回报和从发展下线的收入中提成为内容。因此,被告人李柏庭等人采取凡到其加盟店交纳680元购买一份金箔画后即可取得网上竞猜成员资格和16次网上有奖竞猜机会以及拓展下属加盟店从销售商品收入中提成的做法,其实质是以交纳一定入门费为前提,取得获取回报的资格,并以高额回报为诱饵,用后加入者交纳的钱支付先加入者的奖金,以维持其非法经营活动的变相传销行为。

2. 被告人李柏庭的行为构成非法经营罪

我们认为,判断行为人是否具有非法占有的目的,是区分以传销方式实施的非法经营罪和诈骗犯罪的根本标准。诈骗犯罪是一种以非法占有为目的的犯罪,而非法经营罪的行为人在主观上仅具有非法牟利的动机,该牟利行为主要不是通过非法占有经营中所取得的他人财物来实现,而是通过传销或变相传销的所谓经营活动来实现,因此,从这个意义上来说,传销或变相传销中非法经营行为人主观上不以非法占有为目的。据此分析本案:

第一,从查明的事实看,被告人李柏庭实施的变相传销行为,不是通过直接非法占有经营中所取得的他人财物,而是通过传销或变相传销的所谓"经营活动"来牟利;传销中确实存在货物买卖行为,即只要到其加盟店购买一单价格为680元的金箔画,即可以取得金翰公司的网上竞猜成员资格和16次网上有奖竞猜机会,竞猜平均中奖率达95%以上。李柏庭非法传销金箔画共计84201单,经营额达5725.668万元,个人违法所得 55 万元,其行为符合传销型非法经营罪的特征。

第二,关于李柏庭在因非法传销金箔画被公安机关采取强制措施后携款潜逃,是否可以推定为行为人具有非法占有目的的问题,应考虑到李柏庭是在案发后携款潜逃,即在其变相传销行为已涉嫌构成犯罪时畏罪潜逃,从性质上讲,这种潜逃行为属于妨害刑事诉讼顺利进行的行为,不影响潜逃以前行为的性质,仅对量刑产生影响。因此,不能根据李柏庭的潜逃行为认定其具有非法占有目的,从而将本案认定为诈骗犯罪。因此,一、二审法院对李柏庭以非法经营罪定罪处刑是正确的。

4. 陈某某非法经营案①

【裁判要旨】

连锁店的组织、经营者,其经营的主要方式就是以交纳费用或认购商品来发展下线会员,其会员再按层次和买单业绩领取奖项和参加大单分红,本人再以下线销售业绩为依据,向上线公司领取非法报酬,是以传销手段进行非法经营的行为。

【基本案情】

自 2006 年 6 月以来,被告人陈某某加盟浙江某保健产品连锁有限公司(以下简称连锁公司),在江西省婺源县紫阳镇天佑路开设婺源县仙芳缘连锁店,经营金额达 21 万余元,获利 1.6 万余元。同年 9 月 18 日,婺源县工商局以陈某某未经工商部门核准擅自改变经营方式或超越核准经营范围从事保健品销售,对其作出了行政处罚。2006 年 10 月,陈某某又在当地开设了连锁公司的益圣菌物婺源县加盟连锁店(以下简称连锁店),根据连锁公司的经营模式和分区域管理方式进行经营。只要购买 1 单(650 元为 1 单)和交纳 50 元会员卡费就可以成为连锁公司的优惠顾客(即会员)。同时规定会员按 A、B 区逐级发展下线,会员按所处层次和 A、B 区买单业绩定期领取补贴奖、岗位津贴奖、组织奖、服务奖、扶助奖、重复消费奖、特别奖等各种奖项,并参加大单分红。陈某某借直销之名,在婺源境内积极发展优惠顾客。仅数月时

---

① 案例来源于《人民司法》(2008 年)。

间,该连锁店经营者陈某某就发展了 5 名下线骨干,形成了金字塔型传销网络,上交给连锁公司传销金额达 74 万余元,陈某某自己从中获利 8 万余元。

【裁判结果】

江西省婺源县人民法院经审理后认为,被告人陈某某是连锁店的组织经营者,利用传销诱惑力大、欺骗性强和隐蔽性的特点,积极发展下线优惠顾客(会员),从中非法获利,构成以传销为手段的非法经营罪。依法以陈某某犯非法经营罪,判处有期徒刑三年,缓刑四年,并处罚金人民币 85000 元。宣判后,被告人表示不上诉。

【裁判理由】

1. 本案被告人的行为表现形式是传销

根据国务院颁布的《禁止传销条例》第七条规定,可以看出传销行为的三个明显特征:一是组织、经营者通过发展人员再要求被发展人员发展他人,以直接或间接滚动发展的人员数量计付报酬从中牟利;二是组织、经营者要求被发展人员交纳费用或认购商品来取得资格,而从中牟利;三是形成上下线关系,并以下线销售业绩计酬从中牟利。本案被告人是连锁店的组织、经营者,其经营的主要方式就是以购买 1 单和交纳 50 元会员卡费发展下线会员,其会员再按层次和买单业绩领取奖项和参加大单分红,自己再以下线销售业绩为依据,向上线公司领取非法奖项和红利 8 万余元。可见,本案被告人的这种经营模式与传销的三个特征相吻合,是典型的传销行为。

2. 被告人行为属于其他严重扰乱市场秩序的非法经营犯罪行为

本案被告人的传销行为,属于刑法规定的"其他严重扰乱市场秩序的非法经营行为",构成非法经营罪。对本案被告人严重扰乱市场秩序,以非法经营罪定罪,必然涉及三个法律关系问题。

其一,对传销这一禁止性经营方式的定性。

非法经营行为,是指违反国家规定,未经许可经营专营、专卖物品或者其他限制买卖的物品,买卖进出口许可证、进口物品原产地证明以及其他法律、法规规定的经营许可证或者批准文件,以及从事其他非法经营活动，扰乱市场秩序情节严重的行为。这种行为侵犯的客体是国家限制买卖物品和经营许可证的市场管理制度。传销是市场管理制度中的禁止性行为，本案被告人以开设连锁店的名义组织、经营益圣菌物传销，是未取得经营许可的非法经营行为。国务院《禁止传销条例》第七条的三项规定中，都把传销获取的报酬一律表述为"牟取非法利益的"组织经营行为。因此，依法应认定被告人的行为是非法经营的行为。

其二，传销情节严重构成何罪的定性。

最高人民法院 2001 年 4 月 10 日在批复广东省高级人民法院 (2000) 101 号《关于情节严重的传销和变相传销的行为是否构成非法经营罪问题的请示》中以法释 (2001) 11 号明确批复，"对于 1998 年 4 月 18 日国务院《关于禁止传销经营活动的通知》发布以后，仍然从事传销或者变相传销活动，扰乱市场秩序，情节严重的，应当依照刑法第二百二十五条第（四）项的规定，以非法经营罪定罪处罚"。

其三，扰乱市场秩序情节严重的认定。

江西省高级人民法院、江西省人民检察院、江西省公安厅联合于 2001 年 1 月 1 日以赣高发 (2000) 26 号文件下发《关于办理破坏社会主义市场经济秩序罪案件具体适用法律若干问题的意见（一）》（以下简称《意见》）第三十二条对非法经营罪中的情节严重作了明确的量化规定，即"情节严重"，"应以非法经营数额或者非法所得数额巨大，或者非法经营数额或非法所得数额较大并具有其他严重情节为标准"。该条第（二）项规定，"'数额巨大'是指个人非法经营数额 10 万元以上或者违法所得数额 3 万元以上……。"

该条第（一）、（三）项规定个人非法经营数额 5 万元以上或违法所得数额 2 万元以上、个人非法经营数额 30 万元以上或违法所得 10 万元以上分别为"数额较大""数额特别巨大"的情节严重情形。本案被告人以加盟连锁店方式经营益圣菌物，不是按正常商品经营方式获得利润，而是通过买单发展人员，通过交纳会员卡费发展会员，通过下线买单业绩定期领取奖项和参加分红的形式来经营牟利，以传销特有的诱惑性、欺骗性和隐蔽性来扰乱正常的市场秩序。"数额巨大"是构成非法经营罪的要件之一。本案被告人采取发展下线的传销方式，在短短的几个月时间，其就上交上线公司非法经营数额 74 万余元，自己从中获取非法所得 8 万余元，符合《意见》中"应以非法经营数额或非法所得数额巨大"认定"情节严重"构成犯罪的规定。因此，"数额巨大"是"情节严重"判断认定的量化标准。根据这三个法律关系，被告人的行为正是其他严重扰乱市场秩序的非法经营行为。

3. 对本案被告人定罪处罚依法有据

本案被告人以加盟连锁店的方式组织经营，积极发展下线，并以下线的销售业绩为依据获取上线公司给付的报酬而牟取非法利益，其行为形式上是传销，其行为结果是触犯了刑法，构成非法经营罪。《刑法》第二百二十五条规定："违反国家规定，有下列非法经营行为之一，扰乱市场秩序，情节严重的，处五年以下有期徒刑或者拘役，并处或者单处违法所得一倍以上五倍以下罚金；情节特别严重的，处五年以上有期徒刑，并处违法所得一倍以上五倍以下罚金或者没收财产：（一）未经许可经营法律、行政法规规定的专营、专卖物品或者其他限制买卖的物品的；（二）买卖进出口许可证、进出口原产地证明以及其他法律、行政法规规定的经营许可证或者批准文件的；（三）未经国家有关主管部门批准，非法经营证券、期货或者保险业务的；（四）其他严重扰乱市场秩序的非法经营行为。"

法院依照刑法、司法解释和规范性文件的相关规定，认定被告人陈某某构成非法经营罪，符合罪名法定的定罪原则。对被告人处刑时，以"情节严重"中的"数额巨大"进行裁量，一是依照《意见》规定条款中的"或者"选项，取"违法所得数额 3 万元以上"认定被告人数额巨大的"情节严重"，而未取"非法经营数额 30 万元以上"数额特别巨大的"情节严重"。这是基于目前检察机关未追究被告人的上线公司的法律责任，且被告人非法经营数额 74 万余元已上交其上线公司；同时，在有明确规定的选择性裁量条款中，依法选择较轻的量刑标准，也是宽严相济的刑事政策在刑事审判中的体现。二是根据被告人归案后的认罪表现和初犯、偶犯，诚心悔罪，不再危害社会的实际情况，予以定罪量刑，也符合最大限度地消除不和谐因素，促进社会稳定发展的时代要求。

综上所述，法院对本案被告人以非法经营罪定罪处罚，符合刑法和司法解释的规定，也有利于打击从事传销、扰乱市场秩序的犯罪活动和保护消费者合法权益。

5. 叶经生等组织、领导传销活动案①

【要旨】

组织者或者经营者利用网络发展会员，要求被发展人员以缴纳或者变相缴纳"入门费"为条件，获得提成和发展下线的资格。通过发展人员组成层级关系，并以直接或者间接发展的人员数量作为计酬或者返利的依据，引诱被发展人员继续发展他人参加，骗取财物，扰乱经济社会秩序的，以组织、领导传销活动罪追究刑事责任。

【基本案情】

被告人叶经生，男，1975 年 12 月出生，原系上海宝乔网络科技有限公司（以下简称宝乔公司）总经理。

被告人叶青松，男，1973 年 10 月出生，原系宝乔公司浙江省区域总代理。

2011 年 6 月，被告人叶经生等人成立宝乔公司，先后开发"经销商管理系统网站""金乔网商城网站"（以下简称金乔网）。以网络为平台，或通过招商会、论坛等形式，宣传、推广金乔网的经营模式。

金乔网的经营模式是：（1）经上线经销商会员推荐并缴纳保证金成为经销商会员，无须购买商品，只需发展下线经销商，根据直接或者间接发展下线人数获得推荐奖金，晋升级别成为股权会员，享受股权分红。（2）经销商会员或消费者在金乔网经销商会员处购物消费满 120 元以上，向宝乔公司支付消费金额 10% 的现金，即可注册成为返利会员参与消费额双倍返利，可获一倍现金返利和一倍的金乔币（虚拟电子货币）返利。（3）金乔网在全国各地设立省、地区、县（市、区）

---

① 案例来源于最高人民检察院第 41 号指导案例。

三级区域运营中心,各运营中心设区域代理,由经销商会员负责本区域会员的发展和管理,享受区域范围内不同种类业绩一定比例的提成奖励。

2011年11月,被告人叶青松经他人推荐加入金乔网,缴纳三份保证金并注册了三个经销商会员号。因发展会员积极,经金乔网审批成为浙江省区域总代理,负责金乔网在浙江省的推广和发展。

截至案发,金乔网注册会员3万余人,其中注册经销商会员1.8万余人。在全国各地发展省、地区、县三级区域代理300余家,涉案金额1.5亿余元。其中,叶青松直接或间接发展下线经销商会员1886人,收取浙江省区域会员保证金、参与返利的消费额10%现金、区域代理费等共计3000余万元,通过银行转汇给叶经生。叶青松通过抽取保证金推荐奖金、股权分红、消费返利等提成的方式非法获利70余万元。

【指控与证明犯罪】

2012年8月28日、2012年11月9日,浙江省松阳县公安局分别以叶青松、叶经生涉嫌组织、领导传销活动罪移送浙江省松阳县人民检察院审查起诉。因叶经生、叶青松系共同犯罪,松阳县人民检察院作并案处理。

2013年3月11日,浙江省松阳县人民检察院以被告人叶经生、叶青松犯组织、领导传销活动罪向松阳县人民法院提起公诉。松阳县人民法院公开开庭审理了本案。

法庭调查阶段,公诉人宣读起诉书指控被告人叶经生、叶青松利用网络,以会员消费双倍返利为名,吸引不特定公众成为会员、经销商,组成一定层级,采取区域累计计酬方式,引诱参加者继续发展他人参与,骗取财物,扰乱经济社会秩序,其行为构成组织、领导传销活动罪。在共同犯罪中,被告人叶经生起主要作用,系主犯;被告人叶青松起辅助作用,系从犯。

针对起诉书指控的犯罪事实,被告人叶经生辩解认为,宝乔公司系依法成立,没有组织、领导传销的故意,金乔网模式是消费模式的创新。

公诉人针对涉及传销的关键问题对被告人叶经生进行讯问:

第一，针对成为金乔网会员是否要向金乔网缴纳费用，公诉人讯问：如何成为金乔网会员，获得推荐奖金、消费返利？被告人叶经生回答：注册成为金乔网会员，需缴纳诚信保证金7200元，成为会员后发展一个经销商就可以获得奖励1250元；参与返利，消费要达到120元以上，并向公司缴纳10%的消费款。公诉人这一讯问揭示了缴纳保证金、缴纳10%的消费款才有资格获得推荐奖励、返利，保证金及10%的消费款其实质就是入门费。金乔网的经营模式符合传销组织要求参加者以缴纳费用或者购买商品、服务等方式获得加入资格的组织特征。

第二，针对金乔网利润来源、计酬或返利的资金来源，公诉人讯问：除了收取的保证金和10%的消费款费用，金乔网还有无其他收入？被告人叶经生回答：收取的10%的消费款就足够天天返利了，金乔网的主要收入是保证金、10%的消费款，支出主要是天天返利及推荐奖、运营费用。公诉人讯问：公司收取消费款有多少，需返利多少？被告人叶经生回答：收到4000万左右，返利也要4000万，我们的经营模式不需要盈利。公诉人通过讯问，揭示了金乔网没有实质性的经营活动，其利润及资金的真实来源系后加入人员缴纳的费用。如果没有新的人员加入，根本不可能维持其"经营活动"的运转，符合传销活动骗取财物的本质特征。

同时，公诉人向法庭出示了四组证据证明犯罪事实：

一是宝乔公司的工商登记、资金投入、人员组成、公司财务资料、网站功能等书证。证明：宝乔公司实际投入仅300万元，没有资金实力建立与其宣传匹配的电子商务系统。

二是宝乔公司内部人员证言及被告人的供述等证据。证明：公司缺乏售后服务人员、系统维护人员、市场推广及监管人员，员工主要从事虚假宣传，收取保证金及消费款，推荐佣金，发放返利。

三是宝乔公司银行明细、公司财务资料、款项开支情况等证据，证明：公司收入来源于会员缴纳的保证金、消费款。技术人员的证言等证据，证明：网站功能简单，不具备第三方支付功能，不能适应电子商务的需求。

四是金乔网网站系统的电子数据及鉴定意见,并由鉴定人出庭作证。鉴定人揭示网络数据库显示了金乔网会员加入时间、缴纳费用数额、会员之间的推荐(发展)关系、获利数额等信息。鉴定人当庭通过对上述信息的分析,指出数据库表格中的会员账号均列明了推荐人,按照推荐人关系排列,会员层级呈金字塔状,共有68层。每个结点有左右两个分支,左右分支均有新增单数,则可获得推荐奖金,奖金实行无限代计酬。证明:金乔网会员层级呈现金字塔状,上线会员可通过下线、下下线会员发展会员获得收益。

法庭辩论阶段,公诉人发表公诉意见,指出金乔网的人财物及主要活动目的,在于引诱消费者缴纳保证金、消费款,并从中非法牟利。其实质是借助公司的合法形式,打着电子商务旗号进行网络传销。同时阐述了这种新型传销活动的本质和社会危害。

辩护人提出:金乔网没有入门费,所有的人员都可以在金乔网注册,不缴纳费用也可以成为金乔网的会员。金乔网没有设层级,经销商、会员、区域代理之间不存在层级关系,没有证据证实存在层级获利。金乔网没有拉人头,没有以发展人员的数量作为计酬或返利依据。直接推荐才有奖金,间接推荐没有奖金,没有骗取财物,不符合组织、领导传销活动罪的特征。

公诉人答辩:金乔网缴纳保证金和消费款才能获得推荐佣金和返利的资格,本质系入门费。上线会员可以通过发展下线人员获取收益,并组成会员、股权会员、区域代理等层级,本质为设层级。以推荐的人数作为发放佣金的依据系直接以发展的人员数量作为计酬依据,区域业绩及返利资金主要取决于参加人数的多少,实质属于以发展人员的数量作为提成奖励及返利的依据,本质为拉人头。金乔网缺乏实质的经营活动,不产生利润,以后期收到的保证金、消费款支付前期的推荐佣金、返利,与所有的传销活动一样,人员不可能无限增加,资金链必然断裂。传销组织人员不断增加的过程实际也是风险不断积累和放大的过程。金乔网所谓经营活动本质是从被发展人员缴纳的费用中非法牟利,具有骗取财物的特征。

法庭经审理，认定检察机关出示的证据能够相互印证，予以确认。被告人及其辩护人提出的不构成组织、领导传销活动罪的辩解、辩护意见不能成立。

2013年8月23日，浙江省松阳县人民法院作出一审判决，以组织、领导传销活动罪判处被告人叶经生有期徒刑七年，并处罚金人民币150万元。以组织、领导传销活动罪判处被告人叶青松有期徒刑三年，并处罚金人民币30万元。扣押和冻结的涉案财物予以没收，继续追缴二被告人的违法所得。

二被告人不服一审判决，提出上诉。叶经生的上诉理由是其行为不构成组织、领导传销活动罪。叶青松的上诉理由是量刑过重。浙江省丽水市中级人民法院经审理，认定原判事实清楚，证据确实、充分，定罪准确，量刑适当，审判程序合法，驳回上诉，维持原判。

6. 王艳组织、领导传销活动案①

【裁判要旨】

在传销活动中起组织、领导作用的发起人、决策人、操纵人，以及在传销活动中担负策划、指挥、布置、协调等重要职责，或者在传销活动中起到关键作用的人员，系组织、领导传销活动罪的犯罪主体。

【基本案情】

2006年10月以来，被告人王艳伙同他人在固始县城关，以高额回报为诱饵，积极拉拢他人以人民币（以下币种同）3200元的价格购买伊珊诗深层保湿化妆品，成为武汉新田保健品有限公司的会员，在取得会员资格后，王艳以阶梯状经营模式迅速发展下线，其发展的下线有80余人，违法所得数额20万余元。

【裁判结果】

固始县人民法院认为，被告人王艳组织、领导传销活动，严重扰乱市场秩序，其行为构成组织、领导传销活动罪。依法以被告人王艳犯组织、领导传销活动罪，判处有期徒刑一年，缓刑二年，并处罚金人民币

---

① 案例来源于最高人民法院第842号指导案例。

一千元。

一审宣判后,被告人王艳未提出上诉,公诉机关也未抗诉,判决已发生法律效力。

【裁判理由】

由于传销活动本质是一种层级性、金字塔式的诈骗活动,涉案人员多、等级复杂,传销组织中只有极少部分人员是受益者,其余绝大部分均是传销活动的受害者。因此,不能对所有传销人员均处以刑罚,而需要根据其在传销活动中的地位、作用,分别作出不同的裁决。根据刑法第二百二十四条之一的规定,对传销活动的组织者、领导者,应当依法追究其刑事责任。所谓传销活动的组织者、领导者,是指组织、领导传销组织的犯罪分子,是传销活动犯罪的首要分子;是在传销活动中起组织、领导作用的发起人、决策人、操纵人,以及在传销活动中担负策划、指挥、布置、协调等重要职责,或者在传销活动中起到关键作用的人员。

根据相关法律及司法解释的规定,结合近年来的司法实践,我们认为,对传销活动的组织、领导行为可以作如下理解:

1. "组织"行为

对本罪的组织者应当作限制解释,该罪与一般的集团犯罪不同,不处罚那些仅仅是传销的积极参加者,应当将组织者同积极参加者及一般的参与人员区分开来。在传销组织中,其组织者是指策划、纠集他人实施传销犯罪的人,即那些在传销活动前期筹备和后期发展壮大中起主要作用,同时获取实际利益的骨干成员,除此之外的人不应当作为组织者加以处理,以免扩大打击面,不利于突出对首要分子的制裁力度。

2. "领导"行为

主要是指在传销组织中居于领导地位的人员,对传销组织的活动进行策划、决策、指挥、协调的行为,也包括一些幕后组织者对传销组织的实际操纵和控制行为。传销组织的领导者主要是指在传销组织的层级结构中居于最核心的,对传销组织的正常运转起关键作用的极少数成员。对领导者的身份,应当从负责管理的范围、在营销网络中的层级、涉案金额等三个方面综合认定。

基于上述分析，下列行为均属于组织、领导行为：为传销活动的前期筹备、初步实施、未来发展实施谋划、设计起到统领作用的行为；在传销初期，实施了确定传销形式、采购商品、制定规则、发展下线和组织分工等宣传行为；在传销实施过程中，积极参与传销各方面的管理工作，如讲课、鼓动、威逼利诱、胁迫他人加入行为等。

7. 袁鹰、欧阳湘、李巍集资诈骗案①

【裁判要旨】

非法传销过程中携传销款潜逃的行为应以诈骗罪或者合同诈骗罪定罪量刑。

1. 对于非法传销和变相传销活动，应根据传销企业和个人所实施的具体犯罪行为来确定罪名和罪责。

2. 对于非法传销过程中，携传销款潜逃的行为，应以诈骗罪或者合同诈骗罪定罪量刑。

【基本案情】

1999年6月间，袁鹰与齐致均以江苏丹徒龙山保利得商贸发展有限公司的名义，雇用欧阳湘、李巍和龚志平、麻德昭等人，租借上海市恒丰路31号金峰大厦的部分办公室，由袁鹰、欧阳湘与齐致均共同策划、制订了"保利得发售计划"。该计划以购买产品取得会员资格，然后以购买者所购的份额多少（每份额为人民币380元）将会员分为5类，许诺根据不同类别的会员在全国新增发售总量的基础上，以公司利润高额回报消费者，并以发展会员的方式形成销售锁链。嗣后，齐致均和袁鹰以江苏丹徒龙山保利得商贸发展有限公司名义，从上海康园净水设备有限公司、福建新大泽螺旋藻有限公司、山东福瑞达生物工程有限公司购入保健品和家用净水设备等产品，以上述方式向他人进行销售。至同年8月上旬，累计销售1万多份，总计经营额为380余万元人民币。在销售过程中，欧阳湘以组织培训班的方式，向他人宣传"保利得发售计划"，李巍负责发货、收取货款并推销产品。同年8月中旬，

---

① 案例来源于最高人民法院第167号指导案例。

经袁鹰与齐致均共谋,由麻德昭具体实施携带营业款人民币180余万元潜逃至江苏省南京市,袁鹰与齐致均向欧阳湘、李巍等其他雇员宣称公司经营不善,需要搬迁。在南京市,袁鹰与齐致均分得巨额赃款,欧阳湘、李巍与其他公司成员按照事前约定和经营提成比例分别领取工资及路费,并被遣散。

【裁判结果】

一审上海市闸北区人民法院认为,三名被告人以非法占有为目的,伙同他人在商品销售过程中,采用虚构事实的方法骗取他人数额特别巨大的钱财,其行为均已构成诈骗罪,依法判决三名被告人有期徒刑五年至十一年不等。

一审宣判后,三名被告人不服,上诉于上海市第二中级人民法院。

上海市第二中级人民法院认为:原审法院判决认定上诉人欧阳湘、李巍参与袁鹰、齐致均、麻德昭等人携骗取的人民币180余万元潜逃至南京,瓜分赃款的事实,证据不足,应予以纠正。检察机关认为原审法院认定欧阳湘、李巍参与袁鹰等人共同诈骗与事实不符的意见、欧阳湘、李巍否认参与携款潜逃的上诉理由及其辩护人的相关辩护意见,均应予以采纳。袁鹰、欧阳湘、李巍在国务院颁布《关于禁止传销经营活动的通知》后,仍假借专卖、直销等名义,采用发放会员卡、职业培训等手段,以返回高额营销利润为诱饵,进行变相传销,总计经营额为人民币380余万元。袁鹰在传销过程中,与他人携带营业款潜逃,充分反映出其主观上具有非法占有他人财物的目的,系利用非法传销,骗取他人财物,且数额特别巨大;欧阳湘、李巍系受袁鹰等人雇用,参与非法传销,依照最高人民法院《关于情节严重的传销或者变相传销行为如何定性问题的批复》和《中华人民共和国刑法》第二百二十五条第(四)项、第二百六十六条之规定,袁鹰的行为已构成诈骗罪,欧阳湘、李巍的行为已构成非法经营罪,均应分别予以惩处。依法判决如下:

1. 驳回上诉人(原审被告人)袁鹰的上诉,维持上海市闸北区人民法院刑事判决主文第一项、第四项,即被告人袁鹰犯诈骗罪,判处有

期徒刑十一年,并处罚金人民币一万元;追缴犯罪所得的赃款,发还被害人;

2. 撤销上海市闸北区人民法院刑事判决主文第二项、第三项,即被告人欧阳湘犯诈骗罪,判处有期徒刑七年,并处罚金人民币七千元;被告人李巍犯诈骗罪,判处有期徒刑五年,并处罚金人民币五千元;

3. 上诉人欧阳湘犯非法经营罪,判处有期徒刑二年零六个月,并处罚金人民币七千元;

4. 上诉人李巍犯非法经营罪,判处有期徒刑一年零六个月,并处罚金人民币五千元。

【裁判理由】

本案中,被告人袁鹰、欧阳湘、李巍以定期还利、高额折让为名诱骗受害者,非法传销新大泽螺旋藻片、圣剑消毒洗手液、美国强生牌超氧矿磁化活水机等产品的行为,属于非法经营性质,三被告人构成非法经营罪的共犯。非法传销过程中,被告人袁鹰临时起意携款潜逃,其行为性质发生转化,构成诈骗罪,因所犯诈骗罪的法定刑重于非法经营罪,故对袁应以诈骗罪论处。被告人欧阳湘、李巍未实施携款潜逃的行为,也未与袁鹰共谋非法占有他人财物,不构成诈骗罪的共犯。二审法院在查明案件事实的基础上,以诈骗罪、非法经营罪对被告人袁鹰、欧阳湘、李巍分别定罪处刑是正确的。

8. 顾素群组织、领导传销活动案①

【裁判要旨】

1. 以网络虚拟财产为"标的物"实施的传销行为属于《刑法》第二百二十四条之一规定的"传销活动"。

2. 中途加入传销组织,而后积极发展下线并形成一定规模的行为人,可以作为组织、领导传销活动罪的犯罪主体。

3. 传销网站中显示的上下线结构图可以作为认定下线成员数量、层级的依据。

---

① 案件来源于浙江省案例指导(2012—2013年卷)(总第5卷)

【基本案情】

2010年底，李春祥（另案处理）设立"好牧人"私募股权网站，要求参与者必须以1000美元作为最低投资额，购买沈阳绿生源中草药纳米微粉科技开发有限公司（以下简称绿生源公司）的"原始股"，并通过在该网站注册后获得电子账户和股权证书。后李春祥采用以发展下线成员的数量作为计酬依据的方式组织传销活动。该网站宣称，参与者需用身份证实名注册，每投资1000美元就可获得绿生源公司的10000股份，待公司上市后即可交易。投资的收益根据静态投资或动态投资而不同，静态投资是指参与后不再发展他人参加，每月可获得自己投资额的一定比例作为红利；动态投资是指参与后通过发展他人加入而获得奖金，又包括直接推荐奖（直接发展他人加入就可获得该人投资额的一定比例）、碰碰奖（自己用户名下左右两区域内会随机出现其他用户名，如都是自己发展的下线则中奖）、辅导奖（自己的下线成员再发展他人而获得奖励）三种。获得的收益、奖励以电子币形式计入各参与者的个人账户，自动转为新股份。电子币还可用于注册新会员。

2011年3月，被告人顾素群经叶玉琴（另案处理）介绍，加入"好牧人"传销组织。后顾素群为发展下线获取报酬，通过个别游说、集中讲课、组织集会等方式，在海盐县雅迪咖啡馆等处多次向他人公开宣传"好牧人"的经营、获利模式，劝说他人投资入股，还要求参与者继续发展下线。同时，其还利用给下线成员注册之机，使用其持有的电子币套取下线成员的投资款21000元。至案发时，顾素群直接或间接发展的下线成员达70余人，形成4个层级。

【裁判结果】

海盐县人民法院认为，被告人顾素群虽不是该传销活动的发起人、决策者，但其对于该传销组织在海盐的扩大、发展所起作用明显，不仅其本人积极参与该传销组织，还通过单独介绍、集中辅导等多种形式直接发展下线成员和鼓动下线成员继续发展他人，直接或间接发展的下线人数多、层级高，足以认定其在该传销组织中处于组织、领导地位，其行为已构成组织、领导传销活动罪。依法以组织、领导传销活动罪，判处被告人顾素群有期徒刑二年六个月,并处罚金计人民币五万元。

一审宣判后,被告人顾素群不服提出上诉。

嘉兴市中级人民法院经审理认为,原判认定的事实清楚,证据确实、充分,依法裁定驳回顾素群的上诉,维持了原判。

【裁判理由】

本案争议焦点有三点,具体如下:

1. 关于网络虚拟财产能否作为传销活动的"标的物"

有意见认为,"好牧人"组织要求参加者购买的所谓"股权"不是有形的商品或服务,而是一种网络虚拟财产,与通常意义上的传销有一定差别,不符合"以推销商品、提供服务等经营活动为名"的条件。我们认为,本案中存在"商品",即绿生源公司的"股份"。"好牧人"组织公开宣称,只要投资就可获得绿生源公司的股份,将来可以交易变现;参与者在"投资"后,都能在该网站上看到由绿生源公司制发的"股权证书";参与者发展了下线后,能在网页上看到自己获得了"奖金",即电子币;级别较高的参与者还能以自己持有的电子币为下线成员注册,从而套取现金。这些假象足以使参与者相信,自己确实购买了绿生源公司的股份,它有价值,将来可以流通、变现,有巨大的升值空间,能实现自己发财致富的梦想。

所以,对于参与者来说,这种"股份"完全具备了商品的特性,就是一种"商品"。因此,虽然本案传销活动的"标的物"是看不见、摸不着的虚拟财产,但因为它在参与者心目中具备了商品的全部属性,所以完全符合"以推销商品、提供服务等经营活动为名"的条件,本案中传销组织实施的行为属于刑法规定的"传销活动"。

2. 关于中途参与传销人员能否构成组织、领导传销活动罪

有观点认为,按照通常的理解,"组织、领导"传销活动是指在传销组织中处于领导地位,对该组织的活动进行策划、决策、指挥、协调的行为。本案中,被告人顾素群不是"好牧人"网站的创立者,从未参与决策、指挥,其参与传销也是经他人介绍的,甚至她本人的投资款也没有收回,从某个角度来看,被告人顾素群也是本案的被害人,故不

能作为组织、领导传销活动罪的主体。我们认为，尽管网络传销的一个显著特征是利用虚拟的网络进行，但通常情况下，新参加人员都是通过已参加人员的介绍才接触网络传销的。这些已参加人员与新参加人员的关系一般较密切，新参加人员对于传销网站宣传的"致富神话"，刚开始都是半信半疑，最终促使其决定"入局"的，往往是基于对身边这些已参加人员"现身说法"的信任。而这种信任，是通过长期的社会交往才形成的。此后，新参加人员又如法炮制，从而使得参与传销的人员呈滚雪球式的增长。正基于此，网络传销虽然涉及面较广，但往往又具有地域性的特征，即某一区域内的参与者相对集中。由此可见，这些"已参加人员"对于网络传销范围的扩大起到了巨大作用，有时甚至比处于"塔尖"的创始人作用更大。

具体到本案，从客观方面看，被告人顾素群参加"好牧人"组织后，经常在若干固定地点宣传、劝诱他人参加"好牧人"，并要求参加者再介绍他人。另外，其还通过上门劝说、组织集会等方式公开宣传"好牧人"。被告人顾素群在短期内直接或间接劝说70多人投资"好牧人"，其下线成员已形成4个层级，已达到刑事案件立案追诉标准。可见，被告人顾素群对于"好牧人"传销组织在海盐县境内的传播、发展起到了组织、领导的作用。

从主观方面看，被告人顾素群发现"好牧人"就是通过发展下线来赚钱的传销组织后，不仅未向下线成员告知真相，阻止他们继续发展下线，反而继续利用自己曾担任教师的影响力继续实施宣传、劝诱活动，致使更多的人卷入其中。与此同时，她还使用自己持有的电子币从下线成员处套现。可见，被告人顾素群主观上具有通过组织、领导传销活动谋利的目的。

虽然顾素群并未直接占有下线成员的投资款，也从未参与传销组织的策划活动，但其主观上具有利用传销组织、诱骗下线成员参与从而谋利的目的，客观上实施了组织、领导传销的行为，且对其上线成员的行为起到了支持、配合作用，故其行为符合组织、领导传销活动罪的本质特征，且与其上线成员实际上构成共同犯罪。

3. 关于借用他人身份证件注册的用户名应否计入发展下线的数量、层级

本案中，参与者必须通过在"好牧人"网站上使用真实的身份信息注册才能取得加入资格，有些参与者为了使自己发展的下线看起来更多，就借用他人的身份证件进行注册，从而形成注册的用户名多于实际参与人数的现象。那么，认定下线的人数、层级时，到底应该按照实际参与的人数、层级，还是按照网页中显示出来的用户名数量、层级呢？有意见认为，应按照实际参与的人数、层级计算，因为在一人注册多个账户的情况下，实际操作账户的只有一人，也就是说，只有这个人实际参与到网络传销中。根据刑事证据的认定标准，法院应查明隐藏在众多用户名背后的实际操作者，从而认定下线的数量、层级。我们认为，应当按照"好牧人"网页中显示的组织结构图来认定下线的人数、层级，理由主要有三：

第一，一个参与者注册多个账户，可以为其带来更多的经济利益。参与者之所以这样做，目的就是根据传销组织的规则获取"拉人头"带来的经济利益。有些账号虽然实际上是由一个参与者注册的，但在虚拟世界里，他人并不知情，也不影响其获得利益，反而反映出其对网络传销的热衷程度之深。

第二，这些账号客观上起到了扩大传销组织规模、增加欺骗性的作用。在虚拟的网络世界里，人们对于传销组织规模的判断主要依据网页中显示的账号多少及上下线结构。看到这些账号时，一般人都不会、也不可能去一一核实每个账号背后的真实身份。很多人正是看到已有多人参与，才决定参与其中的。

第三，一个账号往往不一定对应一个人，有的账号是由多人进行操作的。本案中，顾素群等人经常聚集在一起，相互交流、沟通，存在多人共享一个账号的情形。这样一来，认定某一个账号属于谁所有就变得非常困难和不确定了。在网络传销中，一人可能同时拥有多个账号，反过来，一个账号也可能被多人使用。而注册账号的数量以及由此形成的上下线结构图，恰恰能够充分反映传销活动的规模和社会危害程度。所

以在认定组织、领导者发展下线的人数、层级时，完全可以依据网页中显示出来的上下线结构图。要去一一核实每一个账号所对应的人，既不现实，也无必要。